工业和信息化普通高等教育
"十三五"规划教材立项项目 | 高等院校跨境电子商务新形态系列教

U0597329

国际物流

伍蓓◎主编

李修琳 蒋长兵 王姗姗◎副主编

INTERNATIONAL LOGISTICS

附微课

人民邮电出版社

北 京

图书在版编目（CIP）数据

国际物流 : 附微课 / 伍蓓主编. -- 北京 : 人民邮电出版社, 2024.1
高等院校跨境电子商务新形态系列教材
ISBN 978-7-115-62323-2

Ⅰ. ①国… Ⅱ. ①伍… Ⅲ. ①国际物流－高等学校－教材 Ⅳ. ①F259.1

中国国家版本馆CIP数据核字(2023)第135777号

内 容 提 要

在全球经济一体化的推动下，世界各国经济贸易往来日益频繁，国际物流发展正面临着前所未有的机遇。在此背景下，本书系统介绍了国际物流的相关内容。本书共 8 章，分别为国际物流概述、国际贸易概述、国际海洋货物运输、国际航空货物运输、国际陆上货物运输与国际多式联运、国际货物仓储、国际物流服务和跨境电商物流。

本书提供教学课件、电子教案、思维导图、教学大纲和教学日历等配套资源，用书教师可登录人邮教育社区（www.ryjiaoyu.com）在本书页面下载获取。

本书既可以作为物流管理、电子商务、国际商务等专业相关课程的教材，也可以作为对国际物流感兴趣的人员的参考用书。

◆ 主　　编　伍　蓓
　　副 主 编　李修琳　蒋长兵　王姗姗
　　责任编辑　刘向荣
　　责任印制　李　东　胡　南
◆ 人民邮电出版社出版发行　　北京市丰台区成寿寺路 11 号
　　邮编　100164　　电子邮件　315@ptpress.com.cn
　　网址　https://www.ptpress.com.cn
　　北京隆昌伟业印刷有限公司印刷
◆ 开本：787×1092　1/16
　　印张：11.75　　　　　　　　2024 年 1 月第 1 版
　　字数：276 千字　　　　　　 2024 年 1 月北京第 1 次印刷

定价：49.80 元

读者服务热线：(010)81055256　　印装质量热线：(010)81055316
反盗版热线：(010)81055315
广告经营许可证：京东市监广登字 20170147 号

前　言

党的二十大报告指出，我们要坚持以推动高质量发展为主题，把实施扩大内需战略同深化供给侧结构性改革有机结合起来，增强国内大循环内生动力和可靠性，提升国际循环质量和水平，加快建设现代化经济体系，着力提高全要素生产率，着力提升产业链供应链韧性和安全水平，着力推进城乡融合和区域协调发展，推动经济实现质的有效提升和量的合理增长。

《"十四五"现代物流发展规划》指出，强化国家物流枢纽等的国际物流服务设施建设，完善通关等功能，加强国际、国内物流通道衔接，推动国际物流基础设施互联互通。同时，在"一带一路"倡议和自由贸易区战略布局下，越来越多的企业开始推行国际化战略。为了提高企业乃至国家的经济竞争力，我国急需大批精通国际物流管理与操作的复合型人才。因此，编写一本内容新颖、信息量大、可操作性强的优秀教材，是理论研究和行业实践的迫切要求。

本书内容整体框架如下图所示。

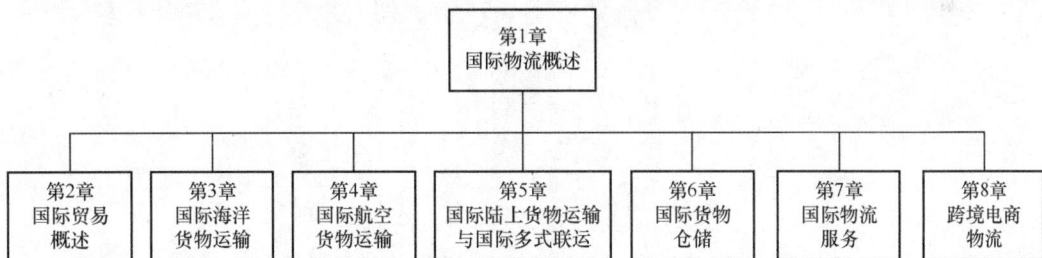

```
                    ┌─────────────┐
                    │   第1章     │
                    │ 国际物流概述 │
                    └──────┬──────┘
   ┌────────┬────────┬────────┼────────┬────────┬────────┐
┌─────┐ ┌─────┐ ┌─────┐ ┌────────┐ ┌─────┐ ┌─────┐ ┌─────┐
│第2章│ │第3章│ │第4章│ │ 第5章  │ │第6章│ │第7章│ │第8章│
│国际贸易│ │国际海洋│ │国际航空│ │国际陆上货物运输│ │国际货物│ │国际物流│ │跨境电商│
│概述 │ │货物运输│ │货物运输│ │与国际多式联运│ │仓储 │ │服务 │ │物流 │
└─────┘ └─────┘ └─────┘ └────────┘ └─────┘ └─────┘ └─────┘
```

本书的特色主要体现在以下几个方面。

1. 理论联系实践。本书充分反映国际物流学科教学和科研的新进展，完整、准确阐述了学科专业的基本理论、基本方法，还涉及《区域全面经济伙伴关系协定》（RCEP）和跨境电商物流等内容，体现了创新性和行业特色。

2. 内容知识完备。本书包含国际贸易实务、各类国际货物运输实务、国际货物仓储、国际物流服务等相关内容，并配有课后习题，学练一体。

3. 配套资源丰富。本书提供教学课件、电子教案、思维导图、教学大纲和教学日历等配套资源，并提供相关慕课资源。

本书由伍蓓担任主编，李修琳、蒋长兵、王姗姗担任副主编。伍蓓、李修琳、蒋长兵、王姗姗共同负责本书的整体构思、结构安排以及最后的定稿。本书编写具体分工如下：第1章由伍蓓、王高洁、李修琳编写；第2章、第3章由伍蓓、胡佳艺、蒋长兵编写；第4章、第5章由伍蓓、王慧方、王姗姗编写；第6章、第7章由伍蓓、唐敏艺、李修琳编写；第8章由伍蓓编写。

在编写本书的过程中，编者参考了众多国内外专家、学者的文献和研究成果，同时参考了许多媒体和网站的报道和资料，在此对这些专家、学者表示深深的谢意和敬意。可能由于我们疏忽，引用了一些资料而没有指出资料出处，若有这类情况发生，在此表示万分歉意！由于编者水平有限，书中疏漏在所难免，恳请广大读者给予批评指正。

中华民族伟大复兴战略全局与世界百年未有之大变局历史性交汇，全球产业链供应链加速重构，国际物流可以为妥善应对错综复杂的国际环境带来的新挑战、推动国际经贸合作、培育国际竞争新优势提供有力保障，是延伸产业链、提升价值链、打造供应链的重要支撑。国际物流的理论和实践处在快速变化的时期，欢迎广大读者对本书多提宝贵意见，让我们共同见证新时代国际物流的发展和腾飞！

伍蓓

2023 年 10 月

目　　录

第1章 国际物流概述

【知识结构图】

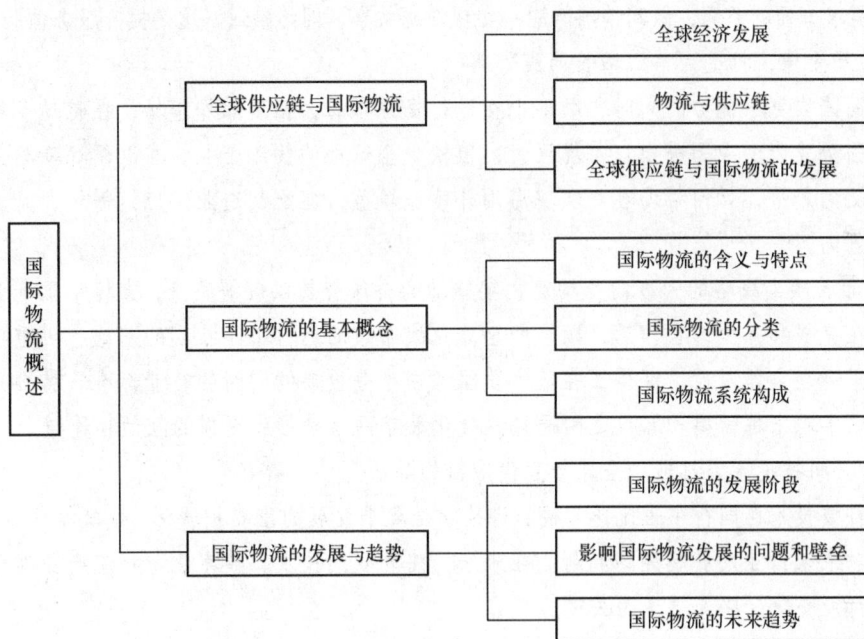

【学习目标】

1. 掌握国际物流的发展背景及含义。
2. 掌握国际物流的相关概念及系统构成。
3. 掌握国际物流的发展阶段及存在的问题。

【导入案例】

顺丰迈入新阶段，要做全球智慧供应链领导者

顺丰作为国内领先的快递物流服务商，2022 年以来，通过调整组织架构、调优产品结构，将关注点更多放在产品分层、产品创新以及差异化发展的竞争策略上。

1. 修炼内功，以"服务体验"取胜

十多年来，顺丰无论在营收、多元化布局，还是在服务体验上一直处于领先地位，其可靠、高效、安全的服务体验已经固化在很多消费者心中。面对行业竞争升级、商流以及客户需求的变化，顺丰不但不能丢失这个优势，而且还要继续加强。

高质量的服务不仅关系到顺丰长期的服务竞争力，而且还是顺丰在新阶段中实现可持续健康发展的关键因素。对顺丰而言，质量就是长期健康发展的起点。高质量可以增强顺丰品牌溢价能力，顺丰依托品牌提升市场占有率，增加利润，增强全面的抗风险能力，从而保证质量，形成一个正向的循环。

以服务体验取胜的关键还在于，在可承受的成本水平下提供人性化的服务。To B（面向企业客户）的本质是以客户的需求为驱动。高效地运用数字化工具，根据产品构成、业务板块、操作特性以及客户需求方面的不同，做到精确匹配，实现资源共享、网络融通，这是提升服务体验的核心。

2. 布局全球，打造"第二增长曲线"

在巩固国内竞争优势的同时，顺丰也在进行资源布局，拓展海外市场，在打造"第二增长曲线"上强势发力。中国进出口市场巨大，但缺少全球性的物流企业。在双循环新格局下，中企出海是必然趋势，如何帮助客户实现海内外物流覆盖，匹配制造业供应链需求，是顺丰思考的另一个方向。

2025年，顺丰战略的大方向是构建数字驱动的全球智慧供应链底盘，支撑中国产业链的转型升级。在完成和嘉里的合作后，顺丰的全球化战略布局已打下了扎实的基础。更重要的是，顺丰与嘉里开展合作以后，获得了在数字化服务中十分重要的崭新的行业标准。特别是进入全球市场，顺丰越来越需要和客户之间通过科技化数字网络来形成更强的互动和连接。

3. 加大科技投入，打造"全球智慧供应链领导者"

顺丰科技投入在同行中占比比较高，科技就是顺丰发展的重要护城河。这既是顺丰的战略，也是顺丰对未来行业发展趋势的判断。在未来，将互联网技术、数字化与物流产业结合，用科技来推动行业变化，将变得尤为关键。

目前来看，科技给业务、成本、效率带来的支持能力正在逐步体现。它的价值不仅仅是从生产制造端到消费者端的扩大，更多是带领企业向产业化、全球化的方向升级。多年来，顺丰在科技方面的投入保持增长态势。2021年，顺丰在科技方面投入49.32亿元，比上年增长15.43%。顺丰在人工智能、大数据、机器人、物联网、物流地图等科技前沿领域进行了前瞻性的布局，在多个领域处于行业领先地位。

依托于科技领域持续多年的积累和沉淀，顺丰从单一的快递物流服务公司向多元化的综合物流服务公司不断演进。一方面，新科技可以将整个物流供应链条的每个阶段都实现场景的数据化、数据的网络化、网络的智能化；另一方面，基于物流科技打造的产品，聚合了行业资源后，最终会形成一个综合体生态——一个能覆盖"国内+国际""To C+To B"、打通上下游的"商品+服务"的供应链生态。

思考题：

1. 顺丰成为全球智慧供应链领导者的战略是什么？

2. 国际物流将呈现怎样的发展趋势？

1.1 全球供应链与国际物流

随着全球网络化进程的不断加快，移动互联网、大数据、人工智能等技术广泛应用，全球贸易和投资迅猛增长，经济全球化进入了一个快速发展时期。全球供应链整合日趋成熟，各行业都有从原材料供应到生产、加工、零售、物流再到消费者的一套基本供应链模式，供应链上的各成员遍布全球，全球供应链和国际物流相辅相成，全面推进国际物流发展。

1.1.1 全球经济发展

1. 全球制造业大国地位日益稳固，全球竞争力逐步提升

中国制造业生产总值在全球制造业中占比接近 30%，是名副其实的世界工厂。中国建成了门类齐全、独立完整的制造业体系，拥有世界上最为丰富的制造产业链条。中国企业在全球供应链中的地位不断提升，是诸多制造业全球供应链的中心，并支撑我国成为有全球竞争力和世界影响力的经济大国。更为重要的是，近年来，中国战略性新兴产业发展迅速，正在带动中国制造业走向产业链中高端。一是新一代信息技术和生物产业保持了快速增长，成为国民经济支柱产业。一大批新兴数字行业快速兴起，移动互联网、大数据、物联网、云计算、人工智能、机器人等发展尤其显著，5G 已进入大规模商用阶段。生物医药和生物育种技术成熟度高，许多品种已经规模化生产。二是在产业升级需求和技术创新的引领下，高端装备制造业快速发展。航空装备、卫星及其应用、智能制造等技术水平不断提升。三是新能源产业快速增长，在装机量不断攀升的同时，产业化技术水平逐渐提高。新能源汽车由示范阶段进入快速普及阶段。四是随着上游原材料需求的快速增长，新材料产业实现较快发展。伴随着节能环保政策的推进落实，绿色低碳产业实现快速发展。

2. 数字经济成为全球经济复苏的重要支撑

中国信息通信研究院正式发布《全球数字经济白皮书（2022 年）》。整体来看，全球数字经济战略以顶层设计的形式陆续出台；数字经济发展战略焦点更加集中，数字技术、数据要素、融合发展成为战略重点；数字经济发展战略加快落地，各国以多部门协助机制、发布指南与路线图等方式推动数字经济实施见效。中国数字经济规模仅次于美国，拥有全球最大的数字市场，数据资源领先全球，数字产业创新活跃。

3. 贸易商品结构持续升级，经贸合作伙伴趋于多元化

据海关总署统计，中国自加入世界贸易组织以来，货物进出口规模不断攀升，货物进出口总值从 2001 年的 4.22 万亿元增至 2021 年的 39.1 万亿元。21 世纪以来，我国出口结构的最显著变化，就是机电产品取代轻纺产品，成为最重要的出口产品类别。2000—2021 年，机电产品出口占比从 33% 升至 59%，轻纺产品出口则从 34.6% 降至 23.4%。中国具有自主品牌、自主知

识产权、自主营销渠道以及高质量、高技术、高附加值的产品比重明显上升，外贸发展自主动力显著增强。进口方面，重点民生消费品、消费升级产品和大宗商品增长较快。2021年，中国中间产品进口增长24.9%，消费品进口增长9.9%；原油、铁矿石、大豆等大宗商品进口依赖度超70%。货物贸易迅猛发展，有力推动国际物流发展。

1.1.2　物流与供应链

1. 物流

物流（Logistics），关注价值创造过程中的实体物品的流动，通常包括企业组织原材料的筹供、生产环节的物流配置以及产成品的配送。

物流的概念于20世纪50年代产生于美国。美国供应链管理专业协会（Council of Supply Chain Management Professionals, CSCMP）对物流的定义是："物流是供应链活动的一部分，专注于物品、服务及相关信息从起源点到消费点的有效流动和存储的企划、执行与控制过程，以达成顾客的要求。"

物流经过二十世纪七八十年代在日本的发展后传入我国。日本日通综合研究所对物流的定义是："物流是将货物由供应者向需求者送达的物理性位移，是创造时间价值和场所价值的经济活动，包括包装、搬运、保管、库存管理、流通加工、运输、配送等活动领域。"传入我国后，世界物流借助信息革命的动力进入了新的发展阶段。我国直接学习物流领先的欧美各国的新进展，确立了符合我国实际情况的物流概念。《物流术语》（GB/T 18354—2021）中对物流的定义是："根据实际需要，将运输、储存、装卸、搬运、包装、流通加工、配送、信息处理等基本功能实施有机结合，使物品从供应地向接收地进行实体流动的过程。"随着企业物流业务的外包，第三方物流的业态随之产生，关于"第三方物流"以及"第四方物流"理论的研究被推动。

2. 供应链

供应链（Supply Chain）是指生产及流通过程中，围绕核心企业的核心产品或服务，由所涉及的供应商核心企业直到用户等形成的网链结构，如图1-1所示。

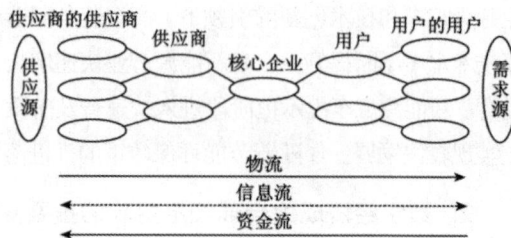

图1-1　供应链框架

1.1.3　全球供应链与国际物流的发展

20世纪50年代后国际经济交往越来越活跃，国际贸易量剧增以及跨国公司实施全球化经营战略，对传统的运输提出了新的要求，物流进入国际化发展的轨道。由于国际分工的日益细化和专业化，任何国家都不能包揽一切专业分工，因而必须要有国际的合作与交流。随之而来的国际的商品、物资的流动便成了国际物流。

1. 物流国际化

物流国际化表现为两个方面的内容：一方面，生产经营的国际化产生了国际物流需求，要求国际化的物流；另一方面，物流领域本身走向国际化。随着经济全球化的发展，越来越多的跨国物流公司开展综合物流业务，从而实现国内物流和国际物流的一体化，或者进口物流和出口物流的一体化。

物流的国际化或者说国际物流的兴起具有深刻的经济社会背景。经济全球化带来的世界经济增长、世界经济区域化发展，供应链管理的发展、技术的进步与创新以及贸易管制的解除等，是国际物流形成的主要影响因素。

随着经济的全球化和竞争的国际化，全球性的跨国公司应运而生。跨国公司的生产活动主要在母公司所在国与子公司所在地的东道国之间进行。由于对原材料、半成品的需要和产品销售的需要，跨国公司的经营活动通过国际贸易扩大到第三国。国际物流使跨国公司的生产、经营和贸易活动得以最终实现。

2. 全球供应链

全球供应链与传统供应链相比，无论是从原材料供应、采购，还是从产品制造，都大大超越了地域限制，使得传统网状结构在地理维度上进一步延伸。

全球供应链某一环节的企业以及各环节之间都呈现出极强的跨区域分布特性，其组织结构大致如图 1-2 所示。不同环节的企业可能分布于不同区域，最终通过商流、物流、信息流、资金流的"四流合一"实现国际贸易，其中不同国家和地区之间的物品的实体流通、流程管控等活动均跨越国境。国际物流是国内物流的延伸和拓展。

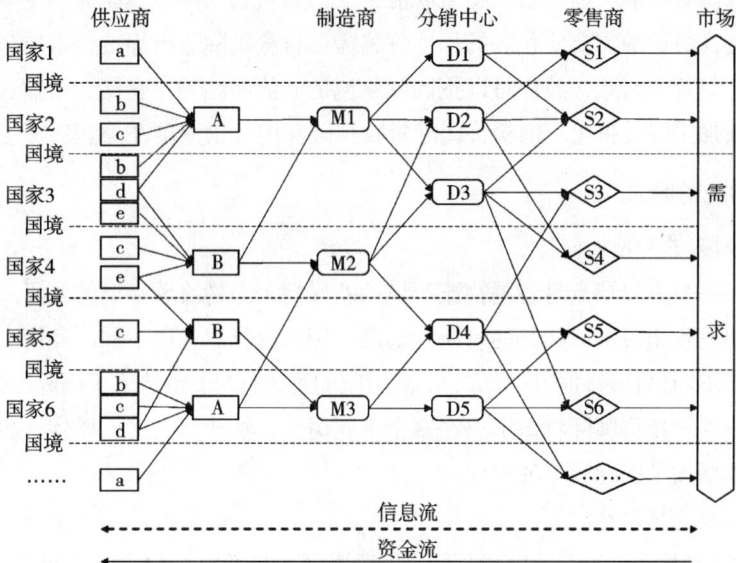

注：原产品A需要a、b、c、d四种原材料，原产品B需要c、d、e三种原材料。

图 1-2　全球供应链跨区域分布组织结构

1.2　国际物流的基本概念

经济全球化促进了自由贸易的增长和生产要素的流动，一方面带来了货物运输量的增长，另一方面促进了新的生产组织方式的发展。这些新的变化对物流提出了新的挑战。如 JIT（准时生产）组织方式要求必须提供多品种、小批量、低库存、高周转的物流服务。当然，信息技术的进步和运输成本的降低也为新兴的国际物流提供了技术保证。

1.2.1　国际物流的含义与特点

1. 国际物流的含义

所谓国际物流（International Logistics）是指物品的供给地和接收地分别位于不同国家或地区的实体流动过程。《物流术语》（GB/T 18354—2021）中定义国际物流为："跨越不同国家（地区）之间的物流活动。"由此可见，国际物流是相对于国内物流而言的，是跨越国境的物流活动方式。

国际物流是伴随国际贸易和国际生产分工而产生的，以贸易自由化和投资自由化为特征的全球经济一体化促进了国际物流的迅猛发展。国际物流有广义和狭义之分。从广义上理解，国际物流包括了各种形式物品在国际上的流动，通常包括：进出口商品转关，进境运输货物，加工装配业务进口的料件设备，国际展品等暂时进口物资，捐赠、援助物资，以及邮品等在不同国家和地区之间所进行的物理性移动。

从狭义上理解，国际物流就是指为完成国际商品交易的最终目的而进行的物流活动。由于物流跨越国境，因此国际物流的职能包括为物品通过海关而发生的作业，如报关、商品检验检疫、国际货物保险等职能。而一般的物流职能也会因为货物的国际流动而发生一定的变化，如包装需要适应远洋海运的需要，包装的尺寸规格需要符合国际通行标准，木质包装需要灭害处理并提供证书，等等。因此，我们可以把国际物流的职能归纳为：仓储、运输、包装、配送、装卸搬运、流通加工以及报关、商检、国际货物保险和国际物流单证等。

2. 国际物流的特点

（1）物流环境的差异性。

国际物流的一个重要特点是各国物流环境的差异性，即物流软环境的差异。不同国家的物流适用的法律不一致使得国际物流的复杂性远高于国内物流。各国不同的经济和科技发展水平使国际物流处于不同科技条件的支撑下，不同国家的物流标准，也造成了国际物流接轨的困难。物流环境的差异性，使得国际物流需要在多个不同语言、法律、人文、风俗、科技、设施的环境下运行，大大增加了国际物流的难度。

（2）物流系统的复杂性。

物流本身的功能要素和系统已十分复杂，而国际物流中又增加了不同国家的要素，其地域和空间更为广阔，所涉及的内外因素更多，所需的时间更长，所带来的直接后果是难度和风险大大增加。

国际物流作为将货物在国际进行路径移动的国际商务活动，是一种集各种一般物流功能于一体的开放系统。它既包含一般物流系统的功能要素，如装卸、搬运、包装、运输、仓储、流通、加工、国际配送、信息等子系统，还涉及海关、报检和国际结算等，这些都使得国际物流系统的复杂性大大提高。

（3）物流系统的多样性。

国际物流系统构成复杂，物流节点众多，包括运输、仓储、包装、港口作业、货物保险、海关、检验检疫、信息管理等。复杂系统的管理带来高成本和高风险。保证和提高顾客服务水平，降低国际物流成本和规避物流风险是国际物流管理的艰巨课题。比如，长距离的运输不仅增加了在途时间和装卸搬运的频度，还直接导致运输成本的增加和货物受损的风险，并且为了应对长时间在途而产生的较长的交货周期，企业需要增加库存据点和库存数量，这同样会导致库存成本的增加和货物受损的风险，风险一旦出现将影响顾客服务水平。

（4）物流标准的专业性。

国际物流标准化要求严格，建设成本高。国际物流参与者多、节点多，对物流的标准化提出了严格的要求。比如包装规格尺寸，如果远洋运输、内陆运输以及装卸、搬运各个环节都能够高效地作业，那么包装就必须确立一个统一的基础模数，然而事实上由于各个国家的基础设施不同，要建设统一的基础模数需要很大的资金投入。再比如信息的标准化，一些领先的国家或企业率先提出更先进、更低成本的信息技术，但是在相当长的一段时间内，往往多种技术并存，这些技术都需要大量的资金投入，确立统一的技术标准同样需要巨大的资金支持。而且标准化的推进，往往离不开相应政府机构的支持，各国政府的态度也左右着标准化的进程。

1.2.2　国际物流的分类

国际物流的分类依据不同，分类形式多种多样。

1. 按照货物的流向划分

按照货物流向划分，国际物流可以分为进口物流和出口物流。

2. 按照物流的区域范围划分

按照物流所经过的区域划分，国际物流可以分为国家间物流和经济区域间物流。经济区域的发展是当今世界经济发展的一大特性，主要指单独关税区域，如欧盟、北美自由贸易区等，欧盟成员之间的物流运作就与欧盟成员和其他国家或经济区域间的物流运作方式和环节有着很大的差异。

3. 按照物流的货物性质划分

按照物流的货物性质划分，国际物流可分为贸易物流和非贸易物流。非贸易物流主要包括国际军火物流、国际邮品物流、国际援助与救助物资物流等。

4. 按照运输方式划分

按照运输方式划分，国际物流可以分为国际海运物流、国际空运物流、国际铁路物流、国际公路物流、国际管道物流等。

1.2.3　国际物流系统构成

1. 运输子系统

运输子系统是国际物流系统的核心系统。运输子系统通过国际货物运输作业，将物品或商品由供方转移给需方，克服物品在不同国家（或不同地区）的空间距离，创造空间效益。国际货物运输具有线路长、环节多、涉及面广、手续繁杂、风险高、时间性强等特点，运输费用在国际贸易商品价格中占有很大比重。运输子系统主要考虑运输方式的选择、运输路线的选择、承运人的选择、运输费用的节约、运输单据的处理以及货物保险等方面的问题，一般包括国内运输段（包括进出口国内）和国际运输段。

2. 仓储子系统

仓储子系统指的是商品的储存、保管系统。其可以克服商品在不同国家（或不同地区）的时间距离，创造时间价值。国际商品流通是个由分散到集中，再由集中到分散的源源不断的流通过程，商品在流通过程中处于一种时间或长或短的相对停滞状态。例如，国际贸易或跨国经营中的物品从生产厂或供应部门被集中运送到装运港口，通常需要临时存放一段时间，再装运出口，这就是一个集和散的过程；它主要是在各国的保税区和保税仓库进行的，因此会涉及各国保税制度和保税仓库建设等方面的问题。

3. 检验子系统

检验子系统通过商品检验，可以确定交货品质、数量和包装等条件是否符合合同规定，可以发现问题，分清责任。由于国际贸易和跨国经营具有投资大、周期长、风险高等特点，在国际货物买卖合同中，一般都订有商品检验条款，主要包括检验时间与地点、检验机构与检验证明、检验标准与检验方法等内容。

4. 装卸搬运子系统

装卸搬运子系统指的是为了实现短距离的物品搬移所需的系统，它作为储存和运输作业的纽带和桥梁。商品的装卸、进库、出库以及在库内的清点、盘库、转运、转装等工作对国际物流至关重要，同时，节省装卸搬运费用也是降低物流成本的重要途径之一。

5. 信息子系统

信息子系统的主要功能是采集、处理和传递国际物流的信息情报。信息子系统的内容包括进出口单证的作业过程信息、支付方式信息、客户资料信息、市场行情信息、供求信息以及物品在国际物流环节中的位置和状况信息等。信息子系统的特点是信息量大、交换频繁、传递量大、时间性强、环节多、路线长。

6. 通关子系统

通关子系统的主要功能是完成出入境申报、查验、征税和放行等。一般来说，除申报报关单、提单、商业发票外，还需提供原产地证明书、商品品质证书、进口许可证、卫生检验证书等，海关按照海关法令或规定审查核对有关单证，并查验货物、办完通关手续，准予货物结关放行。

1.3 国际物流的发展与趋势

随着经济全球化步伐的加快，科学技术尤其是信息技术的进步，跨国公司的迅猛发展所带来的本土化生产、全球采购以及全球消费趋势的加强，均使得当前国际物流呈现出一系列新的特点和发展趋势。同时，国际物流在进一步发展的过程中也面临着一些挑战。

1.3.1　国际物流的发展阶段

国际物流的发展大体经历了三个阶段。

1. 第一阶段（20世纪50年代至70年代）

20世纪50年代后，全球经济百废待兴，各种现代管理理念和方法层出不穷。布雷顿森林货币体系的建立，稳定了各个国家之间的货币兑换率，降低企业从事国际贸易的汇率风险，极大地促进了国际贸易。关税与贸易总协定的诞生，降低了贸易壁垒，促进了市场开放，极大地促进了国际贸易的发展和货物的流动。国际物流管理作为促进贸易增长、降低贸易成本的手段，开始受到人们的关注。

20世纪60—70年代，国际物流规模不断扩大。受石油危机的影响，降低物流成本、提高物流服务水平成为国际物流管理的目标。这段时期，适应国际物流迅猛增长的物流技术和管理方法也应运而生，大型货运轮船、宽体客机、集装箱技术都有所发展。

1976年，法国建造了载重量为55万吨的油轮，油轮、矿石船都朝大型化发展，运输成本进一步降低。集装箱、集装箱船、集装箱港口等集装箱运输技术提高了小件杂货的运输效率和安全性，在成本降低的同时，物流服务水平提高到了新的层次。为了进一步开拓国际市场，为国际消费者提供更周到的服务，国际货物承运人开发出国际多式联运的服务模式，为消费者提供多种运输方式组合的一站式服务。

这一阶段物流设施和物流技术得到了极大的发展，如建立了配送中心，广泛运用电子计算机进行管理，出现了立体无人仓库，一些国家建立了本国的物流标准化体系，等等。物流由传统分销物流（Physical Distribution Logistics）阶段发展到后勤物流（Logistics）阶段。

2. 第二阶段（20世纪80年代初至90年代初）

在20世纪70年代的石油危机以后，国际贸易量已非常大，交易水平和质量要求也越来越高。精益物流，物流的机械化与自动化水平提高，物流设施和物流技术得到极大的发展，是这阶段国际物流的突出特点。

随着科学技术的发展和国际经济往来的日益频繁，物流的国际化趋势开始成为世界性的共同问题。各国企业越来越强调改善国际性物流管理，以降低产品成本，并且强调改善服务，扩大销售，在激烈的国际竞争中获得胜利。除了美国、英国，此时德国、日本等国家的经济迅速发展壮大，国际贸易的投资进入了一个高速增长的时期。德国和日本的崛起对欧美的经济发展模式提出了挑战，"小批量、多品种"的精益生产模式与"标准化、大规模"的生产模式相抗衡，为消费者提供个性化的服务。

国际上开始将物流真正作为一个独立的管理领域来研究和实践。物流技术得到了极大的发展，国际物流初步进入物流信息时代。伴随国际联运物流，物流信息和电子数据交换（EDI）系统出现了。由于信息的作用，国际物流向更低成本、更优服务、更大量化、更精细化方向发展。伴随新时代人们需求观念的变化，国际物流着力于实现"小批量、高频度、多品种"的物流，提出了不少新技术和新方法。这使现代物流不仅覆盖了大宗商品集装杂货，而且还覆盖了多品种的商品，基本覆盖了所有物流对象，解决了所有物流对象的现代物流问题。

3. 第三阶段（20世纪90年代至今）

20世纪90年代以来，全球经济一体化进入新的阶段，全球贸易和投资的壁垒不断降低，贸易伙伴遍布全球，必然要求物流国际化，即物流设施国际化、物流技术国际化、物流服务国际化、货物运输国际化、包装国际化和流通加工国际化等。信息技术和互联网的日益完善为国际物流提供了技术支持，国际物流进入信息化时代。

世界经济格局的变化带来了国际物流的变化，原来发达国家之间的物流向发达国家与发展中国家之间转移，原来全球间的物流向区域内国家间转移。对外直接投资壁垒的降低，促进了国际产业分工，全球制造业纷纷向发展中国家转移，全球范围内的产业协作规模增加，除了产成品物流，中间产品的物流量增长迅速。精益生产、敏捷制造、虚拟制造等新的生产组织方式对国际物流提出了更高的要求。建立全球物流信息系统，把国际物流推向全面信息化时代，是进入21世纪以来的一个明显特征。

随着国际物流的发展要求，第三方物流服务业兴起，增强了物流服务意识，并逐渐在国际物流的服务竞争中增强了供应链管理的理念，渐渐形成了包括原材料供应商、生产制造商、物流公司、批发商和顾客的供应链上各企业的战略联盟。国际物流手段更加现代化，国际物流管理更加网络化、智能化，物流向环保型、循环型物流转变，推行绿色物流等。

1.3.2　影响国际物流发展的问题和壁垒

同其他事物的发展一样，国际物流的发展也面临着众多问题，如市场竞争与贸易限制、金融壁垒、复杂的物流环境等。因此，要进行国际物流管理，必须对这些壁垒的实际成本与国际贸易的潜在利益之间的关系进行权衡。

1. 影响国际物流发展的问题

（1）国际物流的环境越来越复杂。

传统的国际物流量小，大都由少数国家的少数企业所垄断。现在国与国之间、地区与地区之间、国家与地区之间直接通商越来越多，各国的物流环境迥异，国际物流需要在不同的法律、人文、语言、科技、设施等条件下运作，故而国际物流的难度与复杂性越来越大。

（2）国际物流的标准化有待实现。

实现国际物流标准化，能够打破各国或地区标准不统一的技术贸易壁垒，从而加速国际贸易的物流过程。美国、欧洲已基本上实现了物流工具和设施的统一标准，如托盘采用1 000mm×1 200mm标准，集装箱有几种统一规格及采用条码技术等，这大大节省了物流费用，降低了运转的难度。在物流信息传递技术方面，欧洲各国不仅实现了企业内部的标准化，还实现了企业之间及欧洲统一市场的标准化，这就使欧洲各国之间的物流信息交流比亚洲、非洲各国家间的交流更简单、更具效率。

经济发展不同以及受其他因素的影响，世界各国物流发展水平并不一致，这就导致国际物流实现标准化难度较大。物流标准化的重点在于通过制定标准规格尺寸来实现全物流系统的贯通，以此提高物流效率。目前制定与物流密切相关的标准化体系的组织主要有国际标准化组织（ISO）、国际电工委员会（IEC）、美国统一代码委员会（UCC）和国际物品编码协会（EAN）。物流标准化是今后国际物流发展的重要趋势之一，也是国际物流进一步发展需要解决的问题。

2. 影响国际物流发展的壁垒

国际物流壁垒主要是一些国家为了保护本国的企业环境、市场等而采取的对试图进入本国市场的国外企业的限制性措施。壁垒可能是不同市场的差异导致的，其中包括市场进入限制与贸易限制壁垒、关税壁垒、金融壁垒、绿色壁垒，以及配送渠道的壁垒。这些壁垒影响了国际物流业务的顺利进行，因此，国际物流企业想要更好地发展国际物流业务，就必须突破各种国际物流壁垒。

（1）市场进入限制与贸易限制壁垒。

市场进入限制往往是通过立法或司法实践对进口商品设置壁垒来限制其进入国内市场。市场规模、人口和竞争状况、进口业务和有关单证方面的信息因不同的政府甚至特定的情况而异。绝大多数国家的政府要求有关单证在货物装运前必须备齐和处理完毕，如果单证有瑕疵，货物装运就会延迟或被扣押。贸易限制是通过规则规定对某些商品的进口量进行限制，或者通过提高关税来提高进口货物的价格，以保护国内产业。关税作为政治手段极易随政策的改变而改变，而贸易流量和流向因关税的变化而改变。

（2）关税壁垒。

关税是一种传统的贸易壁垒。关税原本的目的是通过提高进口货物的价格来保护国内产业。关税在两个方面使国际贸易变得复杂起来：一方面，在评估外国供给来源时必须把关税看作附加的成本要素；另一方面，关税是政治手段，极易随政策的改变而变化。由于贸易流量和流向会不断地随关税而变化，因此关税会对物流计划产生影响。

（3）金融壁垒。

全球物流中的金融壁垒产生于预测的不确定性和机构的结构差异。在任何情况下进行预测都十分不易，在全球环境下预测尤其困难。国内预测面临的挑战是要在顾客趋势、竞争行为和季节性波动的基础上进行单位销售量和销售金额的预测；而在全球环境下，这些预测还必须结合汇率、顾客行为以及复杂的政府政策等。机构的结构差异主要是协调中间人的差异，包括银行、保险公司、法律顾问和运输承运人等作业方面的差异。

（4）绿色壁垒。

国际物流的绿色壁垒是指在国际物流活动中，各国以保护自然资源、生态环境和人类健康为由制定的一系列限制他国物流活动的措施，主要包括国际和区域性的环保公约、国别环保法规和标准等。绿色物流（Environmental logistics）不仅仅是为了应对国际物流壁垒，更是为了构建良好的生态环境。

（5）配送渠道的壁垒。

配送渠道的壁垒是国际物流由于基础设施标准化和贸易协定等存在差异而形成的一种国际物流壁垒。基础设施标准化的差异是指在运输和材料处理设备、仓储设施和港口设施，以及通信系统方面的差异。

1.3.3 国际物流的未来趋势

1. 供应链的智慧化和柔性化是国际物流发展的主要趋势

在经济全球化进程中，从事国际物流业务的企业也朝国际化方向发展，在全球范围内整合资源，形成业务遍布全球的集国际物流各项职能于一体的综合性、多元化跨国物流公司。全球消费多样化、生产柔性化、流通高效化对国际物流提出了新要求。为了响应消费者多样化需求，生产企业需要尽可能地把生产设施设置在靠近消费者的地点，适应"小批量、多品种"的柔性生产组织方式，物流服务提供者需要满足生产企业"小批量、多品种、库存低、周转快"的要求。

智慧供应链是智能信息技术和供应链管理技术的深度融合应用，可以实现供应链商流、物流、信息流、资金流的无缝化衔接和跨组织的协同运作。其基本原理在于通过物联网与现有的互联网相整合，在大数据、云计算、区块链、人工智能等现代信息技术的支持下建立智慧的综合系统，使供应链上下游企业实现信息共享，加强供应链成员之间的联系，真正提升企业运营效率，最终实现供应链智慧化决策。以物联网、云计算、大数据、区块链、人工智能为代表的新一代信息技术，既是新的信息技术，也是新的研究范畴和思维范式，正引领着人类经济社会变革。智慧供应链是供应链发展的必然趋势，通过现代供应链与新一代信息技术融合，具有信息共享联通、流程可视透明、运行风险较低的特点。

柔性供应链，即高弹性供应链，能够良好应对企业经营中所遇到的危机，特别在以易变性（Volatility）、不确定性（Uncertainty）、复杂性（Complexity）和模糊性（Ambiguity）为鲜明特征的"VUCA时代"，柔性供应链毋庸置疑将成为企业的"生存之光"。与传统的供应链相比，柔性供应链能够减少不确定性影响，提高企业抵御风险能力，让企业在遭遇突发危机之后有信心快速复原，最大限度地减少顾客的损失，保证顾客群的稳定。从适应性上来说，柔性生产更符合"互联网+"背景下需求多变、竞争激烈的市场环境，且柔性生产所追求的目标是在迅速响应市场需求、把握市场机会的同时，又能保持生产和销售同步进行，减小生产不确定性影响，减少库存风险。从可行性上来说，当前科学技术的爆发式、创新式发展，推动了制造业在技术、设备、生产流程、组织形式等方面的深度变革，特别是融合云计算、物联网、大数据等技术资源的智能化生产系统，提高了生产线的协作水平和运作效率。因此，制造企业可以在满足市场不同顾客的个性化、多样化、定制化需求过程中，通过在产品设计、资源供应链、设备布局、组织营运等多个方面进行模块化、柔性化组织，实现产品（服务）生产和市场需求的平衡。

2. 全球经济可持续发展，绿色低碳物流备受关注

全球气候问题、环境污染问题、再生能源问题引起国际社会的普遍关注。在经济危机的冲击下，发达国家原有的粗放式消费方式难以为继，发展中国家在争取发展权的同时，不可能复制过去发达国家走过的高功耗、高产出的老路，节能环保、低排放将是大势所趋。全球制造业的耗能与污染已经引起了人们的重视，但是对物流环节的耗能与污染的关注还不够。包装材料也是节能环保的难点，聚酯材料难降解、污染严重，木材、纸质材料消耗大量木材，破坏生态环境。所以，绿色物流任重道远。

在环保、可再生、可利用的观念深入人心的情况下，人们开始关注使用过的物品的回收、无害处理和循环再利用。工业和生活废弃物的无害处理和循环处理，正是逆向物流所关注的范畴。在过去的经济发展中，正向物流技术得到足够的开发，而逆向物流的规律还没有得到足够的研究和总结，逆向物流的高成本、低效率大大制约了它的发展。因此研究和开发高效率、低成本的逆向物流技术和管理方法将是今后绿色物流的重要课题。

在物流行业的发展工作中，空驶率高、重复运输、库存积压、碳排放量较高等问题普遍存在。要想提升全球经济一体化生产要素流动效率，自然需要推动物流低碳化发展。低碳物流的发展可以增强企业的社会竞争力，帮助企业在激烈的市场竞争中站稳脚跟。无论在可持续发展环节中，还是在低碳经济的组成部分中，低碳物流都居于重要的地位。低碳物流可以将绿色制造与绿色消费连接起来，三者共同构成绿色低碳循环经济系统。

3. 物流新技术广泛应用，跨境电商和电子商务物流蓬勃兴起

随着信息技术、互联网技术和电子终端的不断发展，跨境电子商务在人们生活中扮演越来越重要的角色。据海关统计，2022年我国货物贸易进出口总值为42.07万亿元人民币，比2021年增长7.7%。其中，出口23.97万亿元，增长10.5%；进口18.1万亿元，增长4.3%。具体分析，2022年我国货物贸易进出口主要有以下五方面的特点。

一是进出口韧性强、规模大。2022年，我国进出口总值首次突破40万亿元人民币关口，在2021年高基数基础上继续保持了稳定增长，规模再创历史新高，连续6年保持世界第一货物贸易国地位。分季度看，一、二季度进出口总值分别超过9万亿元和10万亿元，三季度进出口总值增长至11.3万亿元，这是季度规模的新高点，四季度进出口总值继续保持11万亿元的水平。

二是贸易伙伴结构优、增势好。2022年，我国对东盟、欧盟、美国分别进出口6.52万亿元、5.65万亿元和5.05万亿元，分别增长15%、5.6%和3.7%。同期，我国对"一带一路"合作伙伴进出口增长19.4%，占我国外贸总值的32.9%，提升3.2个百分点；对RCEP其他成员进出口增长7.5%。

三是一般贸易增长快、比重升。2022年，我国一般贸易进出口26.81万亿元，增长11.5%，占进出口总值的63.7%，提升2.2个百分点。其中，出口15.25万亿元，增长15.4%；进口11.56万亿元，增长6.7%。同期，加工贸易进出口8.45万亿元，占进出口总值的20.1%。

四是外贸主体数量增、活力强。2022年，我国有进出口实绩的外贸企业59.8万家，增加5.6%。其中，民营企业51万家，增加7%，进出口21.4万亿元，增长12.9%，占进出口总值的50.9%，提升2.3个百分点。同期，外商投资企业进出口13.82万亿元，国有企业进出口6.77万亿元，分别占进出口总值的32.9%和16.1%。

五是主要产品供需稳、优势足。2022年，我国机电产品进出口20.66万亿元，增长2.5%，占进出口总值的49.1%。其中，太阳能电池、锂电池和汽车出口分别增长67.8%、86.7%和82.2%。同期，劳动密集型产品出口4.28万亿元，增长8.9%，占出口总值的17.9%。其中，箱包、鞋和玩具出口分别增长32.6%、24.4%和9.1%。此外，原油、天然气和煤炭等能源产品合计进口3.19万亿元，增长40.9%，占进口总值的17.6%；农产品进口1.57万亿元，增长10.8%，占进口总值的8.7%。

大势所趋之下，跨境电商物流模式不断创新，2022年《政府工作报告》提出，加快发展外贸新业态新模式，充分发挥跨境电商作用，支持建设一批海外仓。2022年4月1日正式施行的《中华人民共和国海关综合保税区管理办法》明确，支持融资租赁、跨境电商、期货保税交割等新业态、新模式入区发展。跨境电商等新业态突破时空限制、减少贸易的中间环节，成为外贸发展的新抓手。

本章小结

本章主要介绍了全球经济发展、物流与供应链的相关内容、全球供应链与国际物流的发展；阐述了国际物流的含义和特点、国际物流的分类以及国际物流系统构成；讲解了国际物流的发展阶段、影响国际物流发展的问题和壁垒、国际物流的未来趋势。

课后习题

一、名词解释

物流　国际物流　供应链　全球供应链　敏捷制造　绿色物流

二、单项选择题

1. 物流概念最早出现在（　　）。
   A. 英国　　　　　　B. 美国　　　　　　C. 法国　　　　　　D. 德国

2. 按照运输方式划分，国际物流可以分为国际海运物流、（　　）、国际铁路物流、国际公路物流、国际管道物流等。
   A. 多式联运　　　B. 国际水路运输　C. 国际空运物流　D. 国际军火物流

3. 影响国际物流发展的壁垒有金融壁垒、绿色壁垒和（　　）。
   A. 物流标准化　　B. 国际环境壁垒　C. 配送渠道的壁垒　D. 科学技术壁垒

4. 国际物流的发展，一般来说，可分为（　　）个阶段。
   A. 1　　　　　　　B. 2　　　　　　　C. 3　　　　　　　D. 4

5. 国际物流系统由运输子系统、仓储子系统、检验子系统和（　　）等构成。
   A. 通关子系统　　B. 中转子系统　　C. 配送子系统　　D. 报检子系统

三、简答题

1. 什么是国际物流？国际物流有哪些特点？
2. 国际物流分别经历了哪几个发展阶段？
3. 国际物流系统由哪些子系统构成？各自都发挥着什么样的功能？
4. 国际物流该如何划分，标准有哪些？
5. 什么因素影响了国际物流发展？

第2章 国际贸易概述

【知识结构图】

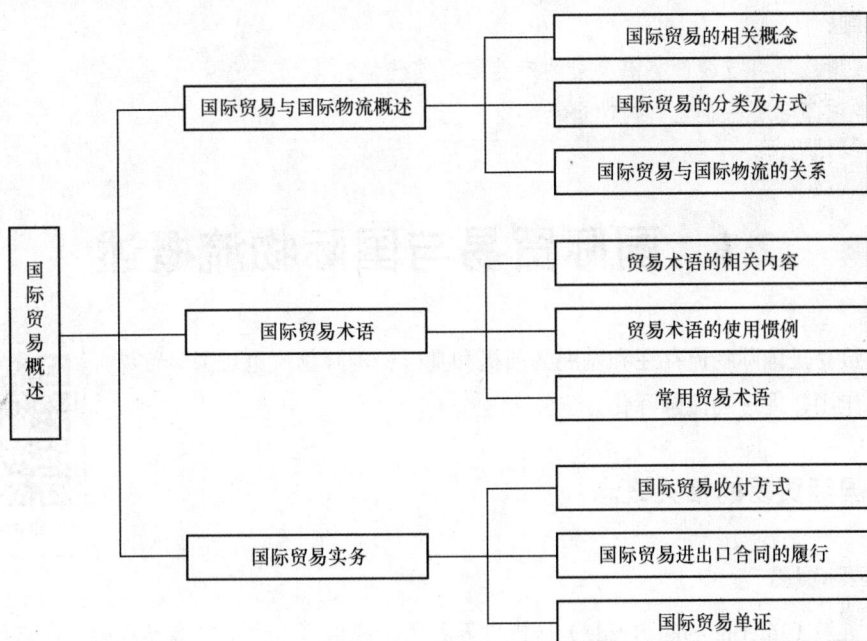

【学习目标】

1. 掌握国际贸易的基本概念、分类与方式以及国际贸易与国际物流的关系。
2. 熟悉常用的国际贸易术语，了解国际贸易术语的使用惯例。
3. 掌握国际贸易的收付方式、合同履行内容，并且能制作贸易单证。

【导入案例】

贸易+品控+研发+工厂+品牌，打造工具行业全产业链

杭州巨星科技股份有限公司成立于1993年，是全球领先的工具企业。产品涵盖手动工具、电动工具、气动紧固工具、激光测量工具、激光雷达、工具柜、工业存储柜、工业吸尘器等。公司拥有多个百年工具品牌，在全球拥有21个生产基地，员工超1.2万人。公司在全球有5家

研发中心，具备强大研发设计能力，先后被认定为国家知识产权示范企业、国家工业设计中心。公司拥有覆盖全球的销售渠道，直接服务于全球大型建材、五金、百货、汽配等连锁超市及各类工业用户，是众多专业级工具品牌的合作伙伴，同时依托国内外电商平台，直接为全球终端用户提供高品质、全品类产品。

杭州巨星科技股份有限公司沿着"贸易—工厂—研发—产品—自建品牌—收购品牌—线上销售"这条路线，从贸易起家逐渐着手研发、自建及收购工厂，收购了众多的国外品牌，与国外几大建材超市建立战略联盟，并在线上购物平台取得了优异的成绩，现大力开拓发展中国家市场，打造了一条电动工具的全产业链。近些年，该公司开始在东南亚等地开拓第二供应链，公司将持续深耕主业，秉承"客户至上，精益求精，团队协同，创新互赢"的核心理念，致力于成为全球最强的工具企业，为客户提供更优质的服务。

思考题：

1. 杭州巨星科技股份有限公司的产业链有何优势？
2. 传统国际贸易企业有何改进之处？

2.1　国际贸易与国际物流概述

国际贸易是国际物流存在和发展的前提和基础，国际物流也对国际贸易起着保障作用，促进物流国际化。

微课扫一扫

2.1.1　国际贸易的相关概念

1. 国际贸易

国际贸易（International Trade）是指世界各国（或地区）之间在商品和服务方面的交换活动，它是各个国家（或地区）在国际分工的基础上相互联系的主要形式。

国际贸易在规模不断扩展的同时，本身的内涵也不断变化。在相当长的历史时期内，狭义的国际贸易，即不同国家间的商品贸易，占据主导地位；20世纪50年代以后，随着资本、技术、劳动力等生产要素的国际流动规模日益扩大，国际贸易的内涵与外延进一步丰富和扩展。国际贸易已不再局限于商品的交换，还包括服务的交换，包括国家之间在经济和技术等方面的合作，并由此产生了国际经济合作的概念，即生产要素的跨国界流动和合理配置。

2. 贸易差额

一个国家通常既有进口也有出口。在一定时期内（通常为一年），一个国家的出口总值与进口总值之间的差额，称为贸易差额（Balance of Trade）。

贸易差额是衡量一国对外贸易状况的重要指标。一般来说，贸易顺差表明一国在对外贸易收支上处于有利地位，出口贸易总额大于进口贸易总额，又称出超。因此，通常各国都追求贸

易顺差，以增强本国的对外支付能力，稳定本国货币对外币的比值，并将其视为经济成功的标志之一。而各国家或地区在一定时期内的进口额大于出口额的现象被称为贸易逆差，又称入超。单纯从国际收支的角度来看，当然是顺差比逆差好。但是，长期保持顺差也不一定是件好事。首先，长时间存在顺差，意味着大量的资源通过出口输出到了外国，得到的只是资金积压。其次，巨额顺差往往会使本国货币面临升值压力，不利于扩大出口，并且会造成同其他国家的贸易关系紧张。最后，巨额顺差还会影响国内货币政策对一国经济的调控能力。

2.1.2 国际贸易的分类及方式

国际贸易根据不同的分类方式可以分为多种贸易方式。

1. 按照商品（含各种劳务）的移动方向分类

按照商品（含各种劳务）的移动方向不同，国际贸易可分为出口贸易、进口贸易、转口贸易、过境贸易、复出口贸易和复进口贸易。

（1）出口贸易。

一国的商人将本国所生产或加工的商品（或劳务）输往国外市场进行销售的交换活动，称为出口贸易（Export Trade）或输出贸易。净出口是指一国或地区某一时期某类或某种商品的出口量大于进口量的部分。

（2）进口贸易。

进口贸易（Import Trade）是指一国的商人购买外国生产或加工的商品（含劳务）后，将其输入本国市场进行销售的商品交换活动，亦称为输入贸易。净进口是指一国或地区某一时期某类或某种商品的进口量大于出口量的部分。

（3）转口贸易。

转口贸易（Intermediary Trade）是指商品生产国与商品消费国不直接买卖商品，而是通过第三国进行的商品买卖。第三国买进此类商品，专为销往商品消费国。第三国参与了这笔买卖的商品价值转移活动，但不一定参与商品的实体运动，即这批货物可以运往第三国的口岸，但不能入境，也可以直接运往商品消费国。

（4）过境贸易。

过境贸易（Transit Trade）是指商品生产国与商品消费国之间进行的商品买卖活动，其实物运输过程必须穿过第三国的国境。第三国海关要对此批货物进行监管，并把此类货物作为过境贸易额加以统计。

（5）复出口贸易。

复出口贸易（Re-export Trade）也称为再出口贸易，是指一国商人把外国生产或加工的商品买进后，未经加工又输出到国外的商品贸易活动。

（6）复进口贸易。

复进口贸易（Re-import Trade）也称为再进口贸易，是指一国商人把本国生产的商品输出到国外后，在境外未对其加工又重新输入本国市场的贸易活动。

2. 按照贸易政策分类

按照贸易政策不同，国际贸易可分为自由贸易、保护贸易、统制贸易和管理贸易。

（1）自由贸易。

自由贸易（Free Trade）一般是指一些国家的贸易政策不过多地干涉国与国之间的贸易，而是鼓励和提倡市场交易活动的自由竞争行为。

（2）保护贸易。

保护贸易（Protective Trade）是指一些国家的贸易政策广泛地使用各种限制措施去保护国内市场免受外国企业和商品的竞争。其主要表现为限制外国商品的进口，同时，对本国出口商给予优惠或津贴。

（3）统制贸易。

统制贸易（Control Trade）是指一些国家设置专门的政府机构，利用政府的力量，统计、组织和管理进出口贸易活动的行为。

（4）管理贸易。

管理贸易（Management Trade）是西方经济学家对美国克林顿政府时期经济政策特点的一种概括。政府一方面通过签订大量协定和条约来处理和协调国与国之间的贸易关系，另一方面又颁布大量的法律和法规来管理与约束本国商人的进出口贸易行为。这一政策特征被称为管理贸易。

3. 按照交易对象的性质分类

按照交易对象的性质不同，国际贸易可分为有形商品贸易和无形商品贸易。

（1）有形商品贸易。

有形商品贸易（Tangible Goods Trade）是指传统的商品进出口，也叫作货物贸易。《联合国国际贸易标准分类》把国际货物贸易分为 10 类，如表 2-1 所示。

表 2-1　国际货物贸易的分类

类　别	含　义
0 类	食品及活动物
1 类	饮料及烟类
2 类	非食用原料
3 类	矿物燃料、润滑油及有关原料
4 类	动、植物油脂及蜡
5 类	化学品及有关产品
6 类	按原料分类的制成品
7 类	机械及运输设备
8 类	杂项制品
9 类	未分类的其他商品

（2）无形商品贸易。

无形商品贸易（Intangible Goods Trade）是指在国际贸易活动中所进行的没有物质形态的商

品交易，主要指劳务、技术、旅游、运输、金融、保险等的贸易。

4. 按照国境与关境分类

按照国境与关境不同，国际贸易分为总贸易和专门贸易。

（1）总贸易。

总贸易（General Trade）是指以国境为标准划分的进出口贸易，凡进入国境的商品一律列为进口，凡离开国境的商品一律列为出口。

（2）专门贸易。

专门贸易（Special Trade）是指以关境作为划分进口和出口标准的进出口贸易。当外国商品进入国境后，暂时存入保税仓库，未进入关境，一律不列为进口。只有从外国进入关境的商品以及从保税仓库提出进入关境的商品，才列为进口，称为专门进口。过境贸易不属于专门贸易。对于从国内运出关境的本国产品以及进口后未经加工又运出关境的商品，则列为出口，称为专门出口。

5. 按照参与贸易活动的国家数量分类

按照参与贸易活动的国家数量不同，国际贸易分为双边贸易、三角贸易和多边贸易。

（1）双边贸易。

双边贸易（Bilateral Trade）是指发生在两国或地区（异地支付在双边基础上进行），各以向对方的出口支付从对方的进口，不以向对方的出口来支付从其他国家的进口。

（2）三角贸易。

三角贸易（Triangle Trade）是一个牵扯到三个区域或港口的贸易名词，其贸易路线起源于欧洲。

（3）多边贸易。

多边贸易（Multilateral Trade）是指三个或三个以上国家（或地区）作为一个整体，互相发生贸易并保持贸易收支的贸易形式。

6. 按照清偿方式分类

按照清偿方式的不同，国际贸易分为现汇贸易、协定贸易和易货贸易。

（1）现汇贸易。

现汇贸易（Spot Exchange Trade）是指在国际贸易中以货币作为清偿工具的贸易。其特点是通过银行逐笔支付货款以结清债权债务。目前国际贸易中能作为支付工具的货币，主要有美元、欧元、日元、英镑、人民币等。

（2）协定贸易。

协定贸易（Agreement Trade）是指两个国家（或地区）签订贸易协定，通过记账方式交易，而不是直接动用外汇，在一定时期内（通常为一年）进行结算。贸易差额结转到下一年的账户。

（3）易货贸易。

易货贸易（Barter Trade）是指经过计价以货物作为清偿工具的贸易，以货易货可以使贸易双方在外汇不足的情况下达到交易的目的。

2.1.3 国际贸易与国际物流的关系

1. 国际贸易对国际物流的促进作用

（1）国际贸易促进了国际物流的产生与发展。随着国际贸易的不断发展，经济全球化得到了快速发展，全球贸易一体化促使国际物流不断向现代化的国际物流转变。随着越来越多的跨国公司在全球实行集中研发、采购、生产的策略，国际物流已经由原来简单地将货品在不同国家间运输的单一功能转变为集仓储、包装、运输、信息处理等功能于一体的综合国际物流。专业的第三方物流和第四方物流公司也应运而生。可以说，国际贸易的不断发展促进了国际物流朝着现代化物流的方向不断发展。

（2）国际贸易促进国际物流系统不断完善。国际贸易的不断发展，对国际物流的需求日益增多，国际物流也就逐渐成为一个多行业集成的有机系统。随着国际分工日益细化，很多生产和销售型企业将物流的相关服务不断外包，使国际物流的服务不断向上和向下延伸，物流咨询、订单处理、库存控制与分析、代收账款和物流培训教育等服务不断被纳入现代化国际物流的范畴中。

（3）国际贸易的发展对国际物流不断提出新的需求。世界经济一体化对国际物流提出了物流无国界的需求。近年来，国际物流在运输上实现了集装箱化的革命性变革，同时也大力推进了集装箱多式联运。物流全球一体化的无国界需求必将促使相对落后的发展中国家在物流硬件设施的建设上做出更大的努力。随着国际贸易的发展，物流信息网络化、物流全程可视化等需求已经日益体现出来，这些新需求将推动国际物流不断向前发展。

2. 国际物流对国际贸易的反向带动作用

（1）国际物流成本的改变对国际贸易产生影响。国际物流成本是指为了实现国际贸易，货物自生产完毕到投入销售的整个为国际贸易所需要的物流过程所支付的成本总和，包括出口国、国际运输以及进口国三段。

（2）现代国际物流促进国际贸易的发展。国际物流是伴随着国际贸易的产生而产生的，但从诞生之日起，国际物流就没有停止过自身的独立发展，并且已经发展壮大。国际物流的现代化发展对国际贸易的发展起到了重要的促进作用。随着现代国际物流一体化的不断推进，国际化的专业物流公司不断涌现，为其他跨国公司专业细分、将物流外包和降低物流成本提供了很多选择。

（3）高效的国际物流是国际贸易发展的保证。为了实现贸易成本最低，很多跨国公司会在全球范围内寻找原材料成本最低的国家进行集中采购，然后选择生产成本最低的国家开设工厂集中生产，最后销往世界各地。据统计，跨国公司掌握着全球 65% 以上的国际贸易。在贸易竞争日益激烈、产品生命周期日益缩短的情况下，企业不可能孤军奋战，只有与供应商、生产商、贸易商、代理商紧密合作，才能不断满足瞬息万变的市场需求，而这需要高效全面的物流和供应链系统作为支撑。

2.2　国际贸易术语

国际贸易术语又称贸易条件或价格条件，它是以简明的外贸语言、缩写的字母或国际代号来概括说明买卖双方在交易中交货的地点，货物交接的责任、费用、风险，以及价格构成等诸多方面的特殊用语。

2.2.1　贸易术语的相关内容

1. 交货的意义

在各种贸易术语之中，"交货"是核心，因为交货地点不同，买卖双方对于费用和风险的承担，以及货物价格的计算也不同。下面先从"交货"说起。

贸易以转移货物所有权为目的。卖方有义务将交易标的物交付给买方，使买方能自由使用或处置。所谓交货，就是将买卖标的物交付。从法律上看，交货就是标的物占有权的转移。

2. 交货与所有权的转移

交易虽然以转移所有权为最终目的，但根据英美法，所有权转移的时间因其为特定化商品贸易或非特定化商品贸易而有所不同。在特定化商品或经特定化的货物交易中，所有权在双方协议转移时间（双方有意转移的时间）发生转移；在非特定化商品贸易中，货物未特定化以前，所有权不能转移给买方。一般而言，不特定物在交货时才特定化。因此，原则上，货物在交付买方时，其所有权即转移至买方。国际贸易大部分是不特定物交易，因此，除非卖方以某种方式（如掌握海运提单）保留所有权，原则上所有权因交货而由卖方转移至买方。

3. 费用与风险的承担原则

国际货物买卖必然会发生包装、检验、搬运等费用。在运输途中，也有货物灭失或损坏的风险。凡此费用与风险，原则上应由所有权人承担。费用与风险在交货之前原则上由卖方承担，交货之后原则上由买方承担。

4. 计算价格的基础与价格条件

卖方计算售价时，除货物成本及利润外，也将应负担的费用计算在内，按售价出售其商品，收回其所负担的费用。价格条件的用语与贸易术语的用语相同。例如，US$50 FOB 上海，一方面说明每套价格 50 美元，另一方面说明以上海港船上交货为条件。可见，贸易术语与价格条件在实务上有密切关系，贸易术语如何，也就是价格条件如何，因此，常常将贸易术语称为价格条件（价格术语）。

2.2.2 贸易术语的使用惯例

1.《1932 年华沙—牛津规则》(Warsaw-Ox ford Rules1932)

《1932 年华沙—牛津规则》于 1928 年在华沙制定，1932 年在牛津会议上修改，是国际法协会规定的对成本加保险费及运费（CIF）条件的详细解释，主要说明了买卖双方所承担的责任、风险和责任的划分及货物所有权转移的方式等问题。

2.《1990 年美国对外贸易定义（修订本）》(Revised American Foreign Trade Definitions 1990)

美国商会、美国进出口协会、美国对外贸易协会等九大商业团体于 1919 年以美国贸易惯用的装运港船上交货（FOB）合同条件为基础制定了《美国出口报价及其缩写条例》。1941 年做了修订，改称《1941 年美国对外贸易定义（修订本）》。1990 年，又对该文本加以修订，形成《1990 年美国对外贸易定义（修订本）》，为美国及美洲其他一些国家所采用。

3.《2020 年国际贸易术语解释通则》(The Incoterms Rules Or International Commercial Terms 2020)

《2020 年国际贸易术语解释通则》（以下简称《2020 通则》）由国际商会制定，是国际贸易的基础性国际通行规则。最早于 1936 年以英国习惯为依据制定了《Incoterms 1936》，为适应国际贸易实践发展的需要，国际商会先后于 1953 年、1967 年、1976 年、1980 年、1990 年、2000 年、2010 年和 2020 年进了修订和补充，最新版本为 2020 年版本。《2020 通则》术语一览如表 2-2 所示。

表 2-2 《2020 通则》术语一览

分　类	术　语	中　文
E 组 发货（启运）	EXW(Ex Works)	工厂交货
F 组 主运费未付装运合同	FCA(Free Carrier) FAS(Free Alongside Ship) FOB(Free On Board)	货交承运人 装运港船边交货 装运港船上交货
C 组 主运费已付装运合同	CFR(Cost and Freight) CIF(Cost, Insurance and Freight) CPT(Carriage Paid To) CIP(Carriage and Insurance Paid To)	成本加运费 成本、保险费加运费 运费付至 运费、保险费付至
D 组 到货（到达）	DPU(Delivered at Place Unloaded) DAP(Delivered At Place) DDP(Delivered Duty Paid)	目的地卸货后交货 目的地交货 完税后交货

2.2.3 常用贸易术语

1. 适合一切运输方式的贸易术语

（1）EXW。

EXW 的全称是 Ex Works，即工厂交货。EXW 是指卖方在合同约定的交货时间内在其所在处（工厂、工场、仓库等）将货物提供给买方时，即履行交货义务。卖方不负责清关，也不负责将货物装上任何运输工具。这是卖方承担责任、费用和风险最小的一种术语。

买卖双方的主要义务如下。

卖方履行交货义务，即在其所在地（一般为工厂或仓库）将货物交给买方。承担交货前的风险和费用。买方必须承担在卖方所在地受领货物的全部费用和风险；自付货物出口应缴纳的一切税款和其他费用，以及办理海关手续的费用。

（2）FCA。

FCA 的全称是 Free Carrier，即货交承运人，后跟指定交货地点。FCA 是指卖方在指定地点将合同规定的货物交给买方指定的承运人处置，并办理出口清关手续后，即完成交货义务。

买卖双方的主要义务如下。

卖方负责办理出口清关手续，取得出口许可证或其他核准书；在指定的地点和约定的时间将货物交付给买方指定的承运人或其他人，承担交货以前的风险和费用。买方负责办理进口手续；办理从交货地点至目的地的运输事项，并承担运费；承担交货后的一切风险和费用，包括办理保险。

（3）CPT。

CPT 的全称是 Carriage Paid To，即运费付至，后跟指定目的地的名称。CPT 是指卖方向其指定的承运人交货，同时支付将货物运至目的地的运费，而买方承担交货之后的一切风险和其他费用。

买卖双方的主要义务如下。

CPT 的交货和风险转移与 FCA 相同，主要区别在于运费承担方不同。FCA 条件下卖方承担货交承运人之前的运费，而在 CPT 条件下卖方承担货物到达目的地的全部运费。

（4）CIP。

CIP 的全称是 Carriage and Insurance Paid To，即运费、保险费付至，后跟目的地的名称。CIP 是指卖方向其指定的承运人交货，同时还须支付将货物运至目的地的运费，以及办理买方货物在运输途中灭失或损坏风险的保险并支付保险费。

买卖双方的主要义务如下。

CIP 合同中，卖方除了应承担在 CPT 条件下同样的义务外，还须为货物办理保险事宜并支付保险费。《2020 通则》对卖方保险责任规定：卖方要按双方协商确定的险别投保，如果双方未在合同中规定应投保的险别，则由卖方按惯例投最低的险别。

（5）DPU。

DPU 的全称是 Delivered at Place Unloaded，即目的地卸货后交货。DPU 是指卖方在指定目的港或目的地终点站，将从抵达的运输工具上卸下的货物交由买方处置时，完成交货。术语所指终点站包括任何地方，如码头、仓库、集装箱堆场或货运站、铁路或空运货物集散站等。

买卖双方的主要义务如下。

卖方承担将货物运至指定目的港或目的地指定的终点站并卸下前的一切风险和费用；负责办理货物出口清关手续，取得出口许可证或其他核准书；移交有关货运单据或数字信息。买方承担交货后的风险和费用；承担从到达的运输工具上为收取货物所需的一切卸货费用；如需办理清关事宜，则买方必须自负风险和费用办理清关手续，缴纳进口关税及其他进口费用。

（6）DAP。

DAP 的全称 Delivered At Place，即目的地交货。DAP 是指卖方在指定的目的地，将从抵达的运输工具上待卸下的货物交由买方处置时，完成交货。

买卖双方的主要义务如下。

卖方负责签订将货物运往指定目的港或目的地运输终端的运输合同，并支付运费；承担将货物运至指定目的港或目的地指定的终点站并卸下前的一切风险和费用。买方承担交货后的一切风险和费用；如需办理清关事宜，则买方必须自负风险和费用办理清关手续，缴纳进口关税及其他进口费用；承担从到达的运输工具上为收取货物所需的一切卸货费用。

（7）DDP。

DDP 的全称是 Delivered Duty Paid，即完税后交货。DDP 是指卖方在指定进口国目的地，办理进口清关手续，将在运输工具上已做好卸载准备但尚未卸下的货物交给买方，即完成交货。与 EXW 相反，DDP 是卖方负担最多义务的术语。

买卖双方的主要义务如下。

卖方承担将货物运至目的地的一切风险和费用；办理货物出口和进口所需的一切海关手续，支付关税及其他费用；移交有关货运单据或数字信息。买方承担交货后的风险和费用；根据卖方的请求，并由卖方负担风险和费用的情况下，给予卖方一定协助，使其取得货物进口所需的进口许可证或其他官方许可。

2. 适合水上运输方式的贸易术语

（1）FAS。

FAS 的全称是 Free Alongside Ship，即装运港船边交货。FAS 是指卖方在约定的时间内将合同规定的货物交到指定装运港买方所指派船只的船边即完成交货义务。买卖双方负担的风险和费用均以船边为界。如果买方所派的船只不能靠岸，卖方应负责用驳船把货物运至船边，这时才算完成交货义务。装船的责任和费用由买方承担。

买卖双方的主要义务如下。

卖方负责取得任何出口许可证或其他官方许可，并在需要办理海关手续时，办理货物出口所需的一切海关手续；通知买方货物已交至指定的船边；承担交货前的一切风险和费用。买方承担交货后的一切风险和费用；支付任何装运前检验的费用，但出口国有关当局强制进行的检验除外。

（2）FOB。

FOB 的全称是 Free On Board，即装运港船上交货，后跟装运港名称。FOB 是指卖方在合同约定的日期或期限内，将货物运到合同规定的装运港，并交到买方指定的船上，即完成交货义务。

买卖双方的主要义务如下。

卖方负责在合同规定的日期或期间内，在指定装运港将符合合同规定的货物按港口惯常方式交至买方指定的船上，并通知买方；办理货物出口清关手续，取得出口许可证或其他核准书；承担货物在装运港装到船上之前的一切费用和风险；移交有关货运单据或数字信息。买方负责租船订舱，支付运费，并通知卖方船名、装船地点和要求交货时间；办理货物进口清关手续以及必要时经由第三国过境运输的一切海关手续；承担货物在装运港装到船上之后的一切风险和费用。

（3）CFR。

CFR 的全称是 Cost and Freight，即成本加运费，后跟目的港名称。CFR 是指卖方必须在合同规定的装运期内在装运港将货物交至运往指定目的港的船上，并及时通知买方，即完成交货义务。

买卖双方的主要义务如下。

卖方负责办理出口清关手续，取得出口许可证或其他核准书；负责租船或订舱，及货物在装运港越过船舷之前的一切费用和风险；移交有关货运单据或数字信息。买方负责办理货物进口手续，取得进口许可证或其他核准书；负担货物在装运港越过船舷后的一切费用和风险；负责办理保险手续和支付保险费。

（4）CIF。

CIF 的全称是 Cost, Insurance and Freight，即成本、保险费加运费，后跟目的港名称。CIF 是指卖方必须在合同规定的装运期内在装运港将货物交至运往指定目的港的船上，负担货物装上船之前的一切费用和货物灭失或损坏的风险，负责租船订舱，支付运至目的港的正常运费，取得出口许可证或其他官方证件，办理货物出口所需的一切海关手续，同时，卖方必须办理海上保险，支付保险费。

买卖双方的主要义务如下。

CIF 与 CFR 合同中买卖双方主要义务的划分基本上相同，其主要区别在于 CIF 合同的卖方要负责办理国际海运保险手续，支付保险费并提供保险单据。如果目的地国家要求在本地购买保险，则可能给卖方带来困难。在这种情况下，买卖双方应考虑使用 CFR 术语。

2.3 国际贸易实务

国际贸易实务包括买卖双方的收付方式、合同的履行以及单证的制作等方面。在贸易一体化的背景下，相关单证和合同的组成及一致性对国际贸易有着至关重要的作用。

2.3.1 国际贸易收付方式

从事国际贸易的买卖双方当事人经常大量发生货款结算，以结清双方间的债权债务关系，称为国际贸易结算，它是伴随着国际贸易而产生并发展的。国际贸易结算方式又称为收付方式。在国际贸易中，买卖双方往往相距遥远，货物与货款同时对流很难实现，难以做到"一手交钱，一手交货"。对买卖双方而言，加速资金周转、提高资金使用效率、降低交易中汇率变动风险和信用风险，是交易过程中密切关注的焦点。因此，收付方式成为买卖双方需要达成一致并切实履约的重要内容。

1. 票据

国际贸易结算中主要采用票据作为结算工具，现金结算占极小比例，而且仅限于小量的交易。票据即权利证书，是指某人对不在其实际占有下的金钱或商品所有权的占用证据，是由负责交付货币或商品的债务人和有权索取货币或商品的债权人之间所缔结的一项简单合约，构成对金钱或货物权利的书面凭证。在国际贸易中，票据多指以支付金钱为目的，由出票人签名于票据上，无条件约定由自己或另一人支付一定金额，可以流通转让的证券。

以支付金钱为目的的票据主要有汇票、本票和支票，在国际贸易中使用广泛的是汇票。

（1）汇票（Draft）。

根据《中华人民共和国票据法》（以下简称《票据法》）第十九条，汇票是出票人签发的，委托付款人在见票时或者在指定日期无条件支付确定的金额给收款人或者持票人的票据。

（2）本票（Promissory Note）。

根据《票据法》第七十三条，本票是出票人签发的，承诺自己在见票时无条件支付确定的金额给收款人或者持票人的票据。与汇票不同的是，它是承诺式票据，出票人本身即为付款人，而汇票是命令式的。

（3）支票（Check）。

根据《票据法》第八十一条，支票是出票人签发的，委托办理支票存款业务的银行或者其他金融机构在见票时无条件支付确定的金额给收款人或者持票人的票据。由于支票的出票人是银行客户，付款人是开立账户银行，因此支票实际上是一份特定的授权书。另外，支票是即期付款，没有承兑行为，巨额支票出票人可对所开支票在银行实际付款前向付款银行发出书面通知，对所开出的支票止付。

2. 收付方式

目前，我国进出口业务中所使用的收付方式主要有汇付、托收和信用证三种，其中信用证使用最为广泛。以汇付方式支付货款是顺汇法，即买方主动将货款汇交给卖方；以托收和信用证方式收取货款是逆汇法，即卖方主动向买方收取货款。

（1）汇付。

汇付（Remittance）是买方将货款交由银行汇给卖方，分为信汇、电汇和票汇。

① 信汇（Mail Transfer，M/T）是指买方将货款交给本地银行，请该行用信件委托卖方所在地的银行付款给卖方。

② 电汇（Telegraphic Transfer，T/T）是指买方将货款交给本地银行，请该行发电报通知卖方所在地银行付款给卖方。

③ 票汇（Demand Draft，D/D）是指买方向其所在地银行购买银行汇票，自行寄给卖方，卖方持汇票向指定的付款银行取款。

汇付这一收付方式属于商业信用，按汇付的时间分为预付和后付，卖方在货物发运前收到货款为预付，在货物发运后才收到货款为后付。预付则买方存在风险，后付则卖方存在风险。买卖双方在签订合同时，均要考虑自身利益，所以不易达成协议。汇付在国际贸易中一般很少采用。汇付方式作业程序如图 2-1 所示，图中 A、B、C 分别代表信汇、电汇和票汇。信汇和电汇作业流程一样，都是由进口方交货款给进口地银行，再请进口地银行用信件/电报委托出口地银行，再由出口地银行付货款给出口方。票汇与前两者的区别在于进口方需从进口地银行购进汇票，再将汇票寄给出口方，出口方凭汇票在出口地银行取款。

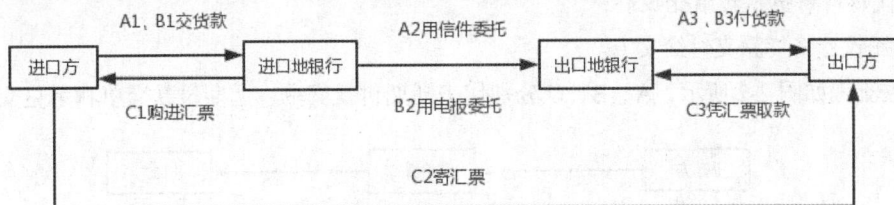

图 2-1　汇付方式作业程序

（2）托收。

① 托收定义。

托收（Collection）是卖方装运货物后，开出汇票委托出口地银行通过其在进口地的分行或代理行向买方收取货款，因此，托收属于商业信用。银行办理托收业务，只是作为委托人的代理人身份行事，既无检查货运单据是否齐备和正确的义务，也无承担买方必须付款的责任。如果买方借故不赎单提货，除事先约定外，银行没有义务代为保管货物，卖方仍须关心货物的安全，直到买方付清货款为止。

托收按汇票是否附有货运单据分为跟单托收和光票托收两种，前者主要适用于货款收取，后者主要适用于佣金、运费、合同金额尾数和其他费用的收取。

② 托收方式。

根据交单的条件，托收方式分付款交单和承兑交单两种。

a. 付款交单（Documents Against Payment，D/P），是指卖方将汇票连同货运单据交给银行托收时，指示银行只有在买方付清货款时才能交出货运单据。按支付时间的不同，付款交单可分为即期付款交单和远期付款交单两种。即期付款交单，是由卖方开具即期汇票，通过银行向买方提示，买方见票后即需付款，在付清货款后领取货运单据。远期付款交单，是由卖方开具远期汇票，通过银行向买方提示，由买方承兑，于汇票到期日付清货款后领取货运单据。

b. 承兑交单（Documents Against Acceptance，D/A），是指买方承兑汇票后即向银行取得货运单据，待汇票到期后才付款。因为只有远期汇票才需要办理承兑手续，所以承兑交单只适合远期汇票的托收。

③ 托收流程。

以付款交单为例，托收流程如下：

a. 买卖双方在国际货物买卖合同中约定以跟单托收作为付款方式，并约定卖方应提交的单据等事项；

b. 卖方按买卖合同的约定发货，取得运输单据，并按合同约定制备其他相关单据；

c. 卖方将全套单据交给托收行（通常是卖方所在国家/地区的银行），委托托收行向买方收取货款后将单据交给买方；

d. 托收行将全套单据寄给代收行，委托代收行（通常是买方所在国家/地区的银行）向买方收取货款后将单据交给买方；

e. 买方付款赎单后凭货运单据提取货物；

f. 代收行将货款转给托收行；

g. 托收行将货款支付给卖方。

托收流程如图 2-2 所示，A、B、C 分别代表即期付款交单、远期付款交单和承兑交单。

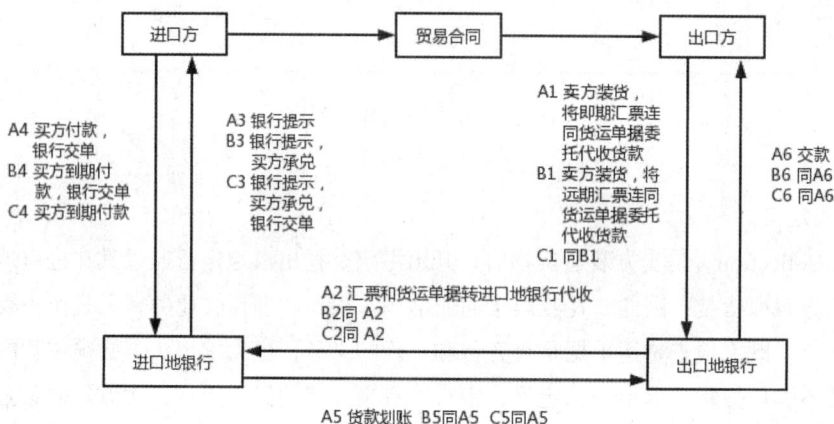

图 2-2　托收流程

（3）信用证。

① 信用证的定义。

信用证（Letter of Credit，L/C）是银行（开证行）应买方的请求，开给卖方一定金额的并在一定期限内凭规定单据承诺付款的凭证。信用证收付方式中，银行承担了第一付款人的责任，属于银行信用，故信用证一经出现，得到迅速推广，成为国际贸易中主要的收付方式。当前，国际贸易，特别是大宗交易，通常都采用信用证收付方式。使用信用证，在一定程度上解决了买卖双方互不信任的问题，而且给买卖双方提供了资金融通的便利，有效地促进了国际贸易的发展。

② 信用证的基本特征。

a. 信用证是一种银行信用。信用证项下，开证行负第一性付款责任，开证行的付款依据是单证相符、单单相符。信用证的主旨在于向受益人提供付款担保，受益人一旦提交了符合要求的单据，便能得到偿付。受益人无须也不得直接找进口人要求付款，而是凭单据直接向付款行或开证行索偿。

b. 信用证是独立于贸易合同的自足文件。就其性质而言，信用证与可能作为其开立基础的销售合同或其他合同是相互独立的交易，即使信用证中含有对此类合同的任何援引，银行也与该合同无关，且不受其约束。因此，银行关于承兑、议付或履行信用证项下其他义务的承诺，不受申请人基于其与开证行或与受益人之间的关系而产生任何请求或抗辩的影响。信用证的开立以贸易合同为基础。

c. 信用证的标的是单据。信用证业务中，银行处理的是单据，而不是可能涉及的货物、服务或履行行为。

③ 信用证的作业程序。

信用证的作业程序如图 2-3 所示[①]。

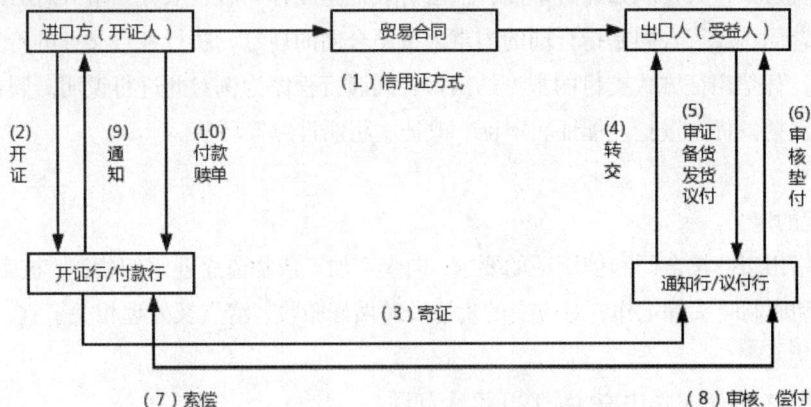

图 2-3　信用证的作业程序

a. 买卖双方在贸易合同中明确规定买方以信用证方式支付货款，一般还应规定信用证的种类、金额、到期日和开证日期等。

b. 开证人按照合同规定向当地银行提出开证申请，申请开证时应填写开证申请书，并缴纳押金或提供其他担保品，请求开证行向受益人开立信用证。开证行接受开证申请后，向指定的受益人开立信用证。

c. 开证行将开好的信用证电传或寄往卖方所在地的议付行（通知行）。如另指定付款行，还应将信用证副本传递给付款行以便据以付款。

d. 议付行核对印鉴或密码无误后，除留存一份副本备查外，及时将信用证转交受益人。

e. 受益人根据贸易合同审核信用证，如发现有不能接受的内容，应及时要求开证人通知开证行按《跟单信用证统一惯例》规定要求进行修改，直到能够接受，方可装运货物。受益人按信用证规定装运货物后，备齐信用证规定的各项单据，开出汇票，在信用证有效期内送当地议付行（可以是通知行，也可以是其他银行）议付。

f. 议付行核对信用证，确认汇票与单据符合信用证的规定后，按汇票所开金额，扣除若干利息或手续费，将垫款付给受益人。

g. 议付行将汇票、货运单据等寄开证行或其指定的付款行索偿。

h. 开证行或其指定的付款行经审核单据无误后，付款给议付行。

i. 开证行通知开证人付款赎单。

j. 开证人到开证行核验单据，如确认无误，在扣除开证时交付的押金后，向开证行缴纳货

---

① 下文的 a~j 对应图 2-3 的（1）～（10）。

款及有关费用，并赎取单据。如开证时递交过担保抵押品，开证行应予发还。至此信用证业务即告结束。

2.3.2　国际贸易进出口合同的履行

1. 出口合同的履行

在国际贸易中，买卖双方经过磋商，依法有效地达成合同后，双方当事人就必须按照合同的规定履行合同。履行合同是指合同的当事人按照合同的规定，履行各自义务的行为。下面以CIF条件下，凭信用证方式支付的常见的出口合同履行程序为例对此进行说明。履行这类出口合同，一般包括备货、报验、催证、审证、改证、租船订舱等环节。

（1）备货。

① 备货的定义。

备货是指出口商按合同和信用证的要求，向生产加工或物流企业组织货源，核实货物加工、整理、包装和刷制唛头等工作，对应交的货物及时做好验收、清点及处理相关事宜，做到按时、保质保量交货。

② 出口方在备货工作中应注意以下几个问题。

a. 货物的品质、规格。

货物的品质、规格，应按合同的要求核实，必要时应进行加工整理，以保证货物的品质、规格与合同规定一致。

b. 货物的数量。

应保证满足合同或信用证对数量的要求，备货的数量应适当留有余地，以备调换和适应舱容。

c. 货物的包装与唛头。

应认真检查和核实，使之符合信用证的规定，并要做到保护商品和适应运输的要求，如发现包装不良或破坏，应及时进行修补或换装。标志应按合同规定的式样刷制。

d. 备货的时间。

应根据信用证规定，结合船期安排来确定备货时间，以利于船货衔接。

（2）报验。

① 报验的定义。

凡属国家规定法检的商品，或合同规定必须经国家出入境检验检疫局出证的商品，在货物备齐后，应向国家出入境检验检疫局申请检验。只有取得国家出入境检验检疫局发出的合格的检验证书，海关才准放行。经检验不合格的货物，一律不得出口。

② 报验的相关要求。

a. 凡属国家规定或合同规定必须经国家出入境检验检疫局出证的商品，在货物备齐后，应向国家出入境检验检疫局申请检验。

b. 出口公司向国家出入境检验检疫局申请检验时，应填制"出口报验申请单"，并随附合同或信用证副本，以供国家出入境检验检疫局检验和发证时参考。

c. 只有取得国家出入境检验检疫局发出的合格检验证书，海关才准予放行。

（3）催证。

催证是指以某种通信方式催促买方办理开证手续，以便卖方履行交货义务。及时开证是买方的主要义务，因此在正常情况下不需要催证。但是在实际业务中，有时国外进口方遇到国际市场发生变化或资金短缺，往往拖延开证或不开证。为了保证按时交货，卖方可在适当时候催促对方办理开证手续，也可在必要时请我国驻外机构或有关银行协助代为催证。

（4）审证。

在实际业务中，由于工作疏忽、电文传递错误、贸易习惯不同、市场行情的变化或进口商故意等原因，常常会出现信用证条款与合同规定不符的情况。为了确保收汇安全，应对外国银行开来的信用证进行审核。银行和出口单位共同承担审证任务。银行着重审核开证行的政治背景、资信能力、付款责任和索汇路线等，出口单位则着重审核信用证内容与合同是否一致。

（5）改证。

认真仔细审核信用证后，对信用证中不能接受、不能执行或不能按期执行的条款，应及时要求国外客户通过开证行进行修改或展延。在收到信用证修改通知书后方能装运货物。在要求改证时，应将需修改的各项内容一次提出，避免多次提出修改要求。

修改信用证可由开证申请人提出，也可由受益人提出。如由开证申请人提出修改要求，经开证行同意后，由开证行发出修改通知书通过原通知行转告受益人，经各方接受修改后的信用证后，修改方为有效；如由受益人提出修改要求，则应首先征得开证申请人同意，再由开证申请人按上述程序修改，即修改的一般程序是"受益人—开证人—开证行—通知行—受益人"。

（6）租船订舱。

按 CIF 或 CFR 条件成交时，卖方应及时租船订舱。如系大宗货物，需要办理租船手续；如系一般杂货，则需洽订舱位。各外贸公司洽订舱位时需要填写托运单（Shipping Note），船方根据托运单内容，并结合航线、船期和舱位情况，如认为可以承运，即在托运单上签单，留存一份，退回托运人一份。船公司或船公司的代理人在接受托运人的托运申请之后，即发给托运人装货单（Shipping Order），凭以办理装船手续。货物装船以后，船长或大副则应该签发收货单，即大副收据（Mate's Receipt），作为货物已装妥的临时收据，托运人凭此收据即可向船公司或船公司的代理人交付运费并换取正式提单。

（7）报关。

在出口货物装船运输之前，出口方需向海关办理报关手续。出口报关时，必须填写出口货物报关单，必要时还需要提供出口合同副本、发票、装箱单、重量单、商品检验证书，以及其他有关证件。海关查验有关单据后，即在相关单据上盖章放行，凭以装船出口。

（8）投保。

按 CIF 条件成交的出口合同，出口方要在货物装运前，根据合同和信用证向保险公司办理投保手续，填制投保单。出口商品的投保手续一般都是逐笔办理的，投保人在投保时应将货物名称、保额、运输路线、运输工具、开航日期、投保险别等——列明。保险公司接受投保后，即签发保险单或保险凭证。

（9）制单结汇。

结汇是将出口货物销售获得的某种币制的外汇按售汇之日中国银行外汇牌价的买入价卖给银行。出口货物装运之后，出口企业应按信用证的规定，缮制各种单据，并在信用证规定的有效期内，送交银行办理议付结汇手续。这些单据主要是发票、汇票、提单、保险单、装箱单、商品检验证书、产地证明书等。

（10）出口收汇核销。

出口收汇核销是指对每笔出口收汇进行跟踪，直到收回外汇为止，防止出口单位高报出口价格骗税的行为。

外汇核销工作由国家外汇管理局、海关和外汇指定银行等部门配合具体实施。通过电子口岸的出口收汇系统和企业管理系统，企业可以在网上向有关管理部门申领核销单，办理核销单交单及挂失等系列操作。

（11）出口退税。

出口退税是指一个国家为了扶持和鼓励本国商品出口，将所征税款退还给出口商的一种制度。这一制度有助于企业及时收回投入经营的流动资金，加速资金周转，降低出口成本，提高企业经济效益。

2. 进口合同的履行

我国大多数进口货物都按 FOB 条件并采用信用证支付方式成交，按此条件签订的进口合同，履行的一般程序包括开立信用证、订立运输合同、办理保险合同、审单付汇、进口报关、进口索赔等。下文将分别加以介绍。

（1）开立信用证。

在采用信用证支付方式的进口业务中，履行合同的第一个环节就是进口商向银行申请开立信用证。

开立信用证的手续如下。

① 申请开证。

签订进口合同后，进口商按照合同规定填写开立信用证申请书，向银行办理开证手续。该开证申请书是开证行开立信用证的依据。进口商填写好开证申请书，连同进口合同一并交给银行，申请开立信用证。

② 审核申请。

开证行要审核申请，由申请人向开证行做出声明和保证。例如，申请人承诺在自己付清款项前，开证行对申请人的单据及申请人所持有的货物拥有所有权；必要时，开证行可以出售货物，以抵付申请人的欠款。申请人保证在单证表面相符的情况下对外付款或承兑，否则，开证行有权没收申请人所交付的押金和抵押品，以充当申请人应付欠款的一部分等。

③ 对外开证。

开证行向申请人开立信用证时，要求申请人向开证行交付一定比例的押金，并按规定向开证行支付开证手续费。

（2）订立运输合同。

按 FOB 条件成交，采用海洋运输，由买方负责办理租船订舱手续。如合同规定卖方在交货前一定时间内，应将预计装运日期通知买方，买方在接到上述通知后，应及时向运输公司办理租船订舱手续。在办妥租船订舱手续后，买方应按规定的期限将船名及船期及时通知卖方，以便卖方备货装船。同时，为了防止船货脱节和出现"船等货"的情况，还要注意催促卖方按时装运。进口公司选择租船还是订舱，应视进口货物的性质和数量而定。凡需整船装运的，则需洽租合适的船舶承运；运小批量的或零星杂货，则大都洽订班轮舱位。

（3）办理保险合同。

按 FOB 或 CFR 条件成交进口合同，由买方办理保险手续、支付保险费。为办理进口货物保险，买方一般与保险公司签订预约保险合同。根据预约保险合同，保险公司对有关进口货物负自动承保的责任，即货物一经装船，保险就开始生效。买方在收到国外出口方发来的装运通知后，将船名、提单号、开船日期、商品名称、数量、装运港、目的港等项内容通知保险公司，即办妥保险手续。

若外贸公司没有与保险公司签订预约保险合同，则需对进口货物逐笔办理投保手续。买方在接到卖方的发货通知后，必须立即向保险公司办理保险手续。如果进口公司没有及时向保险公司投保，则货物在投保之前的运输途中，所发生的一切由于自然灾害和意外事故造成的损失，保险公司不负赔偿责任。

（4）审单付汇。

在信用证支付条件下，卖方提交的单据必须与买方开立的信用证条款完全符合。由于开证行或开证行指定付款行的审单是终局性的，也就是经审单付款后即无追索权，因此审单工作必须慎重。审单工作一般由买方和银行共同来做。

开证行收到国外寄来的汇票和单据后，经审单无误对外付款的同时，即通知进口公司向银行付款赎单。进口公司凭银行出具的付款通知书到银行结算，在认真审查卖方提供的单据符合信用证要求后，付款赎单。

如审核国外单据发现单证不符，应做出适当处理。处理的办法很多，例如：停止对外付款；相符部分付款，不符部分拒付；货到检验合格后再付款；凭卖方或议付行出具担保付款；要求国外卖方改正；在付款的同时，提出保留索赔权；等等。

（5）进口报关。

进口货物到货后，由进口公司、委托货运代理公司或报关行根据进口单据填具"进口货物报关单"向海关申报，并随附发票、提单、装箱单、保险单、进口许可证及审批文件、进口合同、产地证和所需的其他证件。如属法定检验的进口商品，还须随附商品检验证书。货、证经海关查验无误，才能放行。

进口货物运达港口卸货时，港务局要进行卸货核对。如发现短缺，应及时填制"短卸报告"交由船方签认，并根据短缺情况向船方提出保留索赔权的书面声明。卸货时如发现残损，货物应存放于海关指定仓库，待保险公司会同海关检验后做出处理。

在办完上述手续后，进口公司可自行或由货运代理公司提取货物并拨交给订货部门，货运代理公司通知订货部门在目的地办理收货手续，同时，通知进口公司代理手续已办理完毕。

（6）进口索赔。

进口货物在运输途中，由于各种原因，货物的品质、数量、包装等可能受到损害，或卖方交付的货物不符合合同规定致使买方遭受损失。买方收到货物后要根据货损原因的不同，向有关责任方提出索赔要求。

进口索赔的对象包括：卖方、轮船公司、保险公司。

2.3.3 国际贸易单证

主要的国际贸易单证如下。

1. 合同

（1）合同的定义。

国际贸易合同又称为外贸合同或进出口贸易合同，即营业地处于不同国家或地区的当事人就商品买卖所发生的权利和义务关系而达成的书面协议。国际贸易合同包括国际货物买卖合同、成套设备进出口合同、包销合同、委托代理合同、寄售合同、易货贸易合同、补偿贸易合同等形式。

（2）合同的特点。

① 国际性：订立国际货物买卖合同的当事人的营业地在不同的国家，不管合同当事人的国籍是什么。如果当事人的营业地在不同的国家，其签订的合同即为国际性合同；反之，合同被称为国内合同。如果当事人没有营业地，则以其长期居住地为营业地。

② 合同的标的物是货物：国际货物买卖合同的标的物是货物，即有形资产，而不是股票、债券、投资证券、流通票据或其他财产，也不包括不动产和提供劳务的交易。

③ 国际货物买卖合同的货物必须由一国境内运往他国境内：国际货物买卖合同的订立可以在不同的国家完成，也可以在一个国家完成，但履行合同时，卖方交付的货物必须运往他国境内，并在他国境内完成货物交付。合同样本如图 2-4 所示。

2. 信用证

信用证是指银行根据进口人（买方）的请求，开给出口人（卖方）的一种保证支付货款的书面凭证。在信用证内，银行授权出口人在符合信用证规定的条件下，以该行或其指定的银行为付款人，开具不得超过规定金额的汇票，并按规定随附装运单据，按期在指定地点收取货物。信用证样本如图 2-5 所示。

3. 商业发票

（1）商业发票的定义。

商业发票（Commercial Invoice）简称发票，是卖方向买方开立的载有货物名称、规格、数量单价、总金额等方面内容的清单。商业发票是出口交易中最重要的单据之一，也是全套出口单据的核心。商业发票供国外买方收货、支付货款和报关完税使用，是对所装运货物的总说明，虽然商业发票不是物权凭证，但如果出口单据中缺少了商业发票，就不能了解该笔业务的全部情况。商业发票样本如图 2-6 所示。

SALES CONTRACT

卖方 Seller:		NO.: DATE: SIGNED IN: _____
买方 Buyer:		

经买卖双方同意成交下列商品，订立条款如下：
This contract is made by and agreed between the BUYER and SELLER, in accordance with the terms and conditions stipulated below.

唛头 Marks and Numbers	名称及规格 Description of goods	数量 Quantity	单价 Unit Price	金额 Amount

总值 TOTAL：

Transshipment（转运）：

☐   Allowed ☐   not allowed（不允许）
            （允许）

Partial shipments（分批装运）：

☐   Allowed ☐   not allowed（不允许）
            （允许）

Shipment date（装运期）：

Insurance（保险）：

由 _____ 按发票金额 110%投保 _____ 险，另加保 _____ 险至 _____ 为止。
to be covered by the _____ FOR 110% of the invoice value covering _____ additional _____ from _____ to _____ .

    Terms of payment（付款条件）：

☐买方不迟于 ___ 年 ___ 月 ___ 日前将 100%的货款用即期汇票/电汇送抵卖方。
The buyers shall pay 100% of the sales proceeds through sight(demand) draft/by T/T remittance to the sellers not later than.

☐买方须于 ___ 年 ___ 月 ___ 日前通过 ___ 银行开出以卖方为受益人的不可撤销 ___ 天期信用证，并注明在上述装运日期后 ___ 天内在中国议付有效，信用证须注明合同编号。
The buyers shall issue an irrevocable L/C at _____ sight through ___ in favor of the sellers prior to indicating L/C shall be valid in China through negotiation within ___ day after the shipment effected, the L/C must mention the Contract Number.

☐付款交单：买方应对卖方开具的以买方为付款人的见票后 ___ 天付款跟单汇票，付款时交单。
Documents against payment:(D/P)
The buyers shall duly make the payment against documentary draft made out to the buyers at sight by the sellers.

☐承兑交单：买方应对卖方开具的以买方为付款人的见票后 ___ 天承兑跟单汇票，承兑交单。
    Documents against acceptance:(D/A)
    The buyers shall duly accept the documentary draft made out to the buyers at ___ days by the sellers.

Documents required（单据）：

卖方应将下列单据提交银行议付/托收。
The sellers shall present the following documents required for negotiation/collection to the banks.

☐整套正本清洁提单。
    Full set of clean on Board Ocean Bills of Lading.

☐商业发票一式 ___ 份。
    Signed commercial invoice in ___ copies.

☐装箱单或重量单一式 ___ 份。
Packing list/weight memo in ___ copies.

☐由 ___ 签发的质量与数量证明书一式 ___ 份。
    Certificate of quantity and quality in _____ copies issued by _____ .

☐保险单一式 ___ 份。
Insurance policy in ___ copies.

☐由 ___ 签发的产地证一式 ___ 份。
    Certificate of Origin in ___ copies issued by ___.

图 2-4　合同样本

IRREVOCABLE DOCUMENTARY CREDIT 不可撤销跟单信用证	L/C NUMBER: FENB41170 信用证号码： DATE OF ISSUE:开证时间 30 TH MAY 2001, PLACE：地点 SAN FRANCISCO
EXPIRY DATE AND PLACE: 到期日、到期地 JULY 30 TH,2001　　　SHANGHAI	Applicant:开证申请人 DOUBLE EAGLE IMP AND EXP COMPANY 235 MONTGOMERY STREET, SUITE 1015 SAN FRANCISCO CA94104 U.S.A
Beneficiary:受益人 SHANGHAI JOYTOYS CO, LTD. 400 HONGQIAO ROAD, SHANGHAI CHINA	Amount:信用证额度 USD9390.00(United States Dollars NINE THOUSAND THREE HUNDRED AND NINETY ONLY)
AVAILABLE BY: BENEFICI ARY'S DRAFTS AT SIGHT DRAWN ON US 凭……付款	
SHIPMENT DETAILS:装运 FROM SHANGHAI TO SAN FRANCISCO LATEST ON 30 JUN 2001 （装运期） CIF SAN FRANCISCO U.S.A. （贸易术语） PARTIAL SHIPMENTS （分批装运）: NOT ALLOWED TRANSHIPMENT （转运）: ALLOWED	

图 2-5　信用证样本

COMMERCIAL INVOICE

（商业发票）

TEL：024-34561111　　　　　　　　　　　　　INV No.：SP13-25

FAX：024-34562222 DATE：20. FEB，2018

TO：HOOP COMPANY　　　　　　　　　　　　S/C No.：CN1234

FROM SHENYANG TO INCHON

Marks&Nos. （唛头）	Description of Goods （货物描述）	Quantity （质量）	Unit Price (USD) （单价）	Amount(USD) （数量）
N/M	Canned Flatfish	200 Cartons	57.14	11428
TOTAL PRICE：SAY ELEVEN THOUSAND AND FOUR HUNDRED TWENTY-EIGHT ONLY （总价：一万一千四百二十八元整） WE HEREBY CERTIFY THAT THE CONTENTS OF THE INVOICE HERE IN ARE TRUE AND CORRECT. （我们特此证明此处发票的内容是真实和正确的） SHENYANG FOOD IMPORT&EXPORT TRADE CORPORATION （沈阳市食品进出口贸易总公司） 　　　　　　　　　　　　　　　　　　　　　　　　　　　　　　　ZHANGSAN				

图 2-6　商业发票样本

（2）商业发票的填制。

① 发票名称（Name of Invoice）。

发票名称通常用英文粗体标出"Commercial Invoice"或"Invoice"字样。实践中经常在发票名称上方印有出票人的名称、地址和联系电话等内容。

② 出票人（Issuer）。

用英文填写出票人的名称和详细地址。出票人就是合同的卖方或信用证的受益人。有时该项省略。

（3）抬头人（To）。

填写发票抬头人的名称与地址。采用信用证方式支付时，如信用证有指定抬头人，则按信用证规定填写，否则填写开证申请人（即进口商）的名称和地址。托收方式下，填写合同买方的名称和地址。填写时注意：名称和地址不能写在同一行，要分行放置。

（4）运输方式和路线（Transport Details）。

填写装运港、目的港的名称及运输方式。运输线路、起运地、目的地必须与其他单据上显示的相一致，并且要写明具体的地名，不要用统称，如信用证中只标明国名，在发票制作时，应写上具体的地点。

（5）发票号码（Invoice No.）。

填写商业发票的号码。发票号码由出口商自行编制，一般采用顺序号，是全套单据的中心编号。

（6）发票日期（Date）。

填写出口商出票的具体时间。发票日期在各种结汇单据中是最早的，但不得早于合同签订日期，其他单据的签发日期要以发票日期为参照。

（7）合同号（S/C No.）。

填写相关销售确认书或者合同号码。

（8）信用证号（UC No.）。

填写进口地银行开具的信用证号码，若不是信用证方式付款，本栏留空。

（9）支付方式（Terms of Payment）。

填写该业务的付款方式，如 L/C、D/P、D/A、T/T 等。

（10）唛头和件号（Marks and Numbers）。

填写合同或信用证规定的唛头。唛头通常由 4 个部分组成：收货人简称、参考号、目的地和货物总件数。

（11）包装件数、种类和货物描述（Number and Kind of Package; Description of Goods）。

此栏填写货物的包装件数、包装种类、货物的名称和品质等内容。发票中的货物描述是发票的中心内容，在信用证项下，必须与信用证中的描述严格一致，增加或减少货名的任何一个词或句，都会造成单证不符而遭到开证行的拒付。如为其他支付方式，则货物描述应与合同规定的内容一致。

（12）货物的数量（Quantity）。

填写实际装运货物的数量，必须与合同或信用证对数量的规定相符，与其他单证一致。

（13）单价（Unit Price）。

填写出口货物的单位价格，包括计价货币、单位数额、计价单位和价格术语 4 项内容。

（14）总值（Amount）。

总值是发票的主要项目，必须准确计算，正确缮制，并认真复核，特别注意小数点的位置是否正确，金额和数量的横乘、竖加是否矛盾。

（15）总计（Total）。

填写 12、14 栏数量和金额的总和，在填写时竖加一定要正确，小数点的位置一定要正确。

（16）大写总金额（Total Amount in Words）。

用英文大写填写货物总金额，例如货物的金额是 456 000 美元，那么应在本栏填写：SAY US. DOLLARS FOUR HUNDRED AND FIFTY SIX THOUSAND ONLY.

（17）总毛重（Total Gross Weight）。

填写出口货物的总毛重。货物重量在单据中是一项不可忽视的内容，除了重量单、装箱单上应注明总的毛重、净重，商业发票也应注明总的毛重、净重。

信用证上明确要求在发票上需列明货物重量或以重量计价的商品，在缮制发票时，应详细列明毛重、净重。发票上的重量应与其他单据上的重量一致。

（18）总包装数量（Total Number of Package）。

填写货物外包装数量。

（19）特别内容（Special Contents）。

此处填写合同或信用证所要求的特别条款。在有些信用证中，除了要求注明一般的发票内容，还要求在发票加注某些特别的信息，如某种参考号、原产地等，制单时必须根据要求一一填写。常见的加注内容如下。

We hereby certify that the contents of invoice hercin are true and correct.

（兹证明发票中的内容是真实正确的。）

We hereby certify that the above mentioned goods are of Chinese origin.

（兹证明上述货物原产地是中国。）

本章小结

本章主要介绍了国际贸易的基本概念与分类，描述了国际贸易与国际物流之间的关系，同时阐述了贸易术语的相关内容、使用惯例以及常用贸易术语。通过本章的学习，读者可以掌握包括国际贸易收付方式、国际贸易合同的履行和国际贸易单证的制作、商业发票的填制等内容。只有熟悉信用证等国际结算知识，以及国际贸易的整个运作流程，才能有效运作国际物流。

课后习题

一、名词解释

国际贸易　FCA　CIP　CFR　信用证

二、选择题

1. 由买方负责办理运输手续，缴纳运费的贸易术语是（　　　）。

　　A. FOB　　　　　　B. CFR　　　　　　C. CPT　　　　　　D. CIF

2. 国际贸易按照是否有第三方参与，可以分为直接贸易、间接贸易和（　　　）。

　　A. 技术贸易　　　B. 转口贸易　　　C. 商品贸易　　　D. 服务贸易

3. 在实际业务中，FOB 条件下，买方常委托卖方代为租船、订舱，费用由买方负担。如期订不到舱，租不到船，（　　　）。

    A. 卖方不承担责任，风险由买方承担　　B. 卖方承担责任和风险

    C. 买卖双方共同承担责任和风险　　　　D. 双方均不承担责任，合同停止履行

4. 出口报关的时间应是（　　　）。

    A. 备货前　　　　　B. 装船前　　　　C. 装船后　　　　D. 货到目的港后

5. 在我国的进出口业务中，出口结汇的方法有（　　　）。

    A. 现场结汇　　　　B. 买单结汇　　　C. 定期结汇　　　D. 预付结汇

6. 汇票根据（　　）不同，分为银行汇票和商业汇票。

    A. 出票人　　　　　B. 付款人　　　　C. 商品贸易　　　D. 服务贸易

三、简答题

1. 简述国际贸易和国际物流的关系。

2. 简述 FOB 条件下买卖双方的主要义务。

3. 简述 CFR 条件下买卖双方的主要义务。

4. 履行出口合同的主要环节有哪些？

第3章　国际海洋货物运输

【知识结构图】

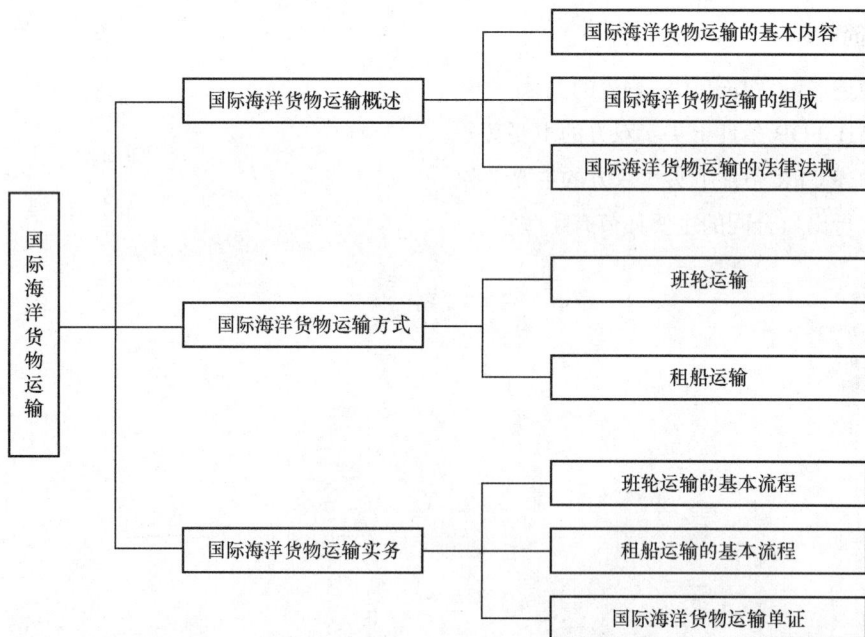

【学习目标】

1. 熟悉国际海洋货物运输的定义、特点、相关法律法规。
2. 了解国际海洋货物运输的方式。
3. 掌握国际海洋货物运输的流程，以及相关单证的制作。

【导入案例】

中远海运物流"公铁海"多式联运助力北粮南运

中远海运物流有限公司（以下简称"中远海运物流"）作为中国远洋海运集团内全球综合物流供应链服务平台，是目前市场地位领先的第三方物流服务提供商。中远海运物流在传统航运业务基础上，依托数字化驱动实现产业链服务端到端全覆盖，通过综合货运、仓干配物流、产业物流地产、工程物流、口岸公共服务形成立体层面的全程物流与供应链综合客户服务体系。

中远海运物流在中国 30 个省、自治区、直辖市及海外 17 个国家和地区设立了分支机构，在全球范围内拥有 600 多个销售和服务网点，形成了遍及中国、辐射全球的服务网络系统，可为海内外客户提供现代化、专业化的全程物流供应链解决方案。其在行业内具有良好的口碑和服务能力，是政府、港口、铁路、空港以及大型跨国公司的重要合作伙伴。

2022 年 7 月 21 日，满载玉米的首批次 14 个 20 英尺（1 英尺为 30.48 厘米，此后不再标注）集装箱顺利抵达烟台，标志着中远海运物流所属烟台中远海运甩挂物流公司顺利完成从东北到山东的"公铁海"多式联运服务。这是公司首次操作粮库至饲料厂门到门全程多式联运，为北粮南运开辟了运输新路径。

近年来，粮食运输受限于散粮运输重要物流节点，伴随国家对粮食减损的要求以及饲料生产对粮食品质要求的提升，粮食运输散改集的需求量逐步增加。

紧随粮食业发展，中远海运物流根据客户实际需求，在前期充分调研的基础上，调动沿途资源，为客户制定"公铁海"多式联运服务方案，利用甩挂运输实现 35 吨铁路敞顶箱下水，并通过定制化的甩挂车板保障海运安全；同时充分组织资源，保障到港后的运力需求，确保配送时效。该业务模式能够大幅降低货损率，加快贸易完成速度，提升资金周转率，铁路敞顶箱的使用又保障了单位运输量和验货效率，开辟了粮食运输新模式。在操作过程中，项目组全面梳理各流程，全力把控各环节，高效处理突发情况，保障了首批货物的顺利发运，获得了客户的高度认可，为后续启动大批量粮食发运奠定了基础。

思考题：

中远海运物流是通过什么方式进行贸易运输的，具有怎样的典型意义？

3.1 国际海洋货物运输概述

国际货物运输涉及的运输方式很多，其中国际海洋运输是一种重要的运输方式。

3.1.1 国际海洋货物运输的基本内容

1. 国际海洋货物运输的定义

国际海洋货物运输（International Ocean Freight）是指承运人按照海上货物运输合同的约定，以海运船舶作为运载工具，以收取运费作为报酬，将托运人托运的货物经海路由一国港口运送至另一国港口的行为。国际海洋货物运输是国际贸易中最主要的运输方式，占国际贸易总运量中的三分之二以上。我国绝大部分进出口货物，都是通过海洋运输方式运输的。

2. 国际海洋货物运输的特点

国际海洋货物运输是国际物流采取的最重要的运输方式。据估计，全球国际贸易总量的 70%

以上借助海运方式完成。与其他运输方式相比，该方式具有以下特点。

（1）运输量大。随着造船技术的日益发展，船舶大型化趋势异常明显。20 世纪 70 年代，超级油轮的载重量就已经超过 50 万吨，最新一代大型集装箱船的规模也已经达到 10 000 TEU（标准箱单位）。海运船舶的运力远远大于其他运载工具。

（2）通过能力强。海洋运输借助天然航道完成运送任务。地球表面的 70% 是海洋，洋面辽阔，港口众多，航道四通八达，所以海洋运输没有公路运输和铁路运输那么多的路线约束。在遇到突发事件时，可随时根据现实情况调整航线，完成运输任务。

（3）送货能力强。远洋船舶的货舱容量大，承载能力强，航道的水域宽阔，不会像公路运输或铁路运输那样受路面条件限制，所以几乎所有货物都可采用海洋运输方式，特别是那些超大件货物，海洋运输是首选的运输方式。20 世纪，随着造船技术的不断完善，多种专门运输特种货物的专业化船舶出现了，如散装船、油轮、滚装船、冷藏船等，提高了船舶的适货性。

（4）运费低廉。一方面，海洋运输所通过的航道多系天然形成，港口设施一般为政府修建，不需要像公路运输或铁路运输那样大量投资于道路或铁轨；另一方面，海运船舶载运量大，运输里程远，因此可以充分发挥运输中的规模经济效益。与其他运输方式相比，海运的单位运输成本低廉，一般仅有航空运输成本的 1/30，为低价值的大宗散货运输提供了有利条件。

（5）速度较慢。商船体积大，水流阻力高，风力影响大，因此速度较慢。虽然随着造船技术的改进，以集装箱船为代表的现代商船的航行速度有了很大的提高，能达到 25 节（船速计量单位，1 节为每小时 1 海里）以上，但与其他运输方式相比，速度仍然较慢，因此不适合运输对运输时间要求较高的货物。

（6）风险较大。在海洋运输过程中，船舶长时间远离海岸在大洋中航行。虽然现代商船都配备有现代通信和卫星导航设备，但多变的气候、复杂的海洋环境，随时可能使船舶遭遇风浪、海啸、浮冰等各种自然灾害的袭击，航行时间和航行安全都无法切实保障。同时，近年来，因局部地区罢工、贸易禁运、战争、海盗等社会人为因素的影响，船舶遇险的可能性仍较大。

虽然海洋运输速度慢、风险大，但由于运输量大、送货能力强、运费低廉，所以仍然是国际物流中最重要的运输方式。

3.1.2　国际海洋货物运输的组成

1. 海运船舶

船舶是海洋运输的工具，是完成国际货物运输任务的重要物质基础。

（1）船舶种类。

经海洋运输的货物种类很多，有被归为件杂货的各种经过包装、捆扎或加工成件的固态或液态货物，也有被归为散装货的干散货物和液态散货。为了提高船舶装载能力、加速船舶周转、降低运输成本，海运船舶日趋专业化。

海运船舶种类繁多，按用途主要划分为干货船、油槽船和以集装箱船为主的特种船，如表 3-1 所示。

表 3-1　海运船舶分类表

类　别	船　舶		用途或特征
干货船	杂货船		装载一般件杂货，有时也装运粮谷、煤炭等
	冷藏船		装载冷藏货
	木材船		装载木材
	散货船	煤船	装载干散货物
		矿砂船	
		粮谷船	
油槽船	游轮		装运液态石油类货物
	液化天然气船		装运液化天然气
特种船	集装箱船		装载集装箱
	滚装船		车辆可直接进出货舱装卸货物
	载驳船		船上可装载载货驳船
	气垫船		靠强气流将船体托浮于水面高速航行
	水翼船		靠船底水翼所产生的升力使船体升离水面高速航行

（2）船舶登记。

船舶登记是指将特定船舶的资料在某一特定国家公开记录。根据相关规定，船舶只有在某一特定国家登记后，取得该国国籍，才有权悬挂该国国旗在公海上航行，并享有该登记国的外交保护和领事协助以及海军的保护，同时还享有该登记国内河、沿海的经营特权。

过去，船舶一般都在船舶所有人所属国政府指定的机关办理登记手续，并取得该国国籍。但是现在世界船舶登记制度已经发生了巨大变化，先后出现了开放登记制度、海外登记制度和国际登记制度。

国际登记制度和海外登记制度的本质基本相同，即该制度也允许船东悬挂本国国旗，所适用的船舶登记要求和规则较为宽松。不同的是，国际登记制度并非在施行国的海外属地，而是和本国的船舶登记制度并存，一起设在该国境内。挪威、丹麦、德国等已相继实行了各自的国际船舶登记制度。

（3）船舶检验。

船舶检验是国家和政府主管机关为保证海上人命安全和船舶航行安全而施行的一项重要手段。法定检验是船舶检验的重要内容。

法定检验是根据船旗国的法律和船旗国所加入的国际公约的有关规定强制进行的。法定检验通过后，由负责检验的船旗国航运主管机关，或由其授权的国内或国际上的船级社签发船舶航行证书和国际公约证书。

2. 海运港口

海运港口是海洋运输的基地，是船舶停泊、装卸货物、补充给养、躲避风浪的场所，也是国际物流运输网络的重要节点。

港口由航道、港池和码头三部分组成。其中，航道是供船舶安全航行的通道，要求短、直、宽、深、畅通无阻。港池是供船舶停泊、航行和转向的水域，要求风浪小、水流稳定，并且其深度应满足所停靠船舶的最大吃水。码头是连接船舶和海岸，供船舶停靠、装卸货物的水上建筑物，按形式可分为顺岸码头和突堤码头，按处理的货种可分为散货码头、件杂货码头、油码头、集装箱码头和综合性码头等。

（1）港口的种类。

港口依其地理位置可分为沿海港、海峡港等；从贸易角度区分，港口又可分为非通商港（国内贸易港）、通商港（对外贸易港）和自由港。

（2）世界主要贸易港口。

世界主要贸易港口共有 2500 多个，其中，分布在太平洋沿岸的港口数量约占世界港口数量的 1/6，大西洋沿岸的港口数量约占世界港口数量的 3/4，印度洋沿岸的港口数量约占世界港口数量的 1/10。世界主要贸易港口的分布情况如表 3-2 所示。

表 3-2　世界主要贸易港口

区　　域	国　　家	港　　口
太平洋沿岸	日本	东京、横滨、名古屋、川崎、大阪、神户
	俄罗斯	纳霍德卡、东方港、海参崴（符拉迪沃斯托克）
	朝鲜	清津、兴南、南浦
	韩国	釜山
	中国	上海、天津、大连、秦皇岛、青岛、广州、深圳、湛江、基隆、高雄、香港
	越南	海防、胡志明港
	泰国	曼谷
	美国	关岛、火奴鲁鲁、西雅图、旧金山、洛杉矶
	加拿大	温哥华
大西洋沿岸	加拿大	魁北克、蒙特利尔、哈利法克斯
	美国	波士顿、纽约、新奥尔良
	墨西哥	坦皮科、韦拉克鲁斯
	委内瑞拉	马拉开波、拉瓜伊拉
	巴西	圣路易斯、里约热内卢
	英国	伦敦、利物浦
	牙买加	金斯敦
	塞内加尔	达喀尔
	德国	汉堡、不来梅
	埃及	塞得港、亚历山大
	法国	马赛
印度洋沿岸	印度	加尔各答、马德拉斯、孟买
	伊朗	阿巴斯、阿巴丹、哈尔克岛
	伊拉克	巴士拉
	巴林	锡特拉港、巴林
	阿联酋	迪拜
	也门	亚丁
	肯尼亚	蒙巴萨
	澳大利亚	墨尔本
	坦桑尼亚	达累斯萨拉姆

（3）我国对外贸易港口。

我国沿海有许多终年不冻的天然良港，为我国海洋运输事业的发展提供了优越的条件。这些港口包括上海港、天津港、深圳港、宁波港、大连港、青岛港、秦皇岛港、烟台港、日照港、连云港港、温州港、福州港、厦门港、汕头港、广州港、蛇口港和香港港等。此外，我国还陆续对外开放了一些内河港口，主要有南通港、张家港、南京港、镇江港、江阴港、扬州港、高港、常熟港、太仓港、芜湖港、新会港、梧州港、重庆港和九江港等。我国进出口货物可以从这些内河港口直接出海运往国外或反向运输。

3. 海运航线

海运航线是指船舶在两个及以上港口间航行的路线，它是世界各国、各地区之间往来贸易的重要通道。

（1）世界海运航线。

在占地球表面 70%以上的海洋上，遍布着四通八达的国际海运航线。其中，大西洋上国际航线的货运量居世界各大洋之首；太平洋上国际航线的货运量仅次于大西洋；印度洋上国际航线的货运量居世界各大洋第三位。世界主要海运航线如表 3-3 所示。

表 3-3　世界主要海运航线

区　　域	航　　线
大西洋	西北欧—北美东航线 西欧、北美东—加勒比海航线 西欧、北美东—东方航线（经地中海、苏伊士运河） 西欧、北美东—东方航线（经好望角） 南美东—东方航线（经好望角） 西欧、地中海—南美东航线
太平洋	远东—北美西航线 远东—加勒比海、北美东航线 远东—南美西航线 澳新—北美东、北美西航线 远东—澳新航线 远东—东南亚—中东航线
印度洋	远东—东南亚—地中海—西欧航线 远东—东南亚—好望角—西非、南美航线 远东—东南亚—东非航线 波斯湾—好望角—西欧、北美航线 波斯湾—东南亚—日本航线 波斯湾—苏伊士—西欧、北美航线 印度洋北部地区—亚太航线 印度洋北部地区—欧洲航线

（2）我国对外贸易海运航线。

20 世纪 60 年代以来，国际局势发生了变化，我国按照平等互利、互通有无的原则，发展了同世界各地特别是同发达国家和地区的经济贸易，已开辟了通往世界各地的海运航线。随着我国航运市场的进一步对外开放，国外船公司也纷纷跻身我国航运市场，更加充实了我国对外贸易的海运航线。我国对外贸易主要海运航线如表 3-4 所示。

表 3-4　我国对外贸易主要海运航线

区　域	航　线	主要挂靠港
亚洲东部	日本航线	川崎、神户、门司、名古屋、大阪、东京、四日市、横滨
	新加坡航线	新加坡
	马来西亚航线	巴生、槟城
	沙捞越航线	吉晋、米里、诗巫
	沙巴、文莱航线	文莱、亚庇、山打根
	泰国航线	曼谷
	菲律宾航线	马尼拉
	印尼航线	雅加达、三宝垄、泗水（苏腊巴亚）、棉兰
	韩国航线	釜山
	朝鲜航线	清津、兴南、南浦
	俄罗斯航线	纳霍德卡、海参崴（符拉迪沃斯托克）
	越南航线	胡志明港
北美洲、中美洲、南美洲	北美西线	温哥华、西雅图、旧金山、长滩
	北美东线	哈利法克斯、蒙特利尔、查尔斯顿、纽约、休斯敦
	中美洲航线	哈瓦那、巴拿马城、科隆、太子港、圣多明各、彭塔阿雷纳斯
	南美西线	卡亚俄、瓦尔帕莱索、彭塔阿雷纳斯
	南美东线	布宜诺斯艾利斯、里约热内卢、桑托斯、蒙得维的亚
欧洲、地中海	欧洲、地中海航线	安特卫普、阿姆斯特丹、鹿特丹、汉堡、巴塞罗那、菲力克斯托
大洋洲	澳大利亚航线	墨尔本、悉尼、布里斯班
	新西兰航线	奥克兰、利特尔顿
	新几内亚航线	莱城、拉包尔、莫尔兹比港
印度洋沿岸、东西非	波斯湾航线	孟买、卡拉奇、迪拜、科威特
	孟加拉湾航线	仰光、吉大、加尔各答
	红海航线	亚丁、荷台达、亚喀巴、阿萨布、苏丹港
	斯里兰卡航线	卡伦坡
	东非航线	达累斯萨拉姆、桑给巴尔、摩加迪沙、蒙巴萨、路易斯港
	西非航线	阿比让、阿帕帕、拉各斯、卡萨布兰卡、杜阿拉、达喀尔、马塔迪、努瓦克肖特

3.1.3　国际海洋货物运输的法律法规

《海牙规则》是海洋货物运输方面的第一个国际公约。尽管各国航运公司制定的提单条款在文字、格式上不尽相同，但很多都直接或间接地受《海牙规则》的约束。

《维斯比规则》是在《海牙规则》的基础上经过修改和补充后的一个公约。该公约已生效，大多数西方国家都是该公约的缔约国。

《汉堡规则》对《海牙规则》承运人的责任基础进行了彻底修改，该公约已生效，缔约国都是发展中国家。

长期以来，这三个国际公约在国际航运中不同的国家内同时存在，互相影响，发挥着各自的作用。

1.《海牙规则》

（1）《海牙规则》产生的历史背景与制定过程。

国际贸易、航运发展初期，提单仅作为货物装船的收据，并无有关承托双方运输责任的条款。

有关承运人的责任、义务、权利和豁免只是按照当时存在于英、美等国的一种不成文法——普通法（Common Law）中的默示规定来处理，即承运人签订合同时应默示保证：船舶绝对适航；船舶合理速遣；船舶不发生不合理绕航。而其免责范围却很有限。

1893年2月13日，美国国会制定并通过了《哈特法》（Harter Act, 1893）。该法对承托双方之间的合同自由原则进行了严格的限制。《哈特法》虽然旨在维护货方的利益，但美国立法当局仍能正视现实，对从事冒险事业的船方以一定的保障和鼓励，具体体现在允许承运人免除驾驶或管理船舶的过失。这种以法律形式规定的过失免责无疑是法律方面的一大突破，在当时的历史条件下是合理而实际的。由于《哈特法》的实践成功，其他国家相继效法，尤其是一些英联邦成员国家也承认了《哈特法》的法理精神，这使得英国极为被动。特别是第一次世界大战后，社会秩序和经济秩序紊乱，货运事故日益增多，迫使英国政府将立法统一提单，规定船东应负责任的问题提到议事日程上来。

1921年9月在海牙举行了主要贸易国和航运国参加的国际法协会，通过了国际法协会海上委员会草拟的有关提单内容的规则主体，即《1921年海牙规则》。1922年10月，国际法协会海上委员会再度在伦敦召开会议，修改了《1921年海牙规则》，并将其提交给同年同月在布鲁塞尔举行的讨论海事法律的外交会议。在外交会议上，代表们一致同意建议各国政府对海牙规则稍做修改后，以其作为国内法的基础。1923年10月又在布鲁塞尔会议上对该规则继续做了一些修改，完成了规则的制定工作。同年11月，英国帝国经济会议在建议各成员国采用该规则的同时，又通过国内立法使之国内法化，由此产生了《1924年英国海上货物运输法》。1924年8月25日，26国政府代表在布鲁塞尔正式签署了《统一提单的若干法律规定的国际公约》。由于该规则起草于海牙，因此称为《海牙规则》。《海牙规则》于1931年6月2日正式生效。

（2）《海牙规则》的主要内容。

① 承运人提供适航船舶的义务。

《海牙规则》规定了承运人提供适航船舶的义务。承运人有义务在开航前和开航时谨慎处理，以便使船舶适航；妥善地配备船员、装备船舶和配备供应品；使货舱、冷藏舱、冷气舱和该船其他载货处所适于并能安全收受、载运和保管货物。

《海牙规则》把普通法中承运人默示的绝对适航的责任，降低为开航前和开航时谨慎处理使船舶适航。它意味着承运人须在合同货物装船开始至船舶开航时这一期间内，运用通常要求的知识与技能，采取各种为航次的特定情况所合理要求的措施使船舶适航，而不能有过错。否则，承运人应对船舶不适航所造成的货物灭失或损坏负赔偿责任。但是，如果承运人在装货港已经谨慎行事，仍不能发现船舶的潜在缺陷而致使船舶不适航，或者承运人在船舶航行期间或货物中途港停靠期间未能谨慎处理保持船舶的适航性，均不视为承运人违反适航义务。

《海牙规则》中，船舶适航的含义有狭义和广义之分。上述"使船舶适航"规定中的"适航"是指狭义的船舶适航，即承运人应使船舶的强度、结构和性能等方面能适应预定航线中一般可预见的风险。广义的船舶适航还包括承运人应妥善地配备船员、装备船舶和配备供应品，并应使船舶适货。

② 承运人在海上货物运输中管理货物的义务。

《海牙规则》规定，承运人应适当而谨慎地装载、操作、积载、运输、保管、照料和卸下所运货物。

这里所谓的"适当"包含着技术上的含义，是指从装货到卸货每个作业环节中，承运人应体现出一定的技艺，包括操作水平和操作设备；"谨慎"则注重承运人的工作态度和责任心，主要指承运人应用通常合理的方法处理货物。承运人在国际海洋货物运输中，无论哪一个环节未能尽其应尽的管理货物的义务，致使货物发生损失，承运人都必须就此损失负赔偿责任。

③ 承运人的赔偿责任限制。

承运人的赔偿责任限制是指已明确承运人不能享受免责权利而负有赔偿责任时，承运人所需支付的最高赔偿金额。

《海牙规则》规定，不论是承运人或船舶，对货物或与货物有关的灭失或损害，在任何情况下，于每包或每单位不超过 100 英镑或与其等值的其他货币予以赔偿；但托运人于货物装运前已将其性质或价值加以说明，并在提单上注明的，不在此限。同时还规定：本规则所提及的货币单位为金价。

④ 承运人的责任期间。

根据《海牙规则》的规定，承运人的责任期间为货物装上船舶开始至卸离船舶为止的一段时间。

由于对"装上船"和"卸离船"的理解不一，提单条款中应规定精确的时间，作为承运人责任期间的开始与结束。大多数船公司的提单都采用"钩至钩"（Tackle to Tackle）原则来确定承运人的责任期间，即规定在使用船载起重机起吊货物时，对于货物的风险，承运人只在货物被吊离地时起至货物被吊离船落地时止这一段时间内负责。

⑤ 适用范围。

《海牙规则》规定，本规则适用于在任何缔约国签发的一切提单。据此条款，《海牙规则》仅适用于缔约国出口的提单。

为了扩大适用范围，许多船公司遵循合约法的精神，在提单中引用"首要条款"，规定其提单适用《海牙规则》。这样，不论提单在何地签发，《海牙规则》均可适用。

2. 《维斯比规则》

《维斯比规则》并非完整的法案，而是对《海牙规则》的修改和补充。《海牙规则》和《维斯比规则》的综合体，称为《海牙-维斯比规则》。

《维斯比规则》签订后，经历了众多国家的等待和观望，终于在获得了 10 个国家（其中至少有 50%国家的船舶总吨位在 100 万吨以上）的批准和加入后，于 1977 年 6 月正式生效而成为国际法。

相较于《海牙规则》，《维斯比规则》在以下方面进行了改进。

（1）确立了提单作为最终证据的法律效力。

《维斯比规则》对《海牙规则》中提单作为承运人收到提单中所载货物的表面证据这一规定做了补充，它规定，当提单已被转与诚实行事的第三方时，便不能接受与此相反的证据。它表明，当提单被转到包括收货人在内的第三方手中，而该第三方对提单中所记载的内容确信无疑地接受了，那么承运人就不得进一步提出证据，证明其实际接收或装船的货物状况与提单上所载内容不符，从而不能免除其对第三方因此种不符而遭受的损失的赔偿责任。

（2）延长了诉讼时效。

《海牙规则》下，双方协商同意延长诉讼时效并不是法定有效的延长时效的办法。而《维斯比规则》明确规定，经当事方同意的时效延长同样有效。此外，还规定在解决了争议案之后，即使一年的诉讼时效期已满，只要在受诉法院的法律准许期间之内，还可向第三方提起索赔诉讼。但是，准许的时间自提起此种诉讼之人已经解决索赔案件，或向其本人送达起诉传票之日起算，不得少于 3 个月。

（3）提高了承运人的赔偿责任限制。

为了解决《海牙规则》赔偿限额过低，以及各国对赔偿限额所采用的币值不等问题，《维斯比规则》在《海牙规则》的基础上提高了承运人的赔偿责任限制，并以金法郎代替英镑作为货币计算单位，同时，还将计算赔偿责任限制所采用的单一计算方法，改为双重计算方法。《维斯比规则》规定：承运人对货物灭失或损坏赔偿的责任限制，以每包或每单位 10 000 金法郎，或毛重每千克 30 金法郎，两者以其高者为准。并规定一个金法郎是含金纯度为 900/1000 的黄金 65.5 毫克的单位，使赔偿限额所体现的价值得到了相对的稳定。

（4）非合同索赔的适用。

当货物发生损坏或灭失时，货方可以向承运人提起诉讼要求索赔。按照双重请求权的观点，货方既可以根据合同对承运人违约提起诉讼，也可以根据侵权行为向承运人提起诉讼。如果货方以侵权为由提出非合同索赔，承运人就不能依据提单享受责任限制。为了防止上述观点的援用，而使责任限制条款形同虚设，《维斯比规则》补充规定：本公约所规定的抗辩和责任限制，应适用于就运输契约中所载货物的灭失或损害对承运人所提起的任何诉讼，而不论该诉讼以契约为根据，还是以侵权行为为根据。

（5）扩大了公约的适用范围。

《维斯比规则》将《海牙规则》的公约适用条款改为下列规定。

本公约的各项规定，应适用于在两个不同国家港口之间运输货物的每一提单，如果提单在一个缔约国签发，或者货物从一个缔约国港口起运，或者提单中所载或为提单所证明的契约规定，本契约需要受本公约各项规定或者给予这些规定以法律效力的任一国家立法的约束，而不论船舶、承运人、托运人、收货人或任何其他关系人的国籍如何。因此，公约的适用范围进一步扩大了。

3.《汉堡规则》

（1）《汉堡规则》的制定过程。

鉴于第三世界发展中国家关于建立航运新秩序的强烈要求，1968 年联合国贸易和发展会议设立了一个由 33 个国家组成的航运立法工作组，着手研究国际海商法，并提出了取消现行的有关海上货物运输法中不明确的法律条款，以及将风险在货主和承运人之间公平分担的修改方针。1971 年后《海牙规则》的修改工作交由联合国国际贸易法委员会下设的新的航运立法工作组负责。该工作组先后召开了 6 次会议，制定了《联合国海上货物运输公约》草案。1978 年 3 月由联合国主持在汉堡召开了海上货物运输会议，通过了以上述草案为基础的《1978 年联合国海上货物运输公约》（通称《汉堡规则》）。

《汉堡规则》在获得了 20 个国家的批准、接受、认可或加入满一年后，于 1992 年正式生效而成为国际法。

《汉堡规则》与《维斯比规则》不同，它是对《海牙规则》进行彻底修改后的一个完整、独立的新法案。

（2）《汉堡规则》的修订内容。

① 加强了承运人的赔偿责任。

《汉堡规则》几乎全盘否定了《海牙规则》的 17 项免责事项，取而代之的是一种"推定过失责任制"。《汉堡规则》规定，如果货物的灭失、损坏及延迟交付货物所造成的损失发生在承运人的责任期间内，承运人应负赔偿责任。除非承运人证明他本人、其雇佣人或代理人为避免该项事故的发生及其后果已采取了一切所能合理要求的措施。

② 扩大了货物的范围。

《汉堡规则》把舱面货、活动物都包括在货物范围内，从而扩大了《海牙规则》的货物范围。

关于舱面货，《汉堡规则》规定，承运人只有按照同托运人的协议或符合特定的贸易惯例，或依据法规和规章的要求，才有权在舱面上载运货物。如果承运人和托运人协议，货物应该或可以在舱面上载运，承运人必须在提单或证明海上运输合同的其他单证上载列相应说明。如无此说明，承运人有责任证明，曾经达成在舱面载货的协议，但承运人无权援引这种协议对抗包括收货人在内的诚实的持有提单的第三方。如果承运人违反了上述规定，即使他能证明其本人，或雇佣人或代理人为避免该事故发生及其后果已采取了一切所能合理要求的措施，也不能免除承运人对在舱面上载运而造成的货物灭失或损坏以及延迟交付所负的赔偿责任。根据具体情况，承运人还可能因此而丧失责任限制。

③ 延长了承运人的责任期间。

《汉堡规则》将《海牙规则》中承运人履行义务、承担责任的时间范围扩展为在装货港、运输途中以及在卸货港，货物在承运人掌管下的全部时间。

④ 提高了承运人的赔偿责任限制。

《维斯比规则》以金法郎代替英镑作为赔偿限额的计算单位，在一定程度上解决了英镑贬值，面值不一的问题，但也带来了结算兑换上的困难。《汉堡规则》改用"特别提款权"（Special Drawing Right，SDR）作为计算单位，来确定赔偿责任限额。

《汉堡规则》规定，承运人对货物灭失或损坏造成的损失所负的赔偿责任，以灭失或损坏的货物每件或每其他货运单位相当于 835 记账单位，或毛重每公斤 2.5 记账单位的数额为限，两者中以较高的数额为准。承运人对延迟交付的赔偿责任，以相当于该延迟交付货物应支付运费的 2.5 倍数额为限，但不得超过海上货物运输合同规定的应付运费总额。承运人的总赔偿责任，在任何情况下都不得超过对货物全部灭失引起的赔偿责任所规定的限额。

⑤ 确立了保函的法律效力。

《汉堡规则》规定，对由于承运人或其代表未就托运人提供列入提单的项目或货物的外表状况批注保留而签发提单所引起的损失，托运人出具的保证向承运人赔偿的保函或协议，在承运人与托运人之间具有法律效力，而在承运人与收货人等第三方之间不产生效力。但是如果承运人对善意的第三方构成欺诈行为，则保函对承、托双方也失去法律效力，而且承运人不能享受规定的责任限制。

⑥ 扩大了公约的适用范围。

《汉堡规则》在下述情形下适用于两个不同国家间所有的海上货物运输合同：海上运输合同所规定的装货港或卸货港，或由备选卸货港转化而来的实际卸货港位于一个缔约国内；提单或证明海上运输合同的其他单证规定，本公约的各项规定或实行本公约的任何国家的立法应约束该合同。

由此可见，《汉堡规则》的适用与船舶、承运人、实际承运人、托运人、收货人或任何其他关系人的国籍无关，其适用范围扩大了。

4.《鹿特丹规则》

《鹿特丹规则》内容庞大、条款交织、文字烦琐。全文共 18 章 96 条，主要围绕船货双方的权利义务、争议解决及公约的加入与退出等做出一系列规定。

（1）定义。

第 1 章总则的第 1 条，界定了公约所使用的 30 个概念。该规则中有些概念在《海牙规则》《维斯比规则》《汉堡规则》中已经出现过，但内涵有所变化；有些则是新概念，如：批量合同、履约方、海运履约方等。

（2）公约适用范围。

《海牙规则》在界定公约适用范围时，采用的是"单证方法"，即只有运输合同的载体是提单或类似的物权凭证时，公约才适用；《汉堡规则》采用的是"合同方法"，即只要运输合同的实质内容符合公约的要求，公约就得以适用。《鹿特丹规则》主要采用"合同方法+运输方式"来界定公约适用范围。

（3）电子运输记录。

随着信息技术的发展和国际贸易量的不断增加，电子商务也在不断推广。作为电子商务的一个组成部分，以电子形式替代传统的纸质提单或其他运输单据自然成为探索的范畴。第 3 章电子运输记录共 3 个条款，规定了何种情况下可以使用电子运输记录、电子运输记录的效力和使用程序，以及可转让电子运输记录与可转让运输单证的替换。

（4）承运人的义务。

承运人的义务是海上货物运输合同的主要和基本内容，亦是本公约的核心和基础。公约第 4 章共有 6 个条款，分别规定了承运人对货物的运输和交付义务、承运人的责任期间、承运人的具体义务、适用于海上航程的特定义务、承运人对于可能形成危险的货物处置义务，以及承运人为了共同安全可以在海上航程期间牺牲货物的义务等。

（5）承运人的赔偿责任。

承运人的赔偿责任是本公约的重要内容之一。第 5 章是关于承运人对货物灭失、损坏或迟延交付所负的赔偿责任问题的规定，共 7 个条款，分别规定了承运人的赔偿责任基础、承运人为他人所负的赔偿责任、海运履约方的赔偿责任、承运人与其他方承担连带责任的情形、对延迟交付货物的界定、对赔偿额计算的规定，以及货物在发生灭失、损坏或延迟交付时的通知义务等。

（6）托运人对承运人的义务。

托运人有如实申报，按规定向承运人提交审批、检验等文件；支付运费、保费及其他运输费用等义务。

（7）货物交付。

公约规定了收货人及时提货和确认提货的义务；分别就承运人签发运输单证或电子运输记录的情况规定运输合同货物交付的详细过程、细节和相应的权利义务等，并对承运人留置货物的权利做了规定。

5.《中华人民共和国海商法》

广义的海商法是调整海上运输关系、船舶关系的各种法规的总称。我国海商法包括我国立法机构依据立法程序制定和颁布的法律、行政法规和规章等规范性文件，我国政府缔结、批准、加入或核准的与海事有关的国际公约，以及国际航运惯例。《中华人民共和国海商法》（以下简称《海商法》）是我国海商法体系中一个重要的组成部分。

《海商法》涉及面广，包括总则、船舶、船员、海上货物运输合同、海上旅客运输合同、船舶租用合同、海上拖航合同、船舶碰撞、海难救助、共同海损、海事赔偿责任限制、海上保险合同、时效、涉外关系的法律适用和附则等15章内容。其中，海上货物运输合同较多地吸收了国际上广泛适用的《维斯比规则》，也在一定程度上体现了《汉堡规则》的精神。

3.2 国际海洋货物运输方式

3.2.1 班轮运输

1. 班轮运输的基本定义

班轮运输又称"提单运输"，是指托运人将一定数量的货物交由作为承运人的轮船公司，轮船公司按固定航线、沿线停靠固定的港口，按固定船期、固定运费所进行的国际海上货物运输。其多用于运输量少、货价高、交接港分散的货物，是海洋货物运输中使用最为广泛的一种方式。轮船公司或其代理人在接收交付托运的货物后签发提单，提单是班轮运输合同的形式和证据。

班轮运输最早出现于19世纪初，美国首先采用。1818年，美国黑球轮船公司开辟了纽约—利物浦的定期航线，用帆船进行运输，用以运送海外移民、邮件和货物。1824年，英国紧随美国之后，开辟了伦敦、汉堡、鹿特丹之间以蒸汽机船经营的班轮航线，19世纪40年代又扩展到中东、远东和澳大利亚。此后，日本、德国、法国等国的轮船公司均经营班轮运输，设有横渡大西洋、太平洋的环球运输航线。中华人民共和国成立后，开辟了大连—上海定期定港班轮货运航线。1961年，中国远洋运输总公司成立，开始建立中国远洋运输船队和国际班轮航线。

2. 班轮运输的特点

（1）班轮运输有"四定一负责"特点。

"四定"指固定航线、固定港口、固定船期和相对固定的费率。这是班轮运输的基本特征。

（2）"一负责"指班轮运价内包括装卸费用，即货物由承运人负责配载装卸，承托双方不计滞期费和速遣费，也不规定装卸时间。

（3）承运人对货物负责的时段是从货物装上船起，到货物卸下船止，即"船舷至船舷"（Rail To Rail）或"钩至钩"（Tackle To Tackle）。

（4）承运双方的权利义务和责任豁免以签发的提单为依据，并受统一的国际公约的制约。

（5）班轮运输面向大量的货主，单个货主所托运的货物数量不多，但通过班轮运输的货物，在海洋运输中往往价值较高。

3. 班轮运输的作用

（1）有利于一般杂货和不足整船的小额贸易货物的运输。班轮只要有舱位，不论数量大小、挂港多少、直运或转运，都可接受承运。

（2）由于"四定"的特点，时间有保证，运价固定，为贸易双方洽谈价格和装运条件提供了方便，有利于开展国际贸易。

（3）班轮运输长期在固定航线上航行，有固定设备和人员，能够提供专门的、优质的服务。

（4）由于事先公布船期、运价费率，有利于贸易双方达成交易，减少磋商内容。

（5）手续简单，方便托运人。由于承运人负责装卸和理舱，托运人只要把货物交给承运人即可，省心省力。

4. 开展班轮运输必须具备的条件

（1）班轮运输必须配备技术先进、设备性能齐全的船舶。

（2）班轮运输必须具备充足的货源条件。

（3）开展班轮运输必须配备技术熟练、高素质的海员。

（4）开展班轮运输必须有一套适宜于小批量、多批次接收货物运送的货运程序。

5. 班轮运费的计算标准

在班轮运输中，货物的重量和体积是基本的计费标准。普通货物的运费，一般根据货物的轻重不同，按照体积或重量计算运费。对于贵重和高价货物，则按其货价的一定百分比计算运费。对于某些特定货物，可能要按其实体的件数或个数计算运费，如：汽车按每辆收费；采用集装箱运输，按每一个集装箱计算运费。不同货物应按何种计价标准计算运费，在班轮公司公布的运价表中有具体规定，这里仅列出常用的 4 种。

（1）按货物毛重计费。按货物毛重计费在运价表中以 W（Weight 缩写）表示。一般以吨为计算单位，也有按长吨或短吨计算的。

（2）按货物体积计费。按货物体积计费在运价表中以 M（Measurement 缩写）表示。一般以立方米为计算单位，即 $1m^3$ 为一个尺码吨，也有按 40 ft^3（约为 $1.133m^3$）为一个尺码吨计算的。

（3）按货物毛重或体积计费，取其中较高者。按货物毛重或体积计费在运价表中以 W/M 表示。如果 1 重量吨货物的体积超过 1m³ 或 40 ft³，则按体积收费，这种货物称为"轻货"；如果 1 重量吨货物的体积不足 1m³ 或 40 ft³，则按毛重收费，这种货物称为"重货"。

（4）按货物价格计费。按货物价格计费又称从价运费，在运价表中以 Ad.Val 表示。按从价运费收费的，大多属高价值货物，一般按货物 FOB 价格的百分比计算运费。

另外，班轮运价表中都规定了起码费率，即按每一提单所列货物的重量或体积所计算的运费未达到最低运费额时，则按最低运费计收。如果不同货物混装在同一包装内，则全部运费按其中较高者计收。如果同一提单内有两种以上货名，托运人应分别列出各货名的重量或体积，否则全部按最高运价计算运费。

3.2.2 租船运输

1. 租船运输的基本概念

租船运输，亦称不定期船运输，既没有固定的船舶班期，也没有固定的航线和挂靠港，而是按照货源的要求和货主对货物运输的要求，安排船舶航线计划。租船运输，是相对于班轮运输的另一种船舶经营方式。

租船运输是为了适应国际贸易的需要而发展起来的。19 世纪中叶后，随着国际贸易的迅速发展，船舶需要量急剧增加，进出口商人和实力较弱的承运人无意投资于造船来满足运输的需要，于是租船运输便得到了发展。20 世纪初，世界石油大量开采和运输又为租船运输的进一步发展提供了一个良好的契机。租船运输发展至今，已成为海洋运输中一种不可替代的船舶经营方式。

2. 租船运输的特点

与班轮运输相比较，租船运输主要有下述基本特点。

（1）不定航线、不定船期、不定装卸港口、不定费率。

租船运输中船舶的航线、航行时间、货载种类和装卸港口等是出租人根据承租人的不同需要并结合租船市场上的各种因素而确定的。出租人经营租船运输需要有丰富的管理经验，对船舶要进行妥善、合理的安排，使前、后租船合同航次在时间和空间上紧密衔接，避免发生闲置或空放航次，导致经济效益降低。此外租船运输不像班轮运输那样有固定的运价表，其租金率或运费率是由合同双方在每一笔租船交易洽商时，根据租船市场的行情来决定的。费率标准主要受船货供求关系的影响。

（2）适合大宗货物运输。

一方面，大宗货物的运输量较大，一般需要用整艘甚至多艘船进行运输。另一方面，大宗货物本身单价较低，对运输费用的承受能力也相对较低，而班轮运输无法提供足够、适宜的舱位，也不可能以过低的运费来承运大宗货物。为了适应大宗货物运输的需求，各种专用船舶和多用船舶相继建成，并投入租船市场，同时船舶吨位也不断提高，通过规模经营降低了运输成本。

（3）通过租船经纪人洽谈租船业务。

租船运输与班轮运输的又一区别是：班轮运输中由船务代理公司和货运代理公司分别为承

运人和托运人促成运输合同；而租船运输中一般由出租人和承租人分别委托船东经纪人（Owner's Broker）和租船代理人（Chartering Agent）洽谈租船业务。租船经纪人以佣金作为劳务报酬，依靠广博的专业知识、丰富的实务经验以及广泛的业务联系渠道，在偌大的航运市场上为出租人觅揽合适的货源或为承租人提供合适的船舶。

（4）租船合同条款由合同双方自由商定。

在租船市场上，船、货的供求关系存在于世界范围之内，无人能垄断和控制世界船舶和货源。从总体上看，合同双方无论就专业知识，还是议价实力而言，都处于同等地位，因此，没有必要像班轮运输那样，通过制定国际公约或订立国内法去强制规定双方的责任与义务。租船合同具有法律上认可的订约自由，换言之，合同双方完全可以凭借谈判实力，在租船合同中订立保护自己利益的条款。

3. 租船运输的方式

租船运输的方式可分为航次租船、定期租船和光船租赁。

（1）航次租船（Voyage Charter）。

航次租船简称程租，是指船舶按照合同双方事先约定的条件完成一个或数个航次承租人指定货物的运输任务，并由承租人向出租人支付相应运费的租船运输方式。在这种租船方式下，出租人占有和控制船舶，负责船舶的营运调度，并且需要负担所有的运输成本。而承租人则不必操心船舶的调度，仅需支付运费以及合同规定由其承担的货物装卸费和可能产生的船舶滞期费。

程租适合装卸港较少的大宗货物运输，是租船市场上广泛采用的一种基本形式。程租按双方约定的航次数，又可分为单航次租船（Single Trip Charter）、来回航次租船（Return Trip Charter）、连续航次租船（Consecutive Voyage Charter）和包运合同租船（Contract of Affreightment）。

（2）定期租船（Time Charter）。

定期租船简称期租。出租人将船舶出租给承租人一段时间，租期短则3个月，长则若干年，甚至到船舶报废为止。在租期内，出租人应保证船舶处于适航状态，并通过自己配备的船员承担船舶的驾驶和管理的责任。承租人则需按期如数向出租人支付租金，以取得船舶的使用权，并根据自己的需要来安排船舶的营运和调度。

定期租船中还有一种特殊的方式称为航次期租（Time Charter on Trip Basis，TCT）。这是一种航次租船和定期租船的混合方式，其租期以完成一个航次货运任务的时间为准，而其他条件基本与定期租船相同。

（3）光船租赁（Bare Boat Charter or Demise Charter）。

光船租赁简称光租，又称船壳租船。出租人在租期内将一艘空船连同船舶的占有权和控制权一并出租给承租人，而自己仅保留船舶的所有权。在这种租船方式下，承租人须按合同规定，在租期内向出租人支付租金，自己配备船员、装备船舶，并负担日常营运费用和相应的航次费用，承担时间风险。

4. 租船合同

租船合同是出租人和承租人按照"订约自由"的原则，就租船交易相互间的权利、义务和责任而达成的一种契约。

标准期租合同范本主要有《统一定期租船合同》和《定期租船合同》。《统一定期租船合同》（Uniform Time Charter），代号"波尔的姆"（BALTIME），是由波罗的海国际航运公会于1909年制定的，目前较为普遍采用的是1974年的修订版。《定期租船合同》（Time Charter Party），代号"纽约土产"（NYPE），是1913年美国纽约土产交易所制定的，并由美国政府批准使用的标准格式，该格式曾经多次修订。2015年修订版（NYPE 2015）已于2015年10月16日问世。

标准租船合同范本的种类很多，同一种租船方式的合同范本中，不同的货种可能有各自的格式。即使是同一货种，也可能有几个组织机构所制定的不同格式，标准合同范本很可能具有一定的倾向性。

国际租船业务中，转租情况十分普遍。为了防止不必要的纠纷，原承租人在洽定转租合同时，至少应力争使前后租船合同"背对背"，即除租金条款应当不同以赚取前后市场差价外，其余条款基本一致。

3.3　国际海洋货物运输实务

国际海洋货物运输实务涵盖了班轮运输和租船运输的基本流程，以及运输中相关单证，包括托运单、装货单、海运提单等。

3.3.1　班轮运输的基本流程

班轮运输操作流程如下。

（1）船公司依船期表将船舶行驶航线、挂港、船名、装港、船期、结载日期通过装货经纪人【即指定的货运代理人（简称"货代"）或者船舶代理人（简称"船代"）】传达给进/出口商，或者直接刊登在公报上，以招揽货源，满足满舱满载的需要。

（2）货代或出口商向船代或船公司托运，递交装货单（S/O），提出货物装运申请。

（3）船代或船公司接受承运，指定船名，签发S/O，将留底联留下后退还托运人。

（4）货代将货物送到装货码头，办理商检及海关申报手续，海关放行时在S/O上加盖海关放行章。托运人将S/O交港口货运部门。

（5）船代编制装货清单（L/L）并送到船上、理货公司和港口装卸公司。

（6）船方按照L/L编制积载图，交船代分发理货公司和港口装卸公司安排装船。

（7）货物装船后，理货公司将S/O交给大副，大副核对无误签发收货单（大副收据，M/R）。收货单记录货物的装货日期、识别标记、包装、重量、件数以及收到货物有无缺陷。大副签发了收货单即承认船东收到收据所列货物。

（8）船代将S/O转船公司或者由船代签发提单。

（9）货代或者出口商付清运费，领取已装船清洁提单。出口商将提单连同其他单证送至议付行结汇。议付行将提单寄往国外开证行。

（10）船代根据提单副本编制载货清单（M/F），送船长签字后向海关办理船舶出口手续，编制提单副本送给船公司。卸货港代理需要的单据应由国内代理寄给船公司的国外代理。

卸货港代理根据装货港代理寄来的货运单证，编制进口载货清单或其他卸货单证，联系泊位做好卸货准备。船舶抵港后办理船舶进口报关手续。船靠泊后开始卸货。货物在收货港储存保管。

收货人或者委托货代向海关办理货物进口手续，缴纳关税。向卸货港付清有关港口费用后以正本提单（B/L）换取码头提货单（D/O），凭 D/O 到码头仓库换取提货卡片提取货物。

3.3.2　租船运输的基本流程

在租船市场上，承租人提出租船要求到最终与出租人成交，一般要经过以下程序。

1. 询盘

承租人根据自己对货物运输的需要或对船舶的特殊要求，将货物信息和基本租船要求通过租船经纪人传递到租船市场上，寻找合适的出租人，并要求出租人作出答复，这一过程即为询盘。询盘的内容应完整、简洁明了。

航次租船的询盘内容主要包括承租人全称和地址、货物名称和数量、装货港和卸货港、受载日和销约日、装卸时间、装卸费用负担、运费率、建议使用的标准合同范本、佣金等。

定期租船的询盘内容主要包括承租人全称和地址、船舶吨位和船型、租期、租金率、交船地点、还船地点、交船日期和销约日、对船舶的特殊要求、建议使用的标准合同范本、佣金等。

2. 发盘

出租人接到承租人的询盘后，根据询盘条件权衡利弊，在有利可图的情况下，通过租船经纪人向承租人报出所提供的船舶和租金或运费水平等，即为发盘，也称报价。发盘有虚实之分。对于实盘，其报价条件不可改变，常附有有效时间的规定，承租人必须在有效期内对该报价作出答复，过期失效。同时，出租人在有效期内，也必须受其报价的约束，不得撤回、变更或再向其他承租人发盘。对于虚盘，其报价条件可以修改，并且不附有应予答复的有效时间的限制，因此不约束出租人，出租人可以同时向几个承租人发虚盘，以选择合适的承租人继续洽租。

3. 还盘

承租人接到出租人报出的虚盘后，对出租人提出的条件不能接受，而进行修改、增减或提出自己的要求，称为还盘，也称还价。

还盘实质上是一种发盘，因此也有虚实之分。对还盘也可再还盘，称为反还盘。

4. 受盘

承租人和出租人在还盘过程中讨价还价，直至最后一次实还盘的内容被对方在有效期内全盘接受，即受盘，租船契约即告达成。

5. 编制订租确认书

受盘后，出租人将双方共同承诺的主要条款汇总成订租确认书，发给承租人，经双方和租船经纪人共同签字后，各自保留一份备查。

6. 签订租船合同

租船契约达成后，出租人按订租确认书的内容拟制正式租船合同，并送交承租人审核。承租人如果发现合同与原协议有不符之处，应及时向出租人提出异议，并要求修改。若无异议，即可签署合同。

合同通常缮制正本两份，签约后双方各持一份，作为日后履行合同时双方承担责任和享有权利的依据。

3.3.3 国际海洋货物运输单证

1. 在装货港编制使用的单证

（1）托运单。

托运单也叫订舱单，是托运人向船公司或其他承运人订舱托运时提供的书面申请，一般按船公司的统一格式提供。该单证一经承运人确认便作为承、托双方订舱的凭证，亦意味着承、托双方对货物运输的合同关系即告建立。

承运人确认订舱要给出书面确认（Booking Confirm），其中主要是给出订舱号（Booking No.）。海运出口托运单样本如图 3-1 所示。

海运出口托运单 SHIPPING LETT EROFIN STRUCTION				
托运人 Shipper:				
编号 No.　　　船名 S/S:		目的港 For:		
标记及号码 Marks & Nos.	件数 Quantity	货名 Description of Goods	重量公斤 Weight Kilos	
			净 Net	毛 Gross
			运费付款方式 Method of Freight Payment	
共计件数（大写）Total Number of Packages in Writing				
运费计算 Freight		尺码 Measurement		
备注 Remarks				
抬头 ORDER OF	可否转船 Whether transshipment allowed		可否分批 Whether partial shipment allowed	
通知 Notice	装运期 Period of shipment		效期 Period of validity	提单份数 No.of B/L
收货人 Receiver	银行编号 Bank No.			信用证号 L/C No.

图 3-1　海运出口托运单样本

托运单的主要内容应包括：

① 托运人名称、收货人名称、通知人名称；

② 货名、件数、标志、重量、尺码；

③ 卸货港、目的地、装运期限；

④ 其他特别要求，如不能转船运输、运费到付、对签发提单的要求，指定或限制某些船公司等。

（2）装货单（Shipping Order，S/O）。

装货单不是单独一份文件，而是俗称"五联单"中的第一联，它是托运人在重柜交进码头后，凭"入闸纸"及计算机联网信息到专门的打单公司制作的。

五联单的各联：①装货单（S/O）俗称关单，用于报关，海关盖章放行后又叫"海关放行条"；②场站收据（又叫收货单，M/R）；③海关存查联；④船代留底；⑤托运人留底。

（3）收货单（Mate's Receipt，M/R）。

收货单又叫场站（大副）收据，装货完毕后大副据理货公司的清单在此单上签字确认，货主凭其换取正本提单。如果理货结果不清洁，大副也会做不清洁批注，正本提单也会做不清洁批注。

（4）海运提单（Bill of Lading，B/L）。

① 海运提单的定义。

海运提单是货物的承运人或其代理人在收到货物后签发给托运人的一种证件。海运提单样本如图 3-2 所示。

Shipper（托运人）			B/L No.（提单编号）	
Consignee（收货人）				
Notify Address（通知地址）				
Pre-carriage by（预运输方式）		Place of Receipt（收货地）		
Port of Discharge（卸货港）		Place of Delivery（交货地点）	Final Destination for the Merchant's Reference Only（最终目的地仅供商户参考）	
Marks & Nos.（标记及号码）Container Seal No.（集装箱封条）	Number and Kinds of Packages（包装的数量和种类）	Description of Goods（货物描述）	Gross Weight（毛重）(kg)	Measurement（尺码）(m)
Freight & Charges（运费）	Revenue Tons（计费吨数）	Rate Per（费率）	Prepaid（预付）	Collect（收件人付款）
Ex. Rate（出口费率）	Prepaid at（预付于）		Payable at（支付时间）	Place and Date of Issue（签发地点和日期）
	Total Prepaid（预付总额）		No. of Original B/L（原始提单编号）	Stamp & Signature（印章和签名）

LADEN ON BOARD THE VESSEL（船只满载）

Date

By-----------------------------------

图 3-2　海运提单样本

② 编制海运提单应注意以下几个问题。

a. 一般情况下，银行只接受已装船提单。

b. 提单的抬头应根据信用证或约定的要求填制。

c. 除非信用证另有规定，否则海运提单可以是包括全部航程的转运提单。

d. 海运提单中货物的描述只要与信用证的货物描述不相抵触，可使用货物的统称。

e. 海运提单的运费项目，在 CFR、CIF、CPT、CIP 条件下应注明"运费已付"，而在 FOB、FCA 条件下应注明"运费到付"。

f. 提单的出具日期将被视为发运日期，除非提单载有表明发运日期的已装船批注，此时已装船批注中显示的日期将被视为发运日期。

（5）装货清单（Loading List，L/L）。

装货清单是承运人或其代理根据装货单留底，将全船待装货物按目的港和货物性质归类，依航次、靠港顺序排列编制的货物总明细表。其包括装货单编号、货名、件数、包装形式、毛重、估计尺码及特种货物对装运的要求或注意事项等。

装货清单是船上大副编制配载计划的主要依据，又是供现场理货人员进行理货，港方安排驳运、进出库场以及承运人掌握情况的业务单据。

（6）载货清单（Manifest，M/F）。

载货清单是一份按卸货港顺序逐票列明全船实际装运货物的汇总清单。它是在货物装船完毕后，由船公司的代理人根据大副收据或提单编制的，编妥后再送交船长确认。载货清单又称"舱单"，其内容除逐票证明货物的明细情况外，还包括船名及国籍、开航日期、到货港、目的港等。

舱单是国际海运中一张非常重要的随船单证，是证明船舶所装货物合法性的重要文件。各国海关如怀疑船舶所载货物而对船舶进行检查时，船长应提交舱单；如果船长不能提供合法的舱单，或舱单上所记载的货物与船舶实际所装运的货物不符，海关将按走私处理。

（7）危险货物清单（Dangerous Cargo List）和集装箱危险货物装箱证明书。

在承运危险货物时，承运人除要将所运危险货物列入装货清单，并在备注栏内注明有关特殊性外，还要根据托运人提供的相关危险品申报资料填制危险货物清单。

托运人提供的相关危险品申报资料包括集装箱危险货物装箱证明书、包装危险货物安全适运申报单、船舶载运危险货物申报单。

危险货物清单一般须记载以下一些主要内容：托运人的姓名和地址；收货人的姓名和地址；危险品货物的品名、危险级别（Class）、联合国编号（UN.NO.）、件数、重量和体积；集装箱的箱号、积载位置、卸货港等。

2. 在卸货港编制使用的单证

（1）卸（理）货报告（Out turn Report）。

卸（理）货报告事实上是一份详细的进口载货清单，它是根据在卸货港卸下的全部货物的情况重新按票汇总而编制的。它较载货清单增加了卸货方式、实交数量、溢卸数量、残损数量和备注栏等项目。货物的外表状况、内容、残损、溢短等情况，均在卸货报告的备注栏内批注，并经过装卸公司和船上大副共同签字确认。

卸（理）货报告也是日后收货人向承运人提出索赔的证明材料之一。

（2）提货单（Delivery Order，D/O）。

提货单是轮船公司交给收货人用以从船上或仓库提取货物的凭证。

本章小结

本章主要介绍了国际海洋货物运输的内容及其组成、相关法律法规，另外详细介绍了国际海洋货物运输的两种方式——班轮运输和租船运输，最后介绍了班轮运输和租船运输的基本流程，以及国际海洋货物运输单证。

课后习题

一、名词解释

班轮运输　　　航次租船　　　还盘　　　海运提单

二、选择题

1. 在实际工作中，俗称为"舱单"的单证，指的是（　　　）。
   A. 收货单　　　B. 订舱单　　　C. 载货清单　　　D. 装货清单
2. 班轮运费的计费标准可以有（　　　）。
   A. 按货物的毛重　　　　　　　　　B. 按货物的等级
   C. 按货物的 FOB 价格　　　　　　D. 按货物实体的个数或件数
3. 在进出口业务中，经过背书能够转让的单据有（　　　）。
   A. 铁路运单　　　B. 海运提单　　　C. 航空运单　　　D. 邮包收据
4. 按提单收货人抬头分类，没有在国际贸易中被广泛使用的提单是（　　　）。
   A. 记名提单　　　B. 不记名提单　　　C. 指示提单　　　D. 班轮提单
5. 货运代理中，俗称为"关单"的是（　　　）。
   A. 装货单　　　B. 收货单　　　C. 装货清单　　　D. 载货清单
6. 在国际海上货物运输保险业务中，船舶在海上航行中（　　　）属于共同海损。
   A. 暴雨所致货物损失　　　　　　　B. 船舶碰撞所致货物损失
   C. 货物失火所致货物损失　　　　　D. 货物失火后救火所致货物损失

三、简答题

1. 简述国际海洋货物运输的特点和组成。
2. 什么是托运单？
3. 简述班轮运输的基本流程。
4. 简述租船运输的基本流程。
5. 国际海洋货物运输单证有哪些？

第4章　国际航空货物运输

【知识结构图】

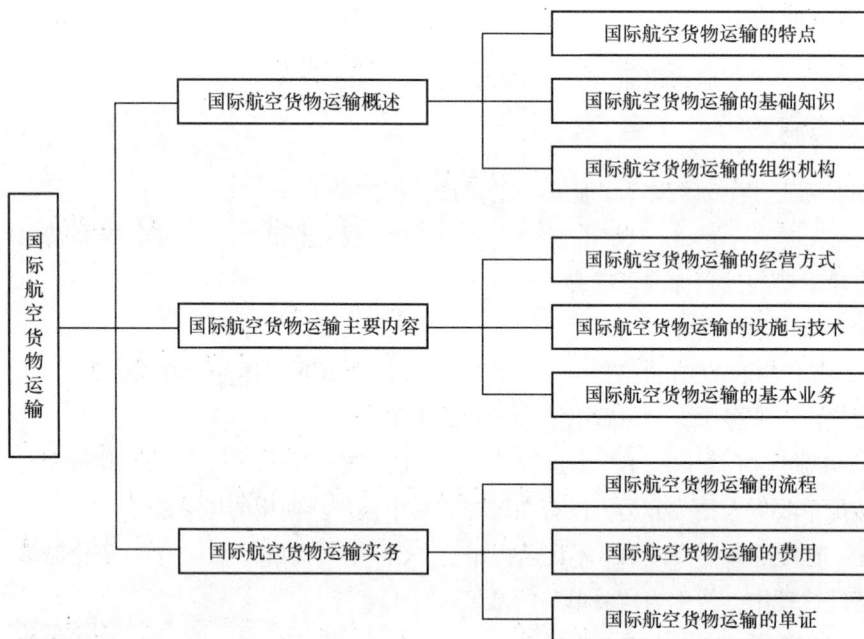

【学习目标】

1. 理解国际航空货物运输的特点。
2. 了解国际航空货物运输的组织机构和经营方式。
3. 熟悉国际航空货物运输的业务流程及货运单证。
4. 掌握国际航空货物运输费用的计算方法。

【导入案例】

上海航空股份有限公司发现新机遇

上海航空股份有限公司（以下简称"上航"）曾经自称是"一家小的、地方的航空公司"。经过 30 多年的发展，这家"小"公司的经营业绩却令人刮目相看：目前上航运营了 100 多架客机，开通了 140 多条国内外航线，早在 2013 年就被评为三星级航空公司，以安全飞行 200 万小时荣获中国民用航空局颁发的"飞行安全二星奖"。

上航的目标是建成一个"国内最好、顾客首选、具有国际水平的航空公司"，成为枢纽型、国际化的航空大集团。上海建设亚太航空枢纽，为上航的发展提供了机遇。

为了实现成为枢纽型、国际化的航空大集团的战略目标，上航提出了主营突出、两翼齐飞的思路，主营是指航空主业，两翼是指上货航和中联航。此外，上航还有一个关联集团，业务主要集中在物流和旅游方面。

上航将航空货运列为新的增长点，上航货运在 2006 年一季度成立。上航董事长说，我国的航空货运正处在一个发展机遇期，充分利用国际资源发展航空货运正是时候。我国出口加工业已发展到了相当规模，这些始发的货运大部分集中在长江三角洲和珠江三角洲，其中又以长江三角洲的货运量最大，目的地都在欧美。在航空物流领域，上航还将涉足国际国内货代、货运地面服务、快件服务、特殊货运服务、仓储配送、第三方物流等业务。通过中联航，上航将拓展北方市场，进一步完善上航的航空网络。两翼齐飞，将使上航飞得更高、更快。

思考题：
1. 上航发展航空货运可能遇到哪些挑战？
2. 除案例中提到的货代、货运等领域，还有哪些业务可以助上航早日实现战略目标？

4.1　国际航空货物运输概述

航空运输是指使用飞机、直升机及其他航空器运送人员、货物、邮件的一种运输方式。国际航空运输是旅客、行李、货物和邮件的始发、中途和终点站中有一点在一国境外的航空运输，主要在国际航线上进行。国际航线是通过政府间的双边航空运输协定建立的。在运输过程中为保证国际航行的安全和效益，必须按统一的程序和规则进行广泛的国际合作和协调。国际民用航空组织和地区性民用航空组织在国际航空运输中发挥了重要作用。

微课扫一扫

4.1.1　国际航空货物运输的特点

国际航空货物运输是实现货物快捷运输的途径，同时也是实现多式联运的一种重要运输方式。国际航空货物运输的对象主要是一些小批量、高价值和对运输时间有特殊要求的商品。

1. 国际航空货物运输的优点

第一，运输速度快。这是国际航空货物运输的显著优势和主要特点。现代化的运输飞机是迄今为止最快捷的交通工具之一。当今国际市场竞争激烈，行情瞬息万变，国际航空货物运输成为国际市场上强有力的竞争手段。

第二，不受地面条件影响，机动性强。飞机在空中飞行，可以将地面上任意两个地方连接起来，可以定期或不定期飞行。尤其在完成对灾区的救援、对边远地区的急救等紧急任务方面，航空运输已成为必不可少的手段。

第三，建设周期短，投资少。要发展航空运输，从设备条件来看，要添置飞机和修建机场。这与修建铁路和公路相比，一般来说建设周期短、占地少、投资少、收效快。据计算，在相距1 000 千米的两个城市之间建立交通线，若载客能力相同，修建铁路的投资成本是开辟航线的1.6 倍，开辟航线只需两年。

第四，节约包装、保险、利息等费用。由于采用航空运输方式，货物在途时间短、周转速度快，企业存货可以相应地减少，一方面有利于资金的回收，减少利息支出，另一方面企业仓储费用也可以降低。又由于国际航空货物运输安全，货损、货差少，保险费用较低，与其他运输方式相比，航空运输的包装简单，包装成本低。这些都有助于企业隐性成本减少、收益增加。

2. 国际航空货物运输的局限性

第一，运价高。因飞机的机舱容积较小和载重能力较弱，所以单位运输周转量的能耗大。除此之外，机械维护及保养成本也很高。

第二，载重有限。目前常见的大型货机波音 747-200F 可载运 90 吨货，相比船舶载重几十万吨要小得多。

第三，易受气象条件限制。因飞行要求很高（保证安全），航空运输在一定程度上受到气象条件的限制，从而影响运输的准点性与正常性。

第四，可达性差。通常情况下，航空运输难以实现客货的"门到门"运输，必须借助其他运输工具（主要为汽车）转运。

总之，国际航空货物运输的上述特点使得航空货物运输适用于高附加值、低重量、小体积的物品，急快件，以及时效性和季节性强的货物。

4.1.2 国际航空货物运输的基础知识

1. 航班

（1）航班的含义。

航班是指根据班机时间表在规定的航线上使用规定的机型，按照规定的日期、时刻进行飞行。从基地站出发的飞机叫去程航班，返回基地站的飞机叫回程航班。

（2）航班的种类。

① 定期航班。这种航班会公布运价和班期，按照双边协定经营，向公众提供运输服务，对公众承担义务。

② 不定期航班。这种航班是按包机合同，分别申请、个别经营的，不对公众承担义务。

2. 航空运输市场的分类

航空运输市场按运载对象可以分为民用航空旅客运输市场和民用航空货物运输市场（包括航空邮件运输）。

航空运输市场按地理范围可以分为航空国内运输市场、航空国际运输市场和航空地区运输市场。

国际物流（附微课）

航空运输市场按运输时限可以分为航空定期运输市场、航空不定期运输市场和航空快捷运输市场。

3. 航空运输的飞行方式

（1）班期飞行。班期飞行是根据班期时刻表，按规定的航线、机型、日期、时刻的飞行。它是民航运输生产活动的基本形式。

（2）加班飞行。加班飞行是根据临时需要，在班期飞行以外增加的飞行，是在班期飞行的航线上，解决航班客货运输繁忙现象的飞行，是班期飞行的补充。

（3）包机飞行。包机飞行是根据包机单位的要求，在现有航线或以外航线进行的专用飞行。它包括客货包机飞行、专业飞行和专机飞行，是班期飞行的补充。

4. 航空运输的运输种类

（1）国内航空运输。国内航空运输是指运输对象（客、货、邮件）的始发地点、经停地点和目的地点均在一国境内的运输，即国内航线上的航空运输。

（2）国际航空运输。国际航空运输是指涉及一国以上的航空运输，是无论运输有无间断或有无转运，其运输对象的始发地点、目的地点或约定的经停地点之一不在国境内的运输，包括定期航班和不定期航班飞行。

5. 世界著名的航线

（1）西欧—北美航线。该航线主要连接巴黎、伦敦、法兰克福、纽约、芝加哥、蒙特利尔等航空枢纽。

（2）西欧—中东—远东航线。该航线连接西欧各主要机场至北京、香港、东京等机场，并途经雅典、开罗、德黑兰、卡拉奇、新德里、曼谷、新加坡等重要航空站。

（3）远东—北美航线。这是北京、香港、东京等机场经北太平洋上空至北美西海岸的温哥华、西雅图、旧金山、洛杉矶等机场的航线，并可延伸至北美东海岸的机场。太平洋中部的火奴鲁鲁是该航线的主要中继加油站。

此外，还有北美—南美、西欧—南美、西欧—非洲、西欧—东南亚—澳新、远东—澳新、北美—澳新等重要国际航线。

6. 世界各大洲重要的航空站

亚洲：北京、上海、香港、东京、马尼拉、曼谷、新加坡、雅加达、仰光、加尔各答、孟买、新德里、卡拉奇、德黑兰、贝鲁特、吉达。

欧洲：伦敦、巴黎、法兰克福、苏黎世、罗马、维也纳、柏林、哥本哈根、华沙、莫斯科、布加勒斯特、雅典、里斯本。

北美洲：纽约、华盛顿、芝加哥、蒙特利尔、亚特兰大、洛杉矶、旧金山、西雅图、温哥华及火奴鲁鲁。

非洲：开罗、喀土穆、内罗毕、约翰内斯堡、布达柴维尔、拉各斯、阿尔及尔、达喀尔。

拉丁美洲：墨西哥城、里约热内卢、布宜诺斯艾利斯、圣地亚哥、利马。

大洋洲：悉尼、奥克兰、楠迪、帕皮提。

7. 世界主要货运机场

世界主要货运机场有法国戴高乐机场、德国法兰克福机场、荷兰斯希普霍尔机场、英国希思罗机场、美国芝加哥机场、日本成田国际机场、中国香港国际机场、中国上海浦东国际机场等。

8. 航空运输法规

（1）《国际民用航空公约》（以下简称《芝加哥公约》）。

《芝加哥公约》是目前国际上被广泛接受的国际民航公约。《芝加哥公约》除序言外，共22章96条。序言中阐明公约是为了"使国际民用航空能按照安全和有秩序的方式发展，并使国际航空运输业务建立在机会均等的基础上，健康、经济地经营"。

《芝加哥公约》的主要内容包括以下8个方面。

① 缔约各国承认每一个国家的领空有完全和排他的主权。

② 规定了国内载运权。

③ 根据国际航空运输的发展和实践，对定期航班和不定期航班的权利做出规定。

④ 对从事国际飞行的航空器的国籍和航空器应具备的条件做出规定。

⑤ 缔约各国应采取一切可行性措施，通过颁发特别规定或其他方法，以方便和加速航空器在缔约国领土间的航行。

⑥ 关于国际航空运输递交统计资料和联营问题的规定。

⑦ 关于组成"国际民用航空组织"的规定。

⑧ 制定国际民航技术标准和建议措施。

（2）华沙体系。

华沙体系是以"华沙公约"为基础的统一国际航空运输某些规则的公约和议定书系列。它由8个文件构成：①《华沙公约》；②《海牙议定书》；③《瓜达拉哈拉公约》；④《危地马拉城议定书》；⑤《蒙特利尔第一号附加议定书》；⑥《蒙特利尔第二号附加议定书》；⑦《蒙特利尔第三号附加议定书》；⑧《蒙特利尔第四号附加议定书》。除《华沙公约》以外的7个文件是对《华沙公约》的修改和补充。该体系形成于1929年至1975年，是重要的国际航空私法法典。

（3）《中华人民共和国民用航空法》。

1996年3月1日起实施的《中华人民共和国民用航空法》（以下简称《民用航空法》），是我国第一部规范民用航空活动的法律，是我国民航发展的重要里程碑。《民用航空法》的实施，对维护国家领空主权和民用航空权利、保障民用航空活动当事人各方的合法权益、促进民用航空事业的发展，起到十分重要的作用。

4.1.3 国际航空货物运输的组织机构

1. 国际民用航空组织

国际民用航空组织（International Civil Aviation Organization，ICAO）是协调世界各国政府

在民用航空领域内各种经济和法律事务、制定航空技术国际标准的重要组织。1944年11月1日至12月7日，52个国家在美国芝加哥举行国际民用航空会议，签订了《芝加哥公约》，并决定成立过渡性的临时国际民用航空组织。1947年4月4日《芝加哥公约》生效，国际民用航空组织正式成立，同年5月13日成为联合国的一个专门机构，总部设在加拿大的蒙特利尔。

该组织宗旨是制定国际空中航行原则，发展国际空中航行技术，促进国际航行运输的发展，以保证国际民用航空的安全和增长；促进和平用途的航行器的设计和操作；鼓励用于国际民用航空的航路、航站和航行设备的发展；保证缔约各国的权利受到尊重和拥有国际航线的均等机会等。

国际民用航空组织有193个缔约国（截至2023年），成员大会为该组织最高权力机构，每3年开会一次，理事会为常设机构，共36个理事国，分为一、二、三类，每3年选举一次。一类理事国为在航空运输方面占主要地位的国家，共11个；二类理事国为在为国际民用航空的空中航行提供设施方面贡献最大的国家，共12个；三类理事国为可确保世界上各主要地域在理事会中均有代表的国家，共13个。

中国1974年恢复参加国际民用航空组织活动。2004年国际民用航空组织第35届大会上，中国当选一类理事国。2013年9月，在加拿大蒙特利尔举行的国际民用航空组织第36届大会上，中国第四次高票连任国际民用航空组织一类理事国。

2. 国际航空运输协会

国际航空运输协会（International Air Transport Association，IATA）是世界航空运输企业自愿联合组成的非政府性的国际组织。其宗旨是"为了世界人民的利益，促进安全、正常而经济的航空运输"，对直接或间接从事国际航空运输工作的各空运企业提供合作的途径，与国际民用航空组织以及其他国际组织通力合作。

从1945年的57个创始成员到2022年，IATA覆盖120个国家约290家航空公司。国际航空运输协会的成员包括世界领先的客运和货运航空公司，承载着全球83%的空中交通。全体会员大会是最高权力机构；执行委员会有27个执行委员，由年会选出的空运企业高级人员组成，任期3年，每年改选1/3，协会的年度主席是执行委员会的当然委员。常设委员会有运输业务、技术、财务和法律委员会；秘书处是办事机构。凡国际民用航空组织成员的任一经营定期航班的空运企业，经其政府许可都可成为该协会的会员。经营国际航班的航空运输企业为正式会员，只经营国内航班的航空运输企业为准会员。

协会总部设在加拿大的蒙特利尔，在蒙特利尔和瑞士的日内瓦设有总办事处。在纽约、巴黎、新加坡、曼谷、内罗毕、北京设有分支机构或办事处。在瑞士的日内瓦还设有清算所。

协会的主要活动：

（1）协商制定国际航空客货运价；

（2）统一国际航空运输规章制度；

（3）通过清算所，统一结算各会员间以及会员与非会员间联运业务账目；

（4）开展业务代理；

（5）进行技术合作；

（6）协助各会员公司改善机场布局和程序、标准，以提高机场运营效率等。

应该指出的是，国际航空运输协会在组织形式上是一个航空企业的行业联盟，属非官方性质组织，但是由于世界上的大多数国家的航空公司是国家所有的，即使非国有的航空公司也受到所属国政府的强力参与或控制，因此其实际上是一个半官方组织。它制定运价的活动，也必须在各国政府授权下进行，它的清算所对全世界联运票价的结算是一项有助于世界空运发展的公益事业，因而国际航空运输协会发挥着通过航空运输企业来协调和沟通政府间政策，解决实际运作困难的重要作用。

3. 国际货运代理协会联合会

国际货运代理协会联合会（FIATA）是一个非营利性国际货运代理的行业组织。该联合会于1926年5月31日在奥地利维也纳成立，总部现设在瑞士苏黎世，并分别在欧洲、美洲、亚太、非洲和中东设立了区域委员会，任命有地区主席。该联合会是目前在世界范围内运输领域最大的非政府和非营利性组织之一，具有广泛的国际影响。

该联合会的宗旨是保障和提高国际货运代理人在全球的利益，工作目标是团结全世界的货运代理人；以顾问或专家身份参加国际性组织，处理运输业务，代表、促进和保护运输业的利益；通过发布信息、分发出版物等方式使贸易界、工业界和公众熟悉货运代理人提供的服务；提高制定和推广统一货运代理单据、标准交易条件，改进和提高货运代理人的服务质量，协助货运代理人进行职业培训，处理责任保险问题，提供电子商务工具。

FIATA会员分为四类。一是协会会员。代表某个国家或地区全部或部分货运代理行业的组织和在某个国家或地区独立注册的唯一国际货运代理公司，可以申请成为协会会员。二是企业会员。货运代理公司或与货运代理行业密切相关的法人实体，经其所在国家或地区的一般会员书面同意，可以申请成为企业会员。三是团体会员。代表某些国家或地区货运代理行业的国际性组织、代表与该联合会相同或相似利益的国际性货运代理集团、其会员在货运代理行业的某一领域比较专业的国际性协会，可以申请成为团体会员。四是荣誉会员。对该联合会或货运代理行业做出特殊贡献的人士，可以成为荣誉会员。

4.2 国际航空货物运输主要内容

本节将对国际航空货物运输的经营方式、设施与技术、基本业务展开叙述。

4.2.1 国际航空货物运输的经营方式

国际航空货物运输方式有班机运输、包机运输、集中托运和陆空陆联运等。

1. 班机运输

班机是指在固定航线上定期航行的航班。班机运输一般有固定的航线、始发站、途经站和到达站。

班机运输可以分为客运航班和货运航班两种。在国际贸易中，由于经由航空运输的货运量有限，所以班机运输以客运航班为主，通常采用客货混合型飞机，在搭乘旅客的同时也承揽小批量货物的运输业务。

由于班机运输有固定的航线、固定的航期，并在一定时间内有相对固定的收费标准，便于货主掌握货物的起运和到达时间，核算运输成本，保障合同履行，因此成为多数进出口商首选的航空运输方式。班机运输大部分使用的是客货混合型飞机，受到飞机舱位的限制，不能满足大批量货物及时运输的要求，而且在不同季节同一航线客运量的变化，也会直接影响货物装载的数量。

2. 包机运输

包机运输可分为整包机和部分包机两类。

（1）整包机。

① 整包机即包租整架飞机，指航空公司按照与包机人事先约定的条件及费用，将整架飞机租给包机人，从一个或几个航空港装运货物至目的地。

② 包机人一般要在货物装运前一个月与航空公司联系，以便航空公司安排运载和向起降机场及有关政府部门申请、办理过境或入境的有关手续。

③ 包机的费用：一次一议，随国际市场供求情况变化。原则上包机运费，按每一飞行千米固定费率核收费用，并按每一飞行千米费用的80%收取空放费。因此，大批量货物包机时，均要争取来回程都有货载，这样费用比较低。只使用单程，运费比较高。

（2）部分包机。

由几家航空货运公司或发货人联合包租一架飞机或者由航空公司把一架飞机的舱位分别卖给几家航空货运公司装载货物，就是部分包机。其适用于托运不足一整架飞机舱位，但货量又较重的货物运输。

（3）部分包机与班机的比较。

① 部分包机时间比班机长，尽管其有固定时间表，但往往因其他原因不能按时起飞。

② 各国政府为了保护本国航空公司利益，常对从事包机业务的外国航空公司实行各种限制。如包机的活动范围比较狭窄，降落地点受到限制。需降落指定地点外的其他地点时，外国航空公司一定要向当地政府有关部门申请，同意后才能降落（如申请入境、通过领空和降落地点）。

（4）包机的优点。

① 解决班机舱位不足的问题；

② 货物全部由包机运出，节省时间和多次发货的手续。

③ 弥补没有直达航班的不足，且不用中转。

④ 减少货损、货差或丢失的现象。

⑤ 在空运旺季缓解航班紧张状况。

⑥ 解决海鲜、活动物的运输问题。

3. 集中托运

（1）集中托运的概念。

集中托运是指将若干票单独发运的，发往同一方向的货物集中起来作为一票货物，以取得优惠运价，航空公司签发一份总运单，目的港为同一空港。

（2）集中托运的具体做法。

① 为每一票货物分别制定航空运输分运单（House Airway Bill, HAWB）。

② 将所有货物区分方向，按照其目的地相同的同一国家、同一城市来集中，制定航空公司的总运单（Master Airway Bill，MAWB）。

③ 打出该总运单项下的载货清单（Manifest），载明总运单有几个分运单，号码各是什么，其中件数、重量各多少等。

④ 把该总运单和载货清单作为一整票货物交给航空公司。一份总运单可视货物具体情况随附分运单（也可以是一份分运单，也可以是多份分运单）。如：1 个 MAWB 有 10 个 HAWB，说明此总运单内有 10 票货，发给 10 个不同的收货人。

⑤ 货物到达目的地机场后，当地的货运代理公司作为总运单的收货人负责接货、分拨，按不同的分运单制定各自的报关单据并代为报关，为实际收货人办理有关接货、分货事宜。

⑥ 实际收货人在分运单上签收以后，当地的货运代理公司以此向发货的货运代理公司反馈到货信息。

（3）集中托运的限制。

① 集中托运只适合办理普通货物，对于等级运价的货物，如贵重物品、危险品、活动物以及文物等，不能办理集中托运。

② 目的地相同或邻近的货物可以办理集中托运，否则不宜办理。例如，不能把去日本的货物发到欧洲。

（4）集中托运的特点。

① 节省运费。航空货运公司的集中托运运价一般都低于国际航空运输协会的运价，发货人可节省费用。

② 延伸航空公司的服务。货物集中托运，可使货物到达航空公司到达地点以外的地方，延伸了航空公司的服务，方便了货主。

③ 提早结汇。发货人将货物交与航空货运代理公司后，即可取得货物分运单，可持分运单到银行尽早办理结汇。

集中托运方式已在世界范围内普遍开展，形成较完善、有效的服务系统，为促进国际贸易发展和国际科技文化交流起到了良好的作用。集中托运成为我国航空进出口货物的主要运输方式。

4. 陆空陆联运

陆空陆联运有三种方式：第一种是火车-飞机-汽车联运（Train-Air-Truck），称为 TAT 运输；第二种是火车-飞机联运（Train-Air）；第三种是汽车-飞机联运（Truck-Air）。陆空陆联运的优点是运输速度快、运输费用较低。

5. 航空快递

航空快递又称为航空快件、航空快运和航空速递，是由专门经营该项业务的航空货运公司与航空公司合作，派专人以最快的速度，在货主、机场、用户之间传递急件的运输服务业务，是目前国际航空货物运输中速度最快的运输方式之一。其运送对象多为急需的药品和医疗器械、贵重物品、图纸资料、货样、单证和书报杂志等小件物品。

航空快递的业务方式有三种。

（1）门/桌到门/桌（Door/Desk to Door/Desk）。这种运输方式是发货人发货时电话通知航空快递公司，航空快递公司派人上门取货，将所收到的货物集中在一起，根据目的地进行分拣、整理、制单、报关、托运，发往世界各地。货物到达目的地后，再由目的地的航空快递分公司办理清关、提货手续，并将货物送至收货人手中。这种服务形式是航空快递公司的主要业务，也是航空快递中采用最多的服务形式之一。

（2）门/桌到机场（Door/Desk to Airport）。这种运输方式与前一种相比区别在于，货物到达目的地机场后不由航空快递公司办理清关、提货手续并送达收件人，而由航空快递公司通知收件人办理相关手续。与前一种服务形式相比，此种形式对收货人来讲不太方便。

（3）专人派送。这种运输方式由航空快递公司指派专人携带货物在最短时间将货物直接送到收货人手中。这是一种特殊服务，收费较高，一般很少采用。

4.2.2 国际航空货物运输的设施与技术

1. 航线

民航从事运输飞行，必须按照规定的线路进行，这种线路叫作航空交通线，简称航线。航线确定了航行的方向、经停地点，根据空中管理的需要，航路的宽度和飞行的高度层也有规定，以维护空中交通秩序，保证飞行安全。

航线按飞机飞行的路线分为国内航线和国际航线。线路起降点、经停点均在国内的航线称为国内航线。跨越本国国境，通达其他国家的航线称为国际航线。

2. 航空港

航空港为航空运输的经停点，又称航空站或机场，是供飞机起降、停放及组织、保障飞行的场所。近年来随着航空港功能的多样化，港内一般还配有商务中心、娱乐中心、货物集散中心，满足往来旅客的需要，同时带动周边地区的生产、消费。

航空港按照所处的位置不同，分为干线航空港和支线航空港；按业务范围，其分为国际航空港和国内航空港。

3. 航空器

航空器主要是指飞机。飞机按发动机不同，分为螺旋桨式、喷气式和活塞式飞机。按速度不同，飞机分为超音速、亚音速、高速和低速飞机。

（1）按机身的宽窄分类。

① 窄体飞机。

窄体飞机的机身宽约3m，旅客座位之间有一条走廊，这类飞机一般只能在下货舱装运散货。窄体飞机内部结构如图4-1所示。

② 宽体飞机。

宽体飞机机身较宽，一般在 4.72m 以上，客舱内有两条走廊、三排座椅。这类飞机可以装运集装箱货和散货。宽体飞机内部结构如图 4-2 所示。

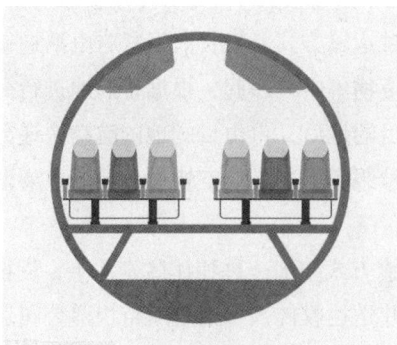

图 4-1　窄体飞机内部结构

图 4-2　宽体飞机内部结构

（2）按用途的不同分类。

① 客机。

客机主要运送旅客，一般行李装在飞机的深舱。目前航空运输仍以客运为主，客运航班密度大、收益多，所以大多数航空公司都采用客机运送货物。客机的不足是，由于舱位少，每次运送的货物数量十分有限。

② 全货机。

全货机运量大，可以弥补客机的不足，但经营成本高，只在某些货源充足的航线使用。

③ 客货混合机。

客货混合机可以同时在主甲板运送旅客和货物，并根据需要调整运输安排，是灵活性较强的一种机型。

4. 集装设备

航空运输中的集装设备（Unit Load Device，ULD）主要是指为提高运输效率而采用的托盘和集装箱等成组装载设备。为使用这些设备，飞机的甲板和货船都设置了与之配套的固定设施。由于航空运输的特殊性，这些集装设备无论外形构造还是技术性能指标，都具有自身的特点。集装设备主要有集装箱、集装板等成组装载设备。集装设备示例如图 4-3 所示。

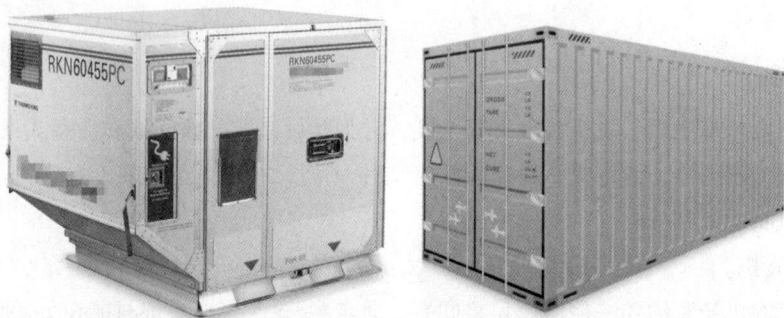

图 4-3　集装设备示例

（1）集装箱用于运载一般货物、行李和邮件。

（2）集装板是一块平面的铝板。货件放置在板上，由绳网固定。

4.2.3　国际航空货物运输的基本业务

国际航空货物运输的基本业务包括：货物托运和收运、货物运输、货物到达和交付、变更运输、索赔与理赔。

1. 货物托运和收运

（1）货物托运。

① 委托航空货运代理公司托运货物。航空出口货物的托运人，一般委托航空货运代理（以下简称"空运代理"）办理货物托运。委托时，托运人应填制"国际货运托运书"（以下简称"托运书"），连同贸易合同副本（或出口货运明细单）、发票、装箱单及海关、检验检疫机构需要的文件和资料交空运代理，由空运代理办理仓库提货、制单、报关等托运手续。出口货物批量大，要采取包机运输时，应提前填写"包机委托书"并交空运代理负责办理包机手续。

② 预订航班舱位。托运人托运下列货物应当预订航班舱位（由代理人办理），否则承运人有权不予受理：在中转时需要特殊对待的货物；声明价值超过 10 万美元或等价值货币的货物；不规则形状或尺寸的货物；特种货物；批量较大的货物；需要两家及以上承运人运输的联程货物。

③ 货物包装。托运的货物需要根据其性质、质量、运输环境和承运人的要求，采用适当的包装材料和形式，妥善包装。在每件货物的外包装上标明出发地、目的地、托运人及收货人的名称及详细地址等，并粘贴或拴挂货物运输标签。托运时还需要根据货物的性质，在货物外包装上粘贴包装储运标志。

④ 填制航空货运单。根据《华沙公约》有关规定，航空货运单应由托运人填写，也可以由承运人或其代理人填写。实际上，航空货运单均由承运人或其代理人填写。因而，托运人必须填写托运书以作为填制航空货运单的依据。航空货运单签字后即宣告航空运输契约开始生效，具有法律效力。

（2）收运。

① 一般条件。凡我国和国际有关的法律、行政法规及其他有关规定禁止运输的物品，不得接收；批量大、有特定条件和时间限制的联运货物，在安排好联运中转舱位后方可接收；货物的包装、重量和体积必须符合空运的要求。

② 安全检查。对于国家限制运输的物品，承运人应当查验国家有关部门出具的运输许可证；承运人应当查验托运货物的包装（但对内包装不承担检查的责任），如发现包装不符合航空运输要求，在托运人改善托运货物包装后，方可办理收运手续。托运人对收运的货物应当进行安全检查，对当日托运、装机发运的货物，开箱检查或通过安检仪器检测。

③ 价值限制。每批货物（即每份航空货运单）的声明价值不得超过 10 万美元或等价值货

币（未声明的，按毛重20美元/千克计算）。超过时，应分批交运（即分成两份或多份航空货运单）。如货物不宜分开，必须经有关航空公司批准后方可收运。

④ 付款要求。货物的运费可以预付，也可以到付。承办运费到付货物时，收货人应在确认货物目的地国家和有关承运人允许办理此种业务后，方可收货。下列货物不可办理运费到付：收货人和托运人为同一人的货物；收货人为政府代理机构（政府代理人托运货物时，出具书面保函者除外）；尸体、骨灰；动物；易腐货物；私人用品及家具（无出售价值的）；再出售价值低于运费的货物。

2. 货物运输

（1）运送的时间。承运人应当根据航空货运单约定的条件，在合理的时间内将货物运至目的地。对托运人预先订妥舱位的货物，承运人应当按托运人订妥的航班将货物运至目的地。

（2）运输路线。承运人应当按照合理、经济的原则选择运输路线。承运人为尽早地将货物运抵目的地，有权改变托运人在航空货运单上列明的运输路线。

（3）舱单。承运人运输货物应当填制舱单；对于联运的货物，承运人应当填制转运的舱单。

（4）货物装卸。承运人按装机单、卸机单准确装卸货物。按照货物包装上的储运标志作业，轻拿轻放，防止货物损坏；在货物运输中，发现货物包装破损无法续运时，应当做好运输记录，及时通知托运人或收货人，征求托运人或收货人对货物的处理意见。

（5）仓库保管。承运人根据进、出机场货物种类及运量，分别建立普通货物仓库、贵重货物仓库、鲜活货物仓库、危险货物仓库、活体货物仓库等。承运人需要建立和健全仓库保管制度，严格交接手续；库内货物应当合理码放、定期清仓；做好防火、防盗、防鼠、防水、防冻工作，确保进出货物准确、完整。

3. 货物到达和交付

（1）到货通知。除另有约定外，承运人应当在货物到达后立即通知收货人。承运人自发出到货通知次日起，免费保管3天。逾期不提取，收货人必须缴纳保管费。

（2）货物的交付。承运人交付货物时，要求收货人出具证件和到货通知。承运人应当按照航空货运单上列明的货物件数清点后，交付收货人。

4. 变更运输

（1）自愿变更运输。

托运人对已经办妥运输手续的货物，提出变更要求，称为自愿变更运输。

① 自愿变更运输的范围。自愿变更运输的范围包括：在出发地机场或目的地机场提回货物；在货物运输途中的任何一次经停时，中止运输；在目的地或货物运输途中要求将货物交给非航空货运单上指定收货人，即变更收货人；要求从中途或目的地将货物运回出发地机场；变更目的地。

② 自愿变更运输的条件。自愿变更运输的条件包括：托运人应当以书面形式向承运人提出变更要求，并向承运人出示所收执的航空货运单（第三联航空货运单正本）；托运人要求变更运

输的货物，应是航空货运单所填写的全部货物；收货人拒绝接受航空货运单或货物，或者是承运人无法同收货人联系；托运人提出的变更要求不能违反我国和有关国家的法律、行政法规和其他有关规定，否则承运人应当予以拒绝。

③ 自愿变更运输的处理。货物发运前退运，承运人应当收回托运人所收执的航空货运单，并从运费中扣除货物发运前已发生的各项费用，余额退还托运人。货物发运后变更运输，承运人之间应当相互联系，及时复电证实，某一承运人证实变更运输后，应向其他有关承运人发出"货物运费更改通知单"；有关承运人收到要求变更运输通知后，应视情况按有关规定处理，必要时托运人应当交付有关费用。托运人的变更要求不能执行时，承运人应当立即通知托运人；承运人按照托运人的变更要求处理货物，但承运人没有要求托运人出示所收执的航空货运单，给该航空货运单的合法持有者及收货人造成损失的，应当由承运人承担责任，但是承运人享有向托运人追偿的权利；托运人不得因运输变更而使承运人或其他托运人遭受损失，否则应当赔付由此产生的费用。

（2）非自愿变更运输。

托运人托运货物后，不是由于承运人的原因，而是由于如机场关闭、航班中断和天气影响等原因，货物不能空运至目的地，需要变更运输的，称为非自愿变更运输。在这种情况下，承运人按照下列规定处理运费。

① 在出发地退运货物，承运人应将全部运费退还托运人。

② 在经停地变更目的地，托运人交付的费用多退少补。

③ 在经停地将货物运回原出发地，承运人应将全部运费退还托运人。

④ 在经停地改用其他运输工具将货物运至目的地，超过部分的费用由承运人承担。

5. 索赔与理赔

（1）承运人的责任和豁免。

① 承运人应对发生在航空运输期间的事件造成货物的毁灭、遗失、损坏承担责任。但是当承运人证明货物毁灭、遗失、损坏是下列原因造成的，可以不承担责任：货物本身的自然属性、质量或缺陷；承运人或受雇人、代理人以外的人包装货物不良；战争或武装冲突；政府有关部门，如海关等部门有关货物入境、出境或过境的行为。

② 货物在航空运输中因延迟造成的损失，承运人应当承担责任。但承运人证明本人或其受雇人、代理人为了避免损失的发生，已经采取了一切必要的措施或不可能采取某种措施的，不承担责任。

③ 在货物运输中，经承运人证明，损失是索赔人或代行权利人的过错造成或促成的，应当根据造成或促成此种过错的程度，相应免除或减轻承运人的责任。

（2）赔偿和诉讼。

① 在货物运输中货物毁灭、遗失、损坏或延误时，托运人、收货人或其代理人应在规定的期限内以书面形式向承运人提出索赔，期限规定如下：货物发生损失的，应当自收到货物之日起 14 天内提出；货物发生延误的，应当自货物交付收货人处置之日起 21 天内提出；货物毁灭或遗失的，应自填该航空货运单之日起 120 天内提出。

② 承运人赔偿责任限额：托运人未向承运人办理货物声明价值，承运人应当按照实际损失的价值赔偿，但赔偿责任限额为 17 计算单位/千克，此处的计算单位指的是特别提款权（Special Drawing Right，SDR），是国际货币基金组织制定的国际货币单位，亦称"纸黄金"；托运人已向承运人办理货物声明价值，并交付了声明价值附加费，承运人应当按照实际损失的价值赔偿，但赔偿责任限额为货物声明价值；托运人在托运货物时，特别声明在目的地交付时的利益，并在必要时交付附加费的，除承运人证明托运人的金额高于托运货物在目的地交付的实际利益外，承运人应当在声明金额范围内承担赔偿责任；确定承运人赔偿责任限额货物的重量的规定。

③ 诉讼：托运人或收货人或其他有权提起诉讼的人，应自航空器到达目的地之日起或者应当到达目的地之日起，或者运输终止之日起 2 年内提起诉讼，否则丧失对承运人提起诉讼的权利。

由几个航空承运人办理的连续运输，货物发生毁灭、遗失或延误，托运人有权对第一承运人提起诉讼，收货人有权对最后承运人提起诉讼，托运人和收货人均可以对发生毁灭、遗失、损失或延误的运输区段的承运人提起诉讼。上述承运人应当对托运人或收货人承担连带责任。

对实际承运人履行的运输提起的诉讼，可以对实际承运人或缔约承运人提起，也可以同时对实际承运人和缔约承运人提起，被提起诉讼的承运人有权要求另一承运人参加应诉。

4.3　国际航空货物运输实务

本节将介绍国际航空货物运输的流程、费用及单证。单证种类众多，本节主要介绍国际航空货物运输过程中需用到的托运书和航空货运单。

4.3.1　国际航空货物运输的流程

1. 国际航空货物出口托运流程

国际货物空运中，空运代理十分活跃。空运代理涉及的当事人主要有托运人、收货人、航空公司和航空货运公司。航空货运公司可以是货主代理，也可以是航空公司的代理，还可身兼二职。

假设通过货运代理（以下简称"货代"）办理，并从货代角度叙述，则国际航空货物出口托运/进口接运流程如图 4-4 中的 1～20[①]所示。

（1）揽货。货代及时向托运人介绍本公司的业务范围、服务项目、各项收费标准，特别是介绍本公司的优惠运价和服务优势等。

---

① 图 4-4 中的 1～20 对应下文（1）～（20）。

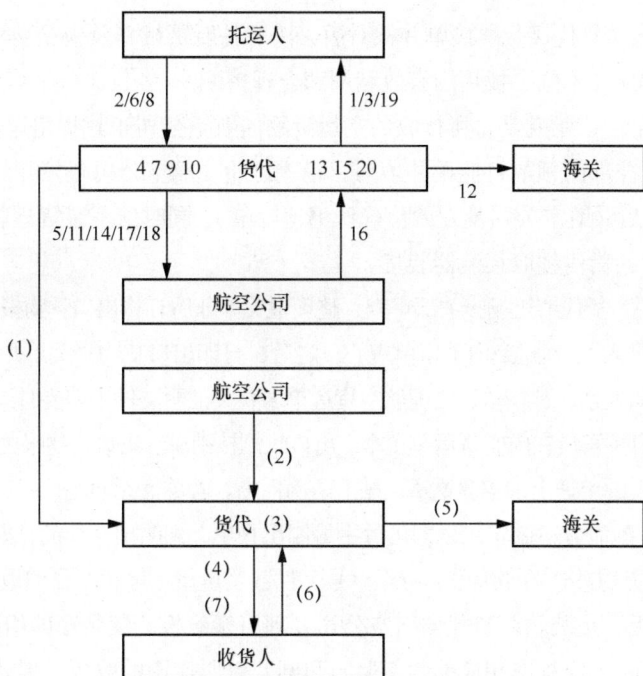

图 4-4　国际航空货物出口托运/进口接运流程

（2）委托运输。托运人填写国际货物托运委托书向货代委托，货代将依此委托书缮制托运书，并向航空公司办理出口订舱托运手续。

（3）审核单证。货代审核以下单证：发票、装箱单、报送单项式、外汇核销单、许可证、商检证、进料/来料加工核销本、索赔/返修协议、关封等。

（4）预配舱。货代汇总所接受的委托和客户的预报并输入计算机，计算出各航线的件数、重量、体积，按照客户要求、货物重量和体积情况，根据各航空公司不同机型对不同板箱的重量和高度要求，制定预配舱方案，并给每票货配上运单号。

（5）预订舱。货代根据预配舱方案，按航班、日期打印出总运单号、件数、重量、体积，向航空公司预订舱代理人确定航班、日期、运价后交货。

（6）接受单证。货代从托运人手中接过货物出口所需的一切单证（已经审核确认的托运书、报关单证、收货凭证）；将收货记录与收货凭证核对；制作操作交接单，填写所收到的各种单证份数；逐单预配运单，即给每份交接单配一份总运单或分运单，或一份总运单下配数票分运单；逐单附报关单证。

（7）填制货运单。航空公司货代根据托运书，用英文填写航空货运单。

（8）接货。货物一般是运送到货代仓库或直接送到机场货站。货代可以把即将发运的货物从托运人手中接过来并运送到机场，也可以由货主送货至机场。货物须符合有关规定，货代接货时应根据发票、装箱单或送货单清点货物，核对货物的品名、数量、唛头、进舱编号、合同号等是否与航空货运单上所列一致，检查货物外包装是否符合运输要求。

（9）标记和标签。标记包括托运人和收货人的姓名、地址、联系电话、传真，合同号，操作（运输）注意事项，等等。标签按作用分为识别标签、特种货物标签和操作标签，按类别分为航空公司标签和分标签。

（10）正式配舱。货代接货、接单并核对后，按照各航班机型及板箱型号、高度、数量进行正式配载，确保对预订舱位、板箱的有效利用和合理搭配。

（11）正式订舱。订舱就是将所接收的空运货物向航空公司正式提出运输申请并订妥舱位。货代向航空公司吨控部门领取订舱单并填写，正式订舱。航空公司吨控部门根据实际情况安排舱位和航班。订舱后，航空公司签发舱位确认书（舱单），同时给予装货集装器领取凭证，以表示舱位订妥。之后，货代领取集装器装货。

（12）出口报关。货代或机场报关部审查、整理报关单证后，将出口货物报关单的各项内容输入计算机（计算机预录入），发送到海关审单中心；之后，打印出口货物报关单并加盖报关单位的报关专用章，连同有关的发票、装箱单、已配航空货运单、有关证明文件（需要时）等正式向海关申报。海关核准放行后，海关官员在航空货运单正本、出口收汇核销单、出口货物报关单上加盖放行章，在托运人用于产品退税的单证上加盖验讫章，贴上防伪标志。若单证无问题，一般两个小时即可放行。

（13）出仓单。配舱方案制定以后即可着手编制出仓单，列明出仓单的日期、承运航班的日期、装载形式及数量、货物进仓顺序编号、总运单号、件数、重量、体积、目的地三字代码和备注。

（14）申领舱板、集装箱。货代向航空公司办理申领舱板、集装箱的相应手续，以便装货。申领舱板、集装箱时，应领取相应的塑料薄膜和网。对所使用的舱板、集装箱要登记、销号。

（15）货物装板、装箱。货物装板、装箱，俗称"打板"。在备单的同时，将货物装在航空集装器（舱板或集装箱）上，并缮制集装货物组装记录单。如果由航空公司装货，则货代无须领取集装器装板、装箱，只需按要求交货给航空公司。

（16）签单。航空货运单在加盖海关放行章后，货代还需到航空公司签单。

（17）交接发运。交接是货代向航空公司交单、交货，航空公司验收单据和货物，在交接单上签字，并负责装上飞机发运。

（18）航班跟踪。需要联程中转的货物，在货物运出后，货代应要求航空公司提供二程、三程航班中转信息，确认中转情况，并及时将上述信息反馈给客户，以便遇到非正常情况能及时处理。

（19）信息服务。货代应从多个方面做好信息服务：订舱信息、审单及报关信息、仓库收货信息、交运称重信息、一程/二程航班信息、单证信息。货物装机离境后，货代应向其海外代理发出装运预报，以便对方做好办理到货清关手续的准备。

（20）费用结算。与托运人结算费用：在运费预付的情况下，收取航空运费、地面运输费、各种服务费和手续费。与承运人结算费用：向承运人支付航空运费及代理费，同时收取代理佣金。与国外代理结算：主要涉及运费支付和利润分成。与机场地面代理结算费用，向机场地面代理支付各种地面杂费。

2. 国际航空货物进口接运流程

国际航空货物进口接运流程如图 4-4 中的（1）～（7）所示。

（1）代理预报。在国外发货前，由国外代理公司将运单、航班、件数、重量、品名、实际收货人及其地址、联系电话等内容发给目的地代理公司。

（2）交接单证、货物。航空公司进港操作如表 4-1 所示。托运人或托运人委托代理负责进口接运的各项具体操作，航空公司负责对接各项流程。

表 4-1　航空公司进港操作

步 骤 名 称	操 作 内 容	操 作 人 员	接 收 人 员
运输工具入境申报	发送总运单、联程载货清单、进口载货清单	机场地面代理人员	航空货站人员
	在运单上盖到达航班、日期章	航空货站人员	机场地面代理人员
	发送总运单、货物舱单、邮件路单	机场地面代理人员	海关人员
	运单上盖海关监管章	海关人员	机场地面代理人员
卸货入仓	交接货物，如有问题填写运输事故记录；标出每票货的去向	机场地面代理人员	航空货站人员
单据移交	填写货物到达通知；移交随机文件、总运单等	机场地面代理人员	进口柜台人员

航空货物入境时，与货物相关的单据也随机到达，运输工具及货物处于海关监管之下。货物卸下后应存入航空公司或机场的监管仓库，相关人员录入进口货物舱单，将舱单上总运单、收货人、始发站、目的站、件数、重量、货物品名、航班号等信息通过计算机传输给海关留存，供报关使用，同时根据运单上收货人的地址发出取货单、提货通知。

（3）理货与仓储。①理货：货代逐一核对每票件数，再次检查货物破损情况，确有接货时未发现的问题，可协助收货人向航空公司追查或索赔，对于分批到达的货物将跟踪直到货物全部收集完毕；按大货、小货、重货、轻货、单票货、混载货、危险品、贵重品、冷冻品、冷藏品分别堆存、进仓；登记每票货储存区号，并输入计算机。②仓储：注意防雨、防潮、防重压、防变形、防高温变质、防暴晒，独立设危险品仓库，根据不同货种的实际需要予以保管。

（4）理单与到货通知。①理单：如果集中托运，则将总运单项下拆单，分类理单、编号，编制种类单证。②到货通知：尽早、尽快通知收货人到货情况。

（5）进口制单、报验、报关。①进口制单：按海关要求，依据运单、发票、装箱单及证明货物合法进口的有关批准文件，制作"进口货物报关单"。货代制单时的一般程序为：长期协作的收货人单位，有进口批文、证明手册等放于货代处的，在货物到达、发出到货通知后，即可制单、报关，通知收货人运输或代办运输；部分进口货，因收货人单位缺少有关批文、证明，也可将运单及随机寄来的单证、提货单以快递形式寄到收货人单位，由其备齐有关批文，经证明后再决定制单事宜；无须批文和证明的，可即刻制单、报关，通知收货人提货或代办运输；若部分收货人要求异地清关，则在符合海关规定的情况下，制作"转关运输申报单"，办理转关手续。②进口报验：需要商检的货物须向海关局申报，查验合格后海关局将出具证明文件，由报关行或者货代交给海关，再履行进口报关海关程序。③进口报关：分为申报、查验、征税、放行四个主要环节。由海关在航空公司运单正本上或货代经海关认可的分运单上加盖放行章。

（6）付费提货。收货人凭盖有海关放行章等章的进口提货单到所属监管仓库付费提货。

（7）收费、送货、转运。①收费：货代在向收货人发放货物前，一般会将费用收妥。收费包括：到付运费及垫付佣金；单证、报关费；仓储费、装卸费、铲车费；航空公司到港仓储费；海关预录、动植检、卫检报验等代收代付费；关税及垫付佣金。②送货：在进口清关后货物直接运送至收货人单位，运输工具一般为汽车。③转运：将进口清关后货物转运至指定地点，运输方式主要为飞机、汽车、火车、船舶。符合转关条件的，可以办理进口货物转关及监管运输。

4.3.2 国际航空货物运输的费用

航空货物运价，简称航空运价，是承运人对所运输的每一单位重量（或体积）的货物所收取的自始发地机场至目的地机场的航空运输费用。航空运费是航空公司将一票货物自始发地机场运至目的地机场所应收取的航空运输费用，该费用依据每票货物所适用的航空运价和货物的计费重量计算而得。

1. 计费重量的确定

计费重量是指用于计算航空运费的重量。

航空公司规定，实重货物以货物的实际毛重作为计费重量。所谓实重货物，是指每 6 000 立方厘米或 366 立方英寸（1 立方英寸约等于 16.39 立方厘米，余同）体积货物的重量超过 1 千克，或者每 166 立方英寸体积货物的重量超过 1 磅（1 磅约为 0.45 千克，此后不再标注）的货物。计费重量的最小单位是 0.5 千克，重量不足 0.5 千克时按 0.5 千克计算；超过 0.5 千克不足 1 千克时，按 1 千克计算。如果货物的重量以磅表示，货物重量不足 1 磅时按 1 磅计算。

轻泡货物以体积重量作为计费重量。轻泡货物是指每 6 000 立方厘米或 366 立方英寸体积的货物重量不足 1 千克，或者每 166 立方英寸体积货物的重量不足 1 磅的货物。体积重量是将货物体积以 6 000 立方厘米或 366 立方英寸折算为 1 千克，或者 166 立方英寸的体积折算为 1 磅后得出的重量。

在集中托运时，一批货物由几件不同的货物组成，有实重货物，也有轻泡货物时，计费重量则采取整批货物的总毛重和总体积重量之中择大的原则确定。

2. 航空货物运价

航空运价是承运人为货物航空运输所收取的报酬。它只是货物从始发地机场至目的地机场的运价，不包括提货、报关、仓储等其他费用。航空运费计算主要由两个关键要素决定，即物品适用的航空运价与物品的计费重量。航空运价一般以货物的实际重量（千克）和体积重量（以 366 立方英寸体积折合 1 千克）之中的较高者为准。各国主要以国际航空运输协会（IATA）运价手册来制定各航线的货运价格，国际航空运输协会运价划分如表 4-2 所示。

表 4-2　国际航空运输协会运价划分

IATA 运价	公布直达运价 （Published Through Rates）	普通货物运价（General Cargo Rate）
		等级货物运价 （Commodity Cassifcation Rate）
		特种货物运价 （Specific Commodity Rate）
		集装货物运价（Unit Load Device Rate）
	非公布直达运价 （Un-Published Through Rates）	比例运价（Construction Rate）
		分段相加运价 （Combination of Rates and Charges）

此外，各航空公司都规定有起码运费（Minimum Charges）。起码运费是航空公司办理一批货物所能接受的最低运费，是航空公司在考虑运输即使很小的一批货物也会产生的固定费用后

制定的。如果承运人收取的运费低于起码运费，就不能弥补运送成本，因此，航空公司规定无论运送的货物适用哪一种航空运价，所计算出来的运费总额都不得低于起码运费。如果计算出的数值低于起码运费，则以起码运费计收，另有规定除外。

主要的 IATA 运价有三类。

（1）普通货物运价。

普通货物运价，也叫一般货物运价，是指除了等级货物运价和特种货物运价以外的适合普通货物运输的航空运价。普通货物运价根据货物重量的不同，分为若干个重量等级分界点运价，以量大价低为原则。

（2）特种货物运价。

特种货物运价也称指定商品运价，是指适用于自规定的始发地至规定的目的地运输特定品名货物的运价。特种货物运价低于相应的普通货物运价，从性质上讲，该种航空运价是一种优惠运价，其目的在于向客户提供具有竞争性的航空运价，以吸引更多的客户采用航空运输的方式，使航空公司的运力得到更充分的利用。

（3）等级货物运价。

等级货物运价是指在规定的业务区或业务区之间运输指定的等级货物的航空运价。等级货物运价是在普通货物运价基础上增加或减少一定的百分比得到的价格。

适用于等级货物运价的货物有：

① 活动物、装活动物的集装箱和笼子；

② 贵重货物；

③ 尸体或骨灰；

④ 书报杂志类货物；

⑤ 作为货物运输的行李。

前三项会在普通货物运价的基础上增加一定百分比；后两项会在普通货物运价的基础上减少一定百分比。

3. 有关航空运价和运费的其他规定

各种不同的航空运价和费用有下列共同点。

（1）航空运价是指从一机场到另一机场的运价，而且只适用于单一方向。

（2）航空运价通常使用当地货币公布。

（3）航空运价一般以千克或磅为计算单位。

（4）航空货运单中的运价是出具运单之日所适用的运价。

（5）航空运费不包括其他额外费用，如提货、报关、交接和仓储费用。

4.3.3 国际航空货物运输的单证

1. 航空托运书

航空托运书是托运人用于委托承运人或其代理人填开航空货运单的一种表单，表单上列有填制货运单所需的各项内容，并应有授权承运人或其代理人在货运单上签字的文字说明，见表4-3。

表4-3　航空托运书样本

始　发　站		目　的　站	
托运人姓名及地址：			邮政编码
			□ □ □ □ □ □
			联系电话
收货人姓名及地址：			邮政编码
			□ □ □ □ □ □
			联系电话

件数	毛重（kg）	运价类别	收费重量（kg）	费率	货物品名及数量（包括体积或尺寸）

付款方式（预付）	付款方式（到付）	运输声明价值	运输保险价值

运输注意事项：	货　运　单　号　码

托运人应对本书内所填写的正确性和真实性负责		
托运人签字 经办人 身份证号码 经办人签名 　　年　　月　　日	经办人	X光机检查
		检查货物
		重量计算
		标签填写
		其　　他
		年　　月　　日

注：粗线框内由承运人填写。

（1）托运人姓名及地址。填列托运人的全称、地址。

（2）收货人姓名及地址。填列收货人的全称、地址。

（3）始发站。填始发站机场的全称或城市名称。

（4）目的站。填写到达机场的名称，用英文全称，不得简写。

（5）运输声明价值。填列供运输用的声明价值金额，该价值即为承运人赔偿责任的限额。承运人按有关规定向托运人收取声明价值费。

（6）件数。如果适用的货物运价种类不同，应分别填写，并将总件数相加。

（7）毛重（kg）。与件数相对应，填写货物实际毛重，重量计量单位为千克。

（8）运价类别。根据实际情况填写运价种类，包括所适用的运价、协议价、杂费、服务费。

（9）收费重量（kg）。填写据以计收航空运费的货物重量。

（10）费率。填写所适用的货物运价。

（11）货物品名及数量（包括体积或尺寸）。填列货物的品名和数量（包括尺寸或体积）。

（12）付款方式。分为预付和到付。

（13）托运人签字。托运人或其代理人必须签字盖章。

（14）日期。由经办人填写开具货运单的时间。

2. 航空货运单

（1）航空货运单简称空运单或货运单，是承运人签发给发货人表示已收妥货物、接受托运的货运单据。航空货运单样本见表 4-4。

表 4-4　航空货运单样本

Shipper's Name and Address 发货人姓名和地址	Shipper's Account Number 发货人账号信息	Not negotiable **Air Waybill** Issued by 中外运空运发展股份有限公司 SLNOTRANS AIR TRANSPOKTATION DEVELOPMENT CO., LTD
Consignee's Name and Address 收货人姓名和地址	Consignee's Account Number DES 收货人账号信息	
Issuing Carrier's Agent Name and City 签发航空货运单承运人的姓名和城市		Accounting Information 结算注意事项
Agent's IATA Code 代理人国际航协代号	Account No. 账号	

Airport of Departure (Addr.of First Carrier) and requested Routing
始发站机场和航线

To	By First Carrier 第一个承运人	Routing and Destination 线路和目的地	to	by	to	by	Currency 货币	Code 代码	WT 运费 PPD 预付	到付 COLL	Declared Value for Carriage 运输申报价值	Declared Value for Customs 海关申报价值
	Airport of Destination 目的地机场	Flight/Date 航班/日期	For Carrier Use Only	Flight/Date 航班/日期	Amount of Insurance 保险金额			to 第一个承运人；　to: 第二个承运人 By, 第二个承运人；to:第三个承运人；　by:第三个承运人

Handing Information
运输处理事项

No.of Pieces RCD 件数	Gross Weight 毛重	千克/磅 kg/lb	Rate Class 运价等级 Commodity Item No. 运价等级	Chargeable Weight 商品编号	Rate Charge 运价/运费	Total 运费总额	Nature and Quantity of Goods (incl.Dimensions or Volume) 货物品名及数量（包括尺寸或体积）

Prepaid 预付	Weight Charge 重量 费用	Collect 到付	Other Charges 其他费用
	Valuation Charge 价值 费用		
	Tax 税款		
Total Other Charges Due Agent 由代理人收取的其他费用			
Total Other Charges Due Carrier 由承运人收取的其他费用			Signature of Shipper or his Agent 发货人或代理人签字
Total Prepaid 预付费用总额	Total Collect 到付费用总额		
Currency Conversion Rates 货币兑换比例	Destination Currency Rates 目的地国家货币		Executed on(date) 签发时间　at(place) 地点
For Carrier's Use only at Destination 目的国承运人填	Charges 费用	Total Charges 总费用	

填制航空货运单的基本要求如下。

① 用英文大写字母打印，各栏内容必须准确、清楚、齐全，不得随意涂改。

② 货运单已填内容在运输过程中需要修改时，必须在修改项目的近处盖章，注明修改货运单的空运企业名称、地址和日期。在修改货运单时，应将剩余的各联一同修改。

③ 货运单的各栏目中，有些栏目印有阴影。其中，有标题的阴影栏目仅供承运人填写；没有标题的阴影栏目一般不需填写，除非承运人有特殊需要。

（2）航空货运单的分类。

航空货运单可分为两种：第一种是航空公司的运单，在航空货运界又称主运单；第二种是航空货运代理公司的运单，又称为分运单。分运单在航空货运公司办理集中托运、联运及门到门运输等情况下使用。

主运单与分运单的基本内容相同，其法律效力相当。主运单、分运单流程及运输责任划分如图 4-5 所示。

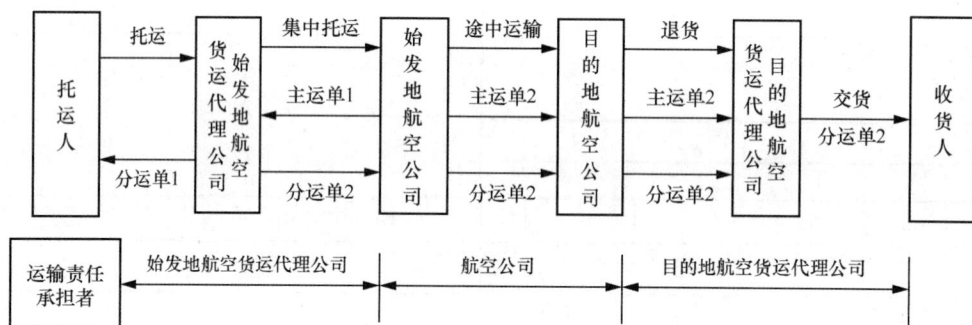

图 4-5 主运单、分运单流程及运输责任划分

① 主运单。凡是由航空公司签发的航空货运单叫作主（或总）运单。每一批由航空公司发运的货物都有主运单。主运单是承运人办理该运单项下货物的发运和交付的依据，是承运人与托运人之间订立的运输契约。

② 分运单。分运单是航空货运代理公司在办理集中托运业务时，签发给每一个托运人的货运单。它是航空货运代理公司（作为承运人）与托运人之间签订的运输合同。分运单有正本三联，副本若干联。正本第一联交托运人，第二联航空货运代理公司留存，第三联随货同行交收货人。副本则分别在报关、财务、结算及国外代理办理中转分拨等时使用。货物到达目的站后，由航空货运代理公司在该地的分公司或其他代理，凭主运单（第二联正本主运单）向当地航空公司提取货物，然后按分运单将货物分别拨交给各收货人。

本章小结

国际航空货物运输是实现货物快捷运输的途径，同时也是实现多式联运的一种重要运输方式。国际民用航空组织（ICAO）是协调世界各国政府在民用航空领域内各种经济和法律事务、制定航空技术国际标准的重要组织。

国际航空货物运输方式有班机运输、包机运输、集中托运和陆空陆联运等。国际航空货物运输的基本业务包括：货物托运和收运、货物运输、货物到达和交付、变更运输、索赔与理赔。

课后习题

一、名词解释

班机运输　　　集中托运　　　国际民用航空组织　　　国际航空运输协会

二、选择题

1. 航空货物出口运输，发货人发货时，首先要（　　　）。
   A. 填写托运书，并加盖公章　　　　B. 审核单证
   C. 定舱　　　　　　　　　　　　　D. 填写委托书，并加盖公章

2. 航空货运单的正本一般不必交给（　　　）。
   A. 承运人　　　　B. 收货人　　　　C. 托运人　　　　D. 机场

3. 国际航空货物运输方式有（　　　）。
   A. 班机运输　　　B. 包机运输　　　C. 集中托运　　　D. 班轮运输

4. 航空集中托运的特点有（　　　）。
   A. 节省运费　　　　　　　　　　　B. 解决班机舱位不足的矛盾
   C. 提早结汇　　　　　　　　　　　D. 减少货损、货差或丢失的现象

5. 航空货运单有（　　　）方面的作用。
   A. 承运合同　　　　　　　　　　　B. 接收货物的证明
   C. 运费账单　　　　　　　　　　　D. 收货人核收货物的收据

6. 航空货物运价主要有（　　　）。
   A. 普通货物运价　　　　　　　　　B. 特种货物运价
   C. 集装箱货物运价　　　　　　　　D. 等级货物运价

三、简答题

1. 国际航空货物运输的主要特点是什么？
2. 试比较航空货物运输的不同经营方式的优缺点。
3. 航空货物运价有哪些不同类别？

第5章 国际陆上货物运输与国际多式联运

【知识结构图】

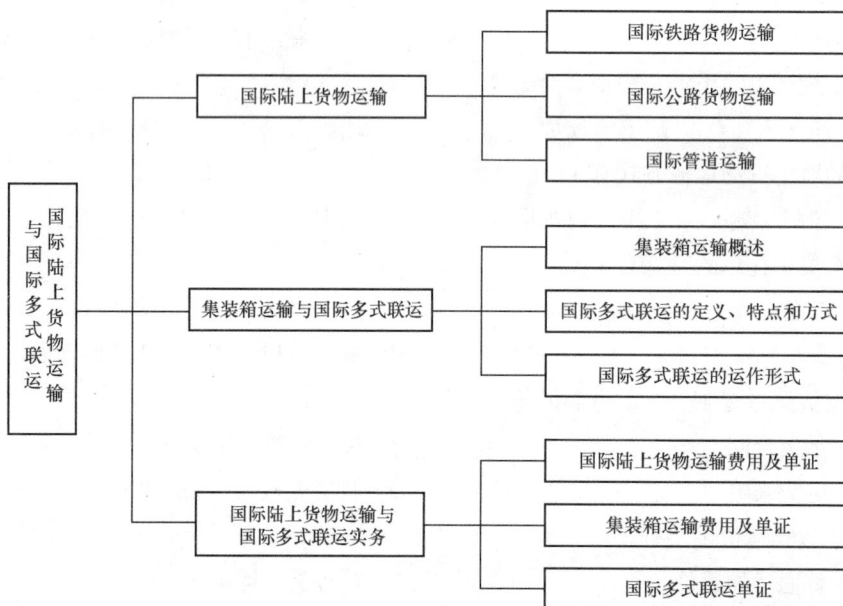

【学习目标】

1. 掌握国际陆上即铁路、公路、管道货物运输的含义和特点。
2. 掌握集装箱运输的定义和特点,掌握国际多式联运的定义与特点,掌握国际多式联运的运作形式。
3. 了解集装箱运输费用的计算方式,以及国际多式联运单证的种类。

【导入案例】

德国联邦铁路公司与DHL合作

铁路运输具有全天候、大运量、低成本及节能环保等比较优势,尤其是在航空运输受限的情况下，铁路运输全天候的优势就更加明显。

德国联邦铁路公司（Deutsche Bahn AG，DB）与快递企业较早就开展了业务合作。最早在2000年DB和德国邮政（Deutsche Post）合作实施了城际包裹货运项目（Parcel Intercity，以下简称PIC项目）。通过签署协议，DB为德国邮政提供汉堡与科恩韦斯特海姆之间的PIC服务。由于汉堡与科恩韦斯特海姆之间的线路呈南北方向，因此DB与德国邮政的合作称为PIC南北线项目。2005年2月7日，施延内斯联合运输部（Stinnes Intermodal）与DHL正式合作，开始运作连接德国东西部的PIC项目，也称作PIC东西线项目。该项目将威斯特伐利亚（德国西北部一地区）的翁纳县同柏林附近的勃兰登堡州连接起来，全长约450千米，列车最高运行速度为140千米/小时，全程运行约5.5小时。

与PIC南北线项目类似，PIC东西线项目是铁路运输方式与快件结合的又一次尝试，但其运营时间要短于PIC南北线项目。虽然PIC东西线项目本身可能存在一定问题，但该项目在运营期间取得了良好效果。PIC东西线项目的成功实施主要依赖于运输设备的良好改进、列车时刻的合理安排及货场与分拣中心的科学选址。一方面，高性能货运机车和集装箱的使用使运输更加准时、安全和高效；另一方面，合理的列车运行时刻安排能够很好地满足快递业务的时效性要求，科学的货场与分拣中心选址设计提高了整个物流链的运作效率。

PIC东西线项目具有以下几个优点：

（1）运输设备集装化；

（2）信息追踪系统智能化；

（3）列车时刻安排合理化；

（4）货场与分拣中心选址科学化。

DB与DHL的成功合作依赖于运输设备的更新、信息追踪系统的改进、列车运行时刻的合理安排以及货场的科学选址。合作取得了良好效果，强化了DHL承担社会责任的形象，提升了DB和DHL的服务水平，推进了DB的现代物流建设进程。

思考题：

1. DB与DHL合作的动机是什么？可能遇到的挑战是什么？

2. 开展业务合作对DHL有什么意义？还有哪些方式能帮助DHL提高竞争力？

3. 如果你是货主，如何评价DB的对外合作？

5.1　国际陆上货物运输

国际陆上货物运输主要包括国际铁路货物运输、国际公路货物运输和国际管道运输。其中铁路运输占有相当重要的地位，特别是在内陆国家之间的贸易方面，铁路运输的作用更为显著。公路运输是现代运输的主要方式之一，也是构成陆上运输的基本运输方式之一。管道运输是一种现代化运输方式。

微课扫一扫

5.1.1 国际铁路货物运输

国际铁路货物运输是现代化的主要运输方式之一，对经济发展、文化交流和社会稳定具有重要的推动作用。在中国的进出口贸易中，铁路运输是必不可少的环节，如果仅以进出口货运量来计算，铁路运输承担的货运量仅次于海洋运输，位于第二位。

1. 国际铁路货物联运的定义

在两个或两个以上国家铁路全程运送中，使用一份运送票据，并以连带责任办理货物的全程运送，在由一国铁路向另一国铁路移交货物时，无须发、收货人参加，这种运输方式称作国际铁路货物联运。国际铁路货物联运分为旅客运输和货物运输两大类。国际铁路货物联运根据发货人托运的货物数量、性质、体积、状态等条件，办理种别分为整车、零担和大吨位集装箱。

2. 国际铁路货物运输的特点

与其他运输方式相比，铁路运输具有运输速度快、运输量大、安全可靠、运输成本低等特点。

（1）速度快。铁路运输每昼夜速度可达几百千米，远远高于海洋运输速度。

（2）运输量大。一列货车一般可运送 3 000～5 000 吨货物，远远高于航空运输量和汽车运输量。

（3）安全可靠，准确性和连续性强。铁路运输几乎不受气候影响，一年四季可以不分昼夜地进行定期的、有规律的、准确地运转。

（4）运输成本低。在陆路运输方式中，铁路运输费用仅为汽车运输的十几分之一至几分之一，特别适合体积大、批量大、价值低的货物的中长途运输。

3. 国际铁路货物联运

我国是《国际铁路货物联运协定》（以下简称《国际货协》）和《国际铁路货物联运统一过境运价规程》（以下简称《统一货价》）的成员国。上述协定和规程是国际铁路货物联运的主要法规，是参加国际铁路货物联运协定的各国铁路和发、收货人办理货物联运时都必须遵守的文件。铁路当局对全程运输负连带责任。

铁路当局的连带责任体现在以下方面。

① 承运附有运单货物的铁路，应对至交货地的全程运输负责。

② 每一后续铁路，在接到附有运单正本的货物时，应履行按照该单证条款所签订的运输合同，并承担由此产生的义务。

③ 任何依法可被要求赔偿的铁路当局，都必须对应负责的运输期间造成的货物的灭失、损坏向收/发货人做出赔偿，被索赔的铁路不能以货损责任属其他铁路为由拒绝货主的索赔。

④ 已做出赔偿的铁路，若货损的过失属于其他铁路，可以向肇事铁路要求返还已赔付的金额。

根据托运货物的重量和体积划分，国际铁路货物运输可分为整车运输、零担运输、混装运输和集装箱运输。

① 整车运输指一份运单托运的货物以单独车厢运输的方式。

② 零担运输，又称小件货物运转，大多是一份运单托运，但因货量、体积较小，不需要单独车厢运送的方式。

③ 混装运输是小件运输的一种特殊情况，指将运送目的地相同的不同物资装在同一个货车或者同一个集装箱中的运输方式。

④ 集装箱运输指采用集装箱专用列车运输物资的方式。目前，铁路运输的集装箱规格区别于海运和空运中的集装箱规格，但是考虑到多式联运的方便性，铁路运输的集装箱正朝着统一规格的方向发展。

5.1.2　国际公路货物运输

公路运输（Highway Transport）是现代运输的主要方式之一，也是构成陆上运输的基本运输方式之一，它在整个运输领域中占有重要的地位，并发挥着越来越重要的作用。公路运输既是一个独立的运输体系，也是车站、港口和机场集散物资的重要手段。

1. 公路运输的优缺点

公路运输是一种机动灵活、简捷方便的运输方式。在短途货物集散运输中，它比铁路、航空运输更具优越性，尤其是在实现门到门的运输过程中，它的作用更为突出。其他运输方式都或多或少地依赖公路运输来完成两端的运输任务，公路运输就如同深入各个角落的毛细血管，起着吸取和输送必要营养的重要作用。即使在道路崎岖的深山，只要有公路就可以将货物送达。

公路运输存在以下优点。

（1）拥有很强的配送能力，提供门到门服务，没有中间环节。

（2）在运输中提供货运服务的转运国无须增加关税检查。

（3）如果因路面施工、堵塞或运输服务受到破坏而需要改变行车路线，公路运输会灵活地做出改变。

（4）在一定距离的范围内，与航空运输相比，公路运输在运输时间和运费方面更有竞争力。

（5）凭证简单。

（6）服务趋于高可靠性和标准化。

（7）（欧洲）国际公路运输协定的运输工具可以是毛重量为 42 吨、车长为 12.2 米的拖车或 15.5 米的拖挂车。

（8）对数量不多的杂货和选择性散货的运输来说，公路运输是一种理想的运输方式。

（9）与通常的海洋运输（散货）服务相比，公路运输包装成本更低。

（10）在整个公路运输期间，司机与运输工具同行，因此通过人力的监控，可以减少损坏和泄漏的风险。

（11）拖车服务非常灵活，有助于商业的发展。

但是，公路运输也存在缺点：载重量小，不适宜装载大件、重件货物，不适宜长途运输；车辆运输途中震动较大，容易造成货损和货差事故；与水路和铁路运输相比，运输成本和费用比较高。

2. 公路运输的经营方式

（1）公共运输业。企业专业经营汽车货物运输业务，并以整个社会为服务对象，其经营方式有：①定期定线，是指不论货载多少，在固定路线上按时间表行驶；②定线不定期，是指在固定路线上视货载情况派车行驶；③定区不定期，是指在固定的区域内根据需要派车行驶。

（2）契约运输业。按照承运人和托运人签订的运输契约运送货物，与承运人签订契约的一般是常年运量大且稳定的工矿大企业。契约的期限一般较长，按契约规定，托运人保证提供一定的货运量，承运人保证提供托运人所需的运力。

（3）自用运输业。工厂、企业、机关自置汽车，专门运送自己的物资，一般不对外营业。

（4）汽车货运代理。汽车货运代理商本身既不掌握货源也没有交通工具，是以中间人的身份一面揽货，一面向运输公司托运，借以收取手续费和佣金。有的汽车货运代理商专门从事向货主揽取零星货载，集中成整车货物，然后以托运人的名义向运输公司托运，赚取零担和整车货物运输费用之间的差额。目前，发达国家货运代理大多采取后一种经营方式。

3. 公路运输的类型

国际公路运输广义上是指利用一定的载运工具（汽车、拖拉机、畜力车、人力车等）沿公路实现旅客或货物跨越国境（边境）的空间位移的过程，狭义上即指国际汽车运输。

（1）整车货物运输。整车货物运输指托运人一次托运的货物需要一辆汽车来运输。

（2）零担货物运输。零担货物运输指托运人一次托运的货物，其计费重量在3吨及以下。零担货物运输按性质和运输要求，可分为普通零担货物和特种零担货物。普通零担货物指普通成件包装，无危险性或危险性极小的，并容易和其他货物拼装，件重、体积、长度均不足整车装运。特种零担货物分长、大、笨重零担货物，危险、贵重零担货物，以及特种鲜活零担货物等。

（3）特种货物运输。特种货物运输是指被运输货物本身的性质特殊，在装卸、储存、运送过程中有特殊要求，以保证货物完整无损及安全。一般需要以大型汽车或挂车（核定吨位为40吨及以上的）以及罐装车、冷藏车、保温车等车辆运输，这种货物运输又分为长、大、笨重货物运输，贵重货物运输，鲜活易腐货物运输和危险货物运输四种，每种又分为若干类，各类运输都有不同的要求和不同的运输方法。

4. 公路运输技术发展趋势

（1）移动式无线电通信技术。

在公路运输中通信联系十分重要，移动通信为运输车辆的生产调度管理提供了良好的信息传递手段。各发达国家都十分重视移动通信的研制和应用。其趋势主要表现在：移动通信形成和技术过程，已由提供听觉信息的话音传输逐步向提供视觉信息的数字、图文传输，由仅进行信息传递逐步与计算机技术相结合向信息收集、传输、储存、处理和控制的综合化方向发展；移动通信设备逐步向小型化、数字化、高频化、宽带化及集成化、智能化方向发展；广泛应用"频道复用技术""多频道共用技术"和重视移动通信控制中心的"自动汇接技术"的开发研制等。

（2）电子计算机技术。

公路运输组织管理，包括车辆调度、监控、运输工作的统计分析、汽车保修安排等十分复杂而烦琐的工作，采用电子计算机进行处理，便大大提高了管理水平、工作效率和准确程度。

货运业务受理、行车作业计划编制、作业计划下达、线路车辆运行管理、运输统计与运费结算等运用计算机处理非常方便。不少城市尤其是大城市交通，主要是汽车交通，都在逐步实现以计算机管理为基础的自动化控制。

（3）汽车技术状况诊断新技术。

近年来在诊断参数信息的识别和传感方面的进步，促进了随车诊断和车外诊断装置的开发和应用。两种诊断方式各有优点，并存发展，彼此取长补短，有机结合。前者代表有小客车故障随车诊断系统；后者代表有汽车诊断专家系统。此外还有激光和超声波诊断技术的开发应用等。

5.1.3 国际管道运输

管道运输（Pipeline Transport）是一种现代化运输方式。许多盛产石油的国家都积极发展管道运输，因为管道运输速度快、流量大，减少了中途装卸环节，运费低廉。近年来，我国管道运输也迅速发展起来。我国同朝鲜之间已有管道相连通，我国向朝鲜出口石油，主要通过管道运输。

1. 管道运输概述

管道运输是国际货物运输方式之一，是随着石油生产的发展而产生的。它是以管道作为运输工具的一种长距离输送液体和气体物资的特殊运输方式，是一种专门由生产地向市场输送石油、煤和化学产品的运输方式。当前管道运输的发展趋势是：管道的口径不断增大，运输能力大幅度提高；管道的运距迅速增加；运输物资由石油、天然气、化工产品等流体逐渐扩展到煤炭、矿石等非流体。就液体与气体而言，凡是化学性稳定的液体与气体都可以用管道运送，如污水（Sewage）、泥浆（Slurry）、水，甚至啤酒都可以用管道传送。目前管道运输主要用于运送石油与天然气。

现代管道运输始于 19 世纪中叶，1865 年美国宾夕法尼亚州建成第一条原油输送管道，然而管道运输的进一步发展是从 20 世纪开始的。随着石油工业的发展，管道建设进入了一个新的阶段，各产油国竞相兴建大量石油及油气管道。20 世纪 60 年代开始，输油管道的发展趋于大管径、长距离，并逐渐建成成品油输送的管网系统。同时，开始了用管道输送煤浆的尝试。全球的管道运输承担着很大比例的能源物资（包括原油、成品油、天然气、油田伴生气、煤浆等）运输任务。其完成的运量常常超出人们的想象，例如美国的管道运输量接近汽车运输量。近年来，运输专家正进一步研究运输散状物料、成件货物、集装物料的管道，以及发展容器式管道输送系统。

管道运输是大宗流体货物运输有效的方式，不动的管道本身就是运货的载体，油泵或压缩机将能量直接作用在流体上。按管道的铺设方式不同，管道可分为埋地管道、架空管道、水下管道；按在油气生产中的作用，又可分为矿场集输管道，原油、成品油和天然气的长距离输送干线管道，天然气或成品油的分配管道等。

2. 管道运输构成要素

管道运输系统的基本设施包括管道、压力站（泵站）和控制中心。

（1）管道。管道是管道运输系统中主要的部分，它的制造材料可以是金属、混凝土或塑胶，根据输送的货物种类及输送过程中所要承受的压力大小而决定。运输管道通常按所输送的物品不同而分为原油管道、成品油管道、天然气管道和固体管道（前两类统称为油品管道或输油管道）。运输管道按用途不同又可分为集疏管道、输油（气）管道和配油（气）管道三种。管道运输的过程是连续的，管道两端必须建造足够容纳承载货物的储存槽。

（2）压力站。货物经由管道从甲地输送到乙地，必须靠压力来推动，压力站就是管道运输动力的来源。一般管道运输压力的来源有气压式、水压式、重力式及超导体磁力式。通常气体的输送动力来源靠压缩机提供，这类压力站的设置距离一般为80～160千米；液体的输送动力来源则靠泵提供，这类压力站设置距离为30～160千米。

（3）控制中心。管道运输虽高度自动化，但它仍需要良好的控制中心，并配合现代的监测器及高效的管理与专业的维护人员，随时检测、监视管道运输设备的运转情况，以防止意外事故发生时所造成的漏损及危害。

3. 管道运输的特点

在国际陆上货物运输方式中，管道运输在运输石油、天然气等石化产品方面具有优势。管道运输安全性较高，可以降低石化产品在长途运输过程中可能出现的燃烧、爆炸等事故的发生概率；由于货物在封闭的管道内部流动，货物的损失和损坏率较低；管道运输的可靠性高、维护费用低，且受天气因素影响较小。

管道运输有着独特的优势，管道运输不仅运输量大、连续、迅速、经济、安全、可靠、平稳以及投资少、占地少、费用低，而且可实现自动控制。除广泛用于石油、天然气的长距离运输外，管道还可运输矿石、煤炭、建材、化学品和粮食等。管道运输可省去水运或陆运的中转环节，缩短运输周期，降低运输成本，提高运输效率。管道运输具有运量大、不受气候和地面其他因素限制、可连续作业以及成本低等优点。随着石油、天然气生产和消费速度的加快，管道运输发展步伐不断加快。

（1）管道运输运量大。

一条输油管道可以不断地完成输送任务。根据管径的大小不同，其每年的运输量在数百万吨到几千万吨，甚至为亿吨。大型管道不仅比小型管道运量大，而且大型管道运输效率更高，管道直径越大，运输液体与管道之间的摩擦越小，能耗越少。一条管径为 720 毫米的管道每年可以运送易凝高黏原油 2 000 多万吨，一条管径 1 200 毫米的原油管道年运输量可达 1 亿吨。

（2）管道运输占地少。

运输管道通常埋于地下，占用的土地很少。管道建设的投资和施工周期均不到铁路建设的 1/2。运输管道埋藏于地下的部分占管道总长度的 95% 以上，因而对土地的永久性占用很少，分别仅为公路的 3%、铁路的 10% 左右。在交通运输规划系统中，优先考虑管道运输方案，对节约土地资源意义重大。

（3）管道运输建设周期短、费用低。

管道运输的建设周期与相同运量的铁路建设周期相比一般要短 1/3 以上。中国建设大庆至秦皇岛全长 1 152 千米的输油管道，仅用了 23 个月的时间，而若要建设一条同样运输量的铁路，至少需要 3 年时间。同时，管道建设费用比铁路低 60% 左右。

（4）管道运输安全可靠、连续性强。

由于石油和天然气易燃、易爆、易挥发、易泄漏，采用管道运输方式，既安全，又可以大大减少挥发损耗，同时泄漏导致的对空气、水和土壤的污染也可大大减少。因此，管道运输能较好地满足运输工程的绿色化要求。此外，由于管道基本埋藏于地下，其运输过程受恶劣多变的气候条件影响较小，可以确保运输系统长期稳定地运行。对油气来说，汽车、火车运输均有很大的危险，国外称为"活动炸弹"，而管道在地下密闭输送，具有极高的安全性。成品油作为易燃、易爆的高危险性流体，理想输送方式应该是管道运输。

（5）管道运输耗能少、成本低。

管道在建设上，与铁路、公路、航空相比，投资要省得多。就石油的管道运输与铁路运输相比，中国交通运输协会的有关专家曾算过一笔账：沿成品油主要流向建设一条长 7 000 千米的管道，它所产生的社会综合经济效益，仅降低运输成本、节省动力消耗、减少运输中的损耗 3 项，每年就可以节约资金数十亿元。发达国家采用管道运输石油，每吨千米的能耗不足铁路的 1/7，在大量运输时的运输成本与水运接近。因此在无水条件下，管道运输是一种最为节能的运输方式。管道运输是一项连续工程，运输系统不存在空载行程，因而系统的运输效率高。管道口径越大，运输距离越远，运输量越大，运输成本就越低。管道运输石油比水运费用高，但仍然比铁路运输费用低。以运输石油为例，管道运输与铁路运输的运输成本之比为 1:1.7。

5.2 集装箱运输与国际多式联运

集装箱运输以集装箱这种大型容器为载体，是一种新型、高效率和高效益的运输方式。随着国际贸易的发展，尤其是国际贸易运输中广泛采用集装箱运输方式，国际多式联运正成为一种国际贸易运输的高效率的运输方式。

5.2.1 集装箱运输概述

集装箱运输，是指货物装在集装箱内进行运送的运输方式。它冲破了过去交通运输中一切陈旧的规章制度和管理体制，形成了一套独立的规章制度和管理体制，是一种先进的现代化运输方式。它具有安全、迅速、简便、价廉的特点，有利于减少运输环节，还可以通过综合利用铁路、公路、水路和航空等各种运输方式，进行多式联运，以实现门到门运输。因此，集装箱运输一出现，就深受各方面的欢迎，显示出了强大的生命力和广阔的发展前景。

自 20 世纪 50 年代以来，集装箱运输之所以能在全世界范围内迅猛发展，是因为这种运输方式具有突出的优越性和鲜明的特点。

1. 集装箱运输的优越性

（1）扩大成组单元，提高装卸效率，降低劳动强度。

在装卸作业中，装卸成组单元越大，装卸效率越高。托盘成组化与单件货物相比，装卸单元扩大了 20～40 倍；而集装箱与托盘成组化相比，装卸单元又扩大了 15～30 倍。所以集装箱化对装卸效率的提高是不争的事实。

（2）减少货损、货差，提高货物运输的安全性与质量水平。

集装箱是一个坚固密封的箱体，集装箱本身就是坚固的包装。货物装入集装箱并铅封后，途中无须拆箱倒载，一票到底，即使经过长途运输或多次换装，也不易损坏箱内货物，从而大大减少了货损、货差，提高了货物的安全性和质量水平。根据我国的统计，用火车装运玻璃器皿，一般破损率在 30%左右，改用集装箱运输后，破损率下降到 5%以下；美国类似运输破损率不到 0.01%，日本类似运输破损率小于 0.03%。

（3）缩短货物在途时间，降低物流成本。

集装箱化给港口和场站的货物装卸、堆码的全机械化和自动化创造了条件。标准化货物单元的加大，提高了装卸效率，缩短了车船在港口和场站停留的时间。据航运部门统计，一般普通货船在港停留时间约占整个营运时间的 56%；而采用集装箱运输，在港时间可缩短到仅占营运时间的 22%。这一时间的缩短，对货主而言意味着资金占用的大幅下降，可以大幅降低物流成本。

（4）节省货物运输包装费用，简化理货工作。

集装箱是坚固的金属（或非金属）箱子。集装箱化后，货物的包装强度降低，包装费用下降。据统计，用集装箱方式运输电视机，电视机的包装费用可节约 50%。同时由于集装箱装箱通关后，一次性铅封，在到达目的地前不再开启，简化了理货工作，降低了相关费用。

（5）减少货物运输费用。

集装箱可节省船舶运费，节省运输环节的货物装卸费用。由于货物安全性提高，运输中保险费用也相应下降。据英国有关方面的统计，英国在大西洋航线上开展集装箱运输后，运输成本仅为普通件杂货运输的 1/9。

2. 集装箱运输的特点

（1）集装箱运输使门到门运输成为可能。

这里的门到门，一端是指制造企业的"门"，另一端是指市场的"门"。所谓门到门，就是从制造企业将最终产品生产完毕，装入集装箱后，不管进行多长距离、多么复杂的运输，箱内货物在中途不再进行任何装卸与配载，一直到市场的"门"，货物才卸下直接进入商场或交给客户。这既是集装箱运输方式的特点，又是采用这种运输方式所要达到的目标。凡使用集装箱运输的货物，都应尽量不在运输中途拆箱和装卸。

（2）集装箱运输使多式联运成为可能。

由于集装箱是一种封闭式装载工具，在海关的监督下装货铅封以后，可以一票到底，直达收货人处。在不同运输方式之间换装时，海关及有关监管单位只需加封或验封转关放行、换装集装箱，无须搬运箱内货物，这就提高了换装作业效率和运输效率，适于不同运输方式之间的联合运输。

（3）集装箱运输是一种高效率的运输方式。

这种高效率包含两方面的含义。一是时间上的高效率：由于集装箱在结构上是高度标准化的，与之配合的装卸机具、运输工具（船舶、卡车、火车等）也是高度标准化的，因此在各种运输工具之间换装极迅捷，大大节省了运输时间。二是经济上的高效率：集装箱运输可以在多方面节省装卸搬运费用、包装费用、理货费用、保险费用等，并大幅降低货物破损损失。这些都决定了集装箱是一种高效率的运输方式。

（4）集装箱运输是一种高投资的运输方式。

集装箱运输是一个资本高度密集的行业。首先，船公司必须对船舶和集装箱进行巨额投资。资料表明，集装箱船每立方英尺的造价约为普通货船的3.7～4倍，开展集装箱运输所需的高额投资，使船公司的总成本中固定成本占2/3以上。其次，集装箱运输中港口的投资也相当大。专用集装箱泊位的码头设施包括码头岸线和前沿、货场、货运站，以及集装箱装卸机械等，耗资巨大。最后，为开展集装箱多式联运，还需有相应的设施及货运站等，这方面的投资更是巨大。

（5）集装箱运输是一种高协作的运输方式。

集装箱运输涉及面广、环节多、影响大，是一个复杂的运输系统工程。集装箱运输系统包括海运、陆运、空运、港口、货运站及与集装箱运输有关的海关、船舶代理公司、货运代理公司等单位和部门。如果各单位和部门配合不当，就会影响整个运输系统功能的发挥，如果某一环节失误，必将影响全局，甚至导致运输生产停顿和中断。因此，集装箱运输要求整个运输系统各环节、各部门之间高度协作。

（6）集装箱运输是一种消除了所运货物外形差异的运输方式。

在件杂货运输方式中，所运货物不管采用什么样的外包装，其物理、化学特性上的差异都比较明显，可以通过视觉、触觉和嗅觉加以区别。而集装箱则不然，货物装入集装箱之后，其物理、化学特性全部被掩盖，从集装箱的外形无法得到任何说明货物内容的特征。

5.2.2 国际多式联运的定义、特点和方式

1. 国际多式联运的定义

随着国际贸易和运输技术的发展，在集装箱运输的基础上，一种新的运输方式出现了，即国际集装箱货物多式联合运输，简称国际多式联运。国际多式联运，是以集装箱为媒介，把水

路、铁路、公路、航空运输等单一的运输方式有机地结合起来，组织为一体，加以有效地利用，构成一个连贯的系统，来完成国际集装箱货物运输，为货主提供经济合理、安全便捷的运输服务。多式联运在英文里有多种表达方式：Intermodal Transport（IMT）、Multi modal Transport（MMT）或 Combined Transport，它们的含义是相同的，中文均译为"多式联运"。

国际多式联运是指，多式联运经营人以两种以上的不同运输方式，其中一种是海上运输方式，负责将货物从接收地运至目的地。

2. 国际多式联运的特点

（1）必须有一份多式联运合同。该合同确定了多式联运经营人与托运人之间的合同关系，即明确规定多式联运经营人（承运人）和托运人之间的权利、义务、责任、豁免的合同关系和多式联运的性质。它是多式联运的主要特征，也是区别多式联运和一般传统的运输方式的重要依据。

（2）使用一份全程多式联运单据。多式联运单据是证明多式联运合同以及证明多式联运经营人接管货物并负责按合同条款交付货物所签发的单据。该单证满足不同运输方式的需要，并按单一运费率计收全程运费。

（3）必须组合至少两种不同运输方式。判断是否为多式联运，不同运输方式的组成是一个重要因素，这是确定一票货运是否属于多式联运的重要特征。为履行单一方式运输合同而进行的该合同所规定的短途货物接送业务不能视为国际多式联运，例如航空运输长期以来普遍提供汽车办理货物接送业务，习惯上只视为航空运输的延伸，不属于国际多式联运。

（4）必须是国际间的货物运输。多式联运所运输的货物必须是从一国境内运至另一国境内指定交付地点的货物，这是区别于国内运输的特点和是否适合国际法规的限制条件。

（5）多式联运经营人对全程运输负责。多式联运经营人必须对从接货地至交货地的全程运输负责，这是多式联运的一个重要特征。多式联运经营人寻找分承运人实现分段的运输。所谓多式联运经营人是指订立多式联运合同的当事人，它是一个独立的法律实体，在联运业务中作为总承运人对货主负有履行合同的责任并承担自接管货物起至交付货物时止的全程运输责任以及对货物在运输途中灭失、损坏或延迟交付所造成的损失负赔偿责任。

（6）必须实行全程单一的运费率。多式联运经营人在对货主负全程运输责任的基础上，制定一个从货物发运地至目的地的全程单一运费率并以包干形式一次向货主收取，从而大大简化和方便了货物运费计算。

国际多式联运是集装箱运输和货物运输的一种高级运输组织形式，打破了运输行业的界限，承运人可以选择最佳运输路线，组织和实现合理运输，改善不同运输方式间的衔接协作，降低运输成本。

3. 国际多式联运的方式

《联合国国际货物多式联运公约》等专门规范各种运输方式之间的国际多式联运的国际公约或国内法规，对国际多式联运所涉及的运输方式无特殊的限制。从运输方式的组成看，国际多式联运必须是两种或两种以上不同运输方式组成的连续运输。按运输方式的组成分类，理论上多式联运有海-铁、海-空、海-公、铁-公、铁-空、公-空、海-铁-海、公-海-空等共 11 种类型，限于篇幅，以下仅介绍国际多式联运的三种主要类型：海-铁多式联运、海-空多式联运及海-陆-海（内河）多式联运。

（1）海-铁多式联运。

海-铁多式联运包括海-铁-海多式联运，是当今多式联运的主要类型，特别是利用大陆桥开展海-铁多式联运。

（2）海-空多式联运。

海-空多式联运结合海运运量大、成本低和空运速度快、时间要求紧的特点，适用于不同运量和不同运输时间要求的货物。

（3）海-陆-海（内河）多式联运。

海-陆-海（内河）多式联运利用陆路运输将两端的水路运输连接，除利用横贯大陆的铁路连接两端的海运外，也可以利用陆路运输与内河运输连接，既可充分发挥海运量大、成本低的优点，又可发挥内河运输价廉、灵活的优点，能方便地把货物运至内河水系的广大地区。如我国利用长江流域将长江沿岸的港口城市与海洋运输联系起来。

5.2.3 国际多式联运的运作形式

国际多式联运是采用两种或两种以上不同运输方式进行联运的运输形式。这里所指的两种运输方式可以是海空联运、海陆联运、大陆桥运输。下文将对以上三种多式联运形式进行介绍。

1. 海空联运

海空联运又被称为空桥运输（Air-bridge Service）。在运输组织方式上，空桥运输与陆桥运输有所不同：陆桥运输在整个货运过程中使用的是同一个集装箱，不用换装，而空桥运输的货物通常要在航空港换入航空集装箱。不过，两者的目标是一致的，即以低费率提供快捷、可靠的运输服务。国际海空联运线主要有以下三条。

（1）远东-欧洲。

远东与欧洲间的航线有以温哥华、西雅图、洛杉矶为中转地，也有以香港、仁川、曼谷、符拉迪沃斯托克为中转地，还有以旧金山、新加坡为中转地。

（2）远东-中南美洲。

近年来，远东至中南美洲的海空联运发展较快，因为此处港口和内陆运输不稳定，所以对海空运输的需求很大。该联运线以迈阿密、洛杉矶、温哥华为中转地。

（3）远东-中近东、非洲、大洋洲。

这是以香港、曼谷、仁川为中转地至中近东、非洲的运输服务。在特殊情况下，还有经马赛至非洲、经曼谷至印度、经香港至大洋洲等联运线，但这些线路货运量较小。

运输距离越远，采用海空联运的优越性就越大，因为同完全采用海运相比，其运输时间更短；同直接采用空运相比，其费率更低。因此，从远东出发将欧洲、中南美洲以及非洲作为海空联运的主要市场是合适的。

2. 海陆联运

海陆联运是国际集装箱多式联运的主要组织形式，这种组织形式以航运公司为主体，签发联运提单，与航线两端的内陆运输部门开展联运业务。海陆联运是远东-欧洲、远东-北美洲多式联运的主要组织形式之一。目前世界上大型的集装箱班轮公司都开展海陆联运业务，实现国际门到门运输。海陆联运进一步分为以下两种形式。

（1）海铁货物联运经营方式。

跨国经营已成为发达国家国际集装箱海陆联运的主要特征，所采用的联合经营方式主要有以下几种。

① 多边跨国运输公司。国际集装箱运输公司的联营运输安排，是依据公司和联营伙伴之间签订的多边合作协议做出的。协议主要内容包括：调整集装箱的使用机械、种类和运用，调拨义务，集装箱的处理成本核算、结算和担保问题，接纳新成员以及解约条件，等等。

② 双边合资公司。通过成立合资公司的形式来拓展多式联运业务。

③ 双边协议合作。通过双边协议的形式来拓展多式联运业务。

（2）国际集装箱铁-海多式联运出口。

运货方采取铁-海多式联运方式，在口岸将出口集装箱装上铁路集装箱班列，由铁路集装箱班列运至集装箱码头后，换装海运船舶，由海运船舶继续将集装箱运至目的港，并交付收货人。

3. 大陆桥运输

大陆桥运输（Land Bridge Transport）也称陆桥运输，是指使用横贯大陆的铁路、公路运输系统作为中间桥梁，把大陆两端的海洋连接起来形成跨越大陆、连接海洋的运输组织形式。大陆桥运输为海-陆-海的多式联运形式。

大陆桥运输线路主要包括以下类型。

（1）亚欧大陆桥。

亚欧大陆桥将亚洲与欧洲两侧的海洋运输连接起来，形成了一条穿越亚洲东部国家与欧洲各国的铁路运输线路。这条大陆桥东起俄罗斯东部的符拉迪沃斯托克，西至荷兰鹿特丹港，途经欧洲各国，可以到达欧洲各主要港口。其辐射俄罗斯、中国、哈萨克斯坦、白俄罗斯、波兰、德国、荷兰7个国家，全长大约13 000千米。亚欧大陆桥的开通，极大地缩短了货物从太平洋西部运到大西洋沿岸欧洲国家的运输行程。中国境内有滨绥线（哈尔滨—绥芬河）、滨洲线（哈尔滨—满洲里）与之相连，这条大陆桥在我国外贸运输中起到了重要作用。

（2）新亚欧大陆桥。

新亚欧大陆桥东起我国江苏连云港，一路向西，在新疆的阿拉山口出我国国境，出境后，通过3条路线至荷兰鹿特丹港。在中国境内的部分穿越苏、皖、豫、陕、甘、新等地。出境后的线路途经哈萨克斯坦、俄罗斯、白俄罗斯、波兰、德国、荷兰等国。这条线路把我国的内陆省份与中亚和欧洲各国连接起来，同时把太平洋和大西洋之间的海陆运输联通，覆盖全球几十个国家和地区，具有重要的经济意义。此大陆桥的开通，极大地缩短了亚欧大陆之间陆上运输距离，促进了沿途各国间的贸易联系。

新亚欧大陆桥分为北、中、南三线接上欧洲铁路网通往欧洲。

目前，通过新亚欧大陆桥运输的货物，采用全程包干、一次付清，以美元结汇的形式。如果要出口货物，多式联运经营人需要经过提报计划、接受委托、配箱、配载、报关、装箱制单、口岸交接、国外交货等业务环节。

5.3 国际陆上货物运输与国际多式联运实务

本节将着重对国际陆上货物运输费用及单证、集装箱运输费用及单证、国际多式联运单证进行阐述，其中国际陆上货物运输部分内容较多且复杂，仅对公路运费等展开叙述。

5.3.1 国际陆上货物运输费用及单证

1. 公路运费

公路运费均以"吨/里"为计算单位，一般采用两种计算标准：一是按货物等级规定基本运费率；二是以路面等级规定基本运价。凡是一条公路路线包含两种或者两种以上等级公路的，则以实际行驶里程分别计算运价。特殊道路如山岭、河床、原野地段等，则双方另行商定。

（1）运费的计收程序。

① 确定货物等级和计收重量。

② 查定规定计收的运费率。

③ 计算发站至到站的计费里程。

④ 核算有关杂费。

（2）运费计算公式。

① 整批货物运费的计算公式。

整批货物运费=吨次费×计费质量+整批货物运价×计费质量×计费里程+运输其他费用

② 零担货物运费的计算公式。

零担货物运费=计费质量×计费里程×零担货物运价+运输其他费用

③ 包车运费的计算公式。

包车运费=包车运价×包用车辆吨位×计费时间+运输其他费用

凡车辆无法计算里程，或因货物性质、体积限制，不能按正常速度行驶者，应按即时包车处理。

（3）特定运价。

① 每件货物重量在 250 千克以上为超重货；货物长度在 7 米以上为超长货；装载高度由地面起超过 4 米为超高货。

② 托运普通、易碎等货物均按质量计费；超重和轻泡货物按整车计费。

③ 同一托运人托运双程运输货物时，适当减少运费。

④ 根据国家政策，经省运价部门规定降低运价的货物。

⑤ 同一托运人去程或回程运送所装货物包装的，按运价减成 50%。

⑥ 超重货物按运价加成 30%。

⑦ 集装箱按箱/公里计算。

⑧ 过境公路运输采用全程包干计费。

⑨ 对展品、非贸易运输物资，一般按普通运价加成 100%计费。

⑩ 特大型特殊货物，采用协商运价计费。

（4）运费收款办法。

① 预收运费的，在结算时，多退少补。

② 现金结算的，按实际发生的运杂费总额向托运人收取现金。

③ 财务托收，由承运方先垫付，定期凭运单回执汇总所有费用总额，由银行向托运方托收运费。

④ 其他结算办法，如预交转账支票、按协议收取包干费用等。

2. 公路货物运输公约和协定

为了统一公路运输所使用的单证和承运人责任，联合国欧洲经济委员会草拟了《国际公路货物运输合同公约》（CMR）。

3. 国际公路运输运费率

国际公路运输运费率分为整车（FCL）和零担（LCL）两种，后者一般比前者高 30%～50%。按照我国公路运输部门规定，一次托运货物在两吨半及以上的为整车运输，适用整车费率；不满两吨半的为零担运输，适用零担费率。凡一千克重的货物，体积超过四立方分米的为轻泡货物（或尺码货物）。整车轻泡货物的运费按装载车辆核定吨位计算；零担轻泡货物，按其长、宽、高计算体积，每四立方分米折合一千克，以千克为计费单位。此外，尚有包车费率（Lump Sum Rate），即按车辆使用时间（小时或天）计算。

近几年，英国-欧洲大陆-亚洲-中东地区的国际公路运输市场的发展非常引人注目，尤其是在《国际公路货物运输合同公约》下英国-欧洲大陆的市场发展。毫无疑问，包括欧洲隧道和那些在斯堪的纳维亚地区的国家在内的公路运输网络促进了这一市场发展。

国际公路货运代理公司使用汽车渡轮运送汽车/拖车所收取的运费率以汽车/拖车的长度为基础，并取决于汽车/拖车是空载还是满载、是伴随还是非伴随的情况。对于超长和（或）超高的货物，需要收取附加费用。通常，申报的贵重物品还存在特殊的附加运费率。这些运费率不包括结关费用等。对于专用路线或服务，如果承运人和代理人每年为运营人提供大量的运输业务，则可以获得折扣。运营人之间存在着激烈的竞争，尤其是在运费率和额外收益方面，如为司机准备的自由舱位（或餐饭）和司机的自由路线。越来越多的大规模和中等规模的出口商开始承办自己的国际公路运输业务，该方式具有许多优点，特别是当货运流量在各个方向获得平衡时。

对于托运人使用国际公路货运代理公司的服务，许多都是编组运输的，其实际运费率以体积大小或货物重量为基础，以获得较大收入为准。这种运费率与商品等级、货物的原产地和目的地相关。1 立方米体积的货物等同于 1 吨重量的货物。这个计算方式以重量吨（W）和体积吨（M）的选择为基础，即按货物的重量吨和体积吨二者择大计费。其中货物计费吨分为重量吨（W）和体积吨（M）。重量吨按货物的毛重，以 1 吨为一重量吨；体积吨按货物"满尺丈量"的体积，以 1 立方米为一体积吨。在此计算方式下，运费率非常具有竞争力，特别是与使用航空运输运往欧盟区域之外的货物相比。为了提高车辆、工作人员的利用率，越来越多的大型公路运输运营人送货物时不附带汽车轮渡，这使司机更愿意将他们的拖车放在轮渡码头，揽货返程。使用公路拖车单元网络的托运人在英国和欧洲-亚洲-中东的国际公路运输中，则可能更愿意选择欧洲隧道而不是使用渡轮。

4. 运单

运单是运输合同，是承运人收到货物的初步证据和交付的凭证。运单应该记载的主要内容如下。

① 运单签发的日期和地址。

② 收货人、发货人、承运人的名称和地址。

③ 货物接管的地点、日期和指定的交货地点。

④ 一般常用的货物名称、包装方式，如果属于危险货物，还应注明通常认可的性能。

⑤ 货物的件数、特性、标识、号码。

⑥ 货物的毛重，或者以其他方式表示的数量。

⑦ 与运输有关的费用（运输费用、附加费、关税及从签订合同到终止之间发生的其他费用）。

5.3.2 集装箱运输费用及单证

1. 运费构成

集装箱运输是一种班轮运输形式，其运费采用运价本形式予以公开。运价本中包括不同航线的不同类别货物的各种费用收取标准。

集装箱运输将传统的货物交接从港口向内陆延伸，使承运人的责任、费用及风险扩大到内陆港口、货运站、货主的工厂等交接地点，这使得集装箱的价格构成因素有所扩充。总体来说，集装箱运费的构成主要有海上运费、港口装卸费、内陆运费、内陆港站中转费、拆装箱费、集装箱使用费以及各种承运人加收的附加费等。

集装箱运输中经常采用的货物交接方式有 CY to CY（场到场）、CY to CFS（场到站）、CFS to CFS（站到站）三种，不同交接方式的运费构成因素是不同的。

（1）CY to CY 交接方式的运费构成。

在 CY to CY 交接方式下，货物是以整箱形态进行交接的。装拆箱及运输两端集装箱堆场以外的运输由发货人、收货人完成。承运人承担运输两端堆场到堆场之间的一切责任、费用。这时，运费的构成主要有起运港堆场和码头服务费（包括接收货物、堆场存放、搬运至船边装卸桥下的各种费用）、装船费、海上运费（包括各种附加费）、卸船费、卸货港堆场和码头服务费、集装箱使用费等。堆场、码头服务费一般都采用包干形式计收。

（2）CY to CFS 交接方式的运费构成。

在 CY to CFS 交接方式下，承运人以整箱形态接收货物，运抵目的港后在 CFS 交付货物。这时，运费构成主要有装卸两港的堆场和码头服务费、装船费与卸船费、海上运费及附加费、集装箱使用费、目的港 CFS 的拆箱服务费（包括重箱搬运费、拆箱费、货物在 CFS 中的存储费、空箱运回堆场的费用等）。

（3）CFS to CFS 交接方式的运费构成。

在 CFS to CFS 交接方式下，货物是以拼箱形态交接的。这时，运费的构成主要有起运港的装箱服务费、堆场服务费、装船费、海上运费、卸船费、目的港堆场服务费、拆箱服务费及集装箱使用费等。

2. 不同运输方式的运费计算

（1）集装箱海运运费计算。

集装箱海运运费的计算办法与普通班轮运费的计算办法一样，也是根据运价本规定的运费率和计费办法计算运费，并同样也有基本运费和附加费之分。不过，由于集装箱货物既可以交集装箱货运站装箱，也可以由货主自行装箱整箱托运，因而在运费计算方式上也有所不同。主要表现在当集装箱货物整箱托运，并且使用的是承运人的集装箱时，集装箱海运运费计收有"最低计费吨"和"最高计费吨"的规定。

集装箱海运运费计算分为两大类：一类是沿用件杂货运费计算方法，即以吨为单位；另一类是以每个集装箱为计费单位。

① 拼箱货运费计算。凡不足整箱货的容积或质量的货载，即需要两批或两批以上同装一箱的货载，称为拼箱货。

目前，各船公司对集装箱运输的拼箱货运费的计算，基本上依据件杂货运费的计算标准，按所托运货物的实际运费吨计费，即尺码大的按尺码吨计费，重量大的按重量吨计费。另外，在拼箱货海运运费中还要加收与集装箱有关的费用，如拼箱服务费等。由于拼箱货涉及不同的收货人，拼箱货不能接受货主提出的有关选港或变更目的港的要求，所以，在拼箱货海运运费中没有选港附加费和变更目的港附加费。

② 整箱货运费计算。对于整箱托运的集装箱货物运费的计收，一种方法是同拼箱货一样，按实际运费吨计费。另一种方法是目前采用的较为普遍的方法，即根据集装箱的类型按箱计收运费，主要有普通货箱、危险品箱、框架箱、罐箱和冷藏箱等，分别按 20 英尺、40 英尺及高箱适用不同的费率水平。

集装箱运费由基本运费和附加费用组成。一批货物达到一个或几个集装箱容积的 75%或集装箱负荷重量的 95%，即可作为整箱货。

（2）公路运输集装箱运费的计算方法。

公路运输集装箱运费的计算方法如下。

① 集装箱运价按计价类别和货物运价费用计算。

② 集装箱运费计算公式如下。

$$重（空）集装箱运费=重（空）箱运价×计费箱数×计费里程+$$
$$箱次费×计费箱数+货物运输其他费用$$

（3）铁路运输集装箱运费的计算方法。

① 集装箱货物的运费按照使用的箱数和"铁路货物运价率表"中规定的集装箱运价率计算，但危险货物集装箱、罐式集装箱、其他铁路专用集装箱的运价率，按"铁路货物运价率表"的规定分别加 30%、30%、20%计算。

自备集装箱空箱运价率按其适用重箱运价率的 50%计算。

承运人利用自备集装箱回空捎运货物，按集装箱适用的运价率计算，在货物运单铁路记载事项栏内注明，免收回空运费。

② 《铁路货物运价规则》还规定，运价率不同的货物在一个包装内或按总质量（或按箱）

托运时，按该批或该项货物中最高的运价率计费。

③ 铁路运输集装箱运费计算公式如下。

$$集装箱运费=每箱运价×箱数$$

其中：

$$每箱运价=发到基价+运行基价×运行里程$$

3. 集装箱整箱货海运及其主要单证流程

（1）集装箱整箱货海运出口托运订舱单证流程如图 5-1 所示。

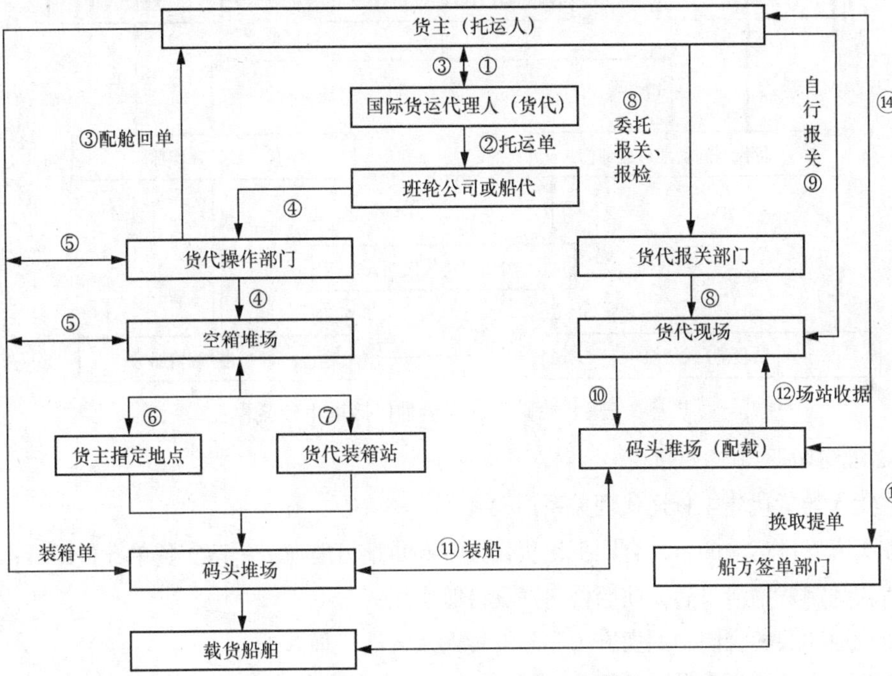

图 5-1　集装箱整箱货海运出口托运订舱单证流程

图 5-1 说明如下：

① 货主与货代建立货运代理关系；

② 货代填写托运单，及时订舱；

③ 订舱后，货代将有关订舱信息通知货主，或将"配舱回单"转交货主；

④ 货主申请用单，通过货代操作部门，取得集装箱发放/设备交接单（E/R）后，方可凭 E/R 到空箱堆场提取所需的集装箱；

⑤ 若货主自拉自送，则先从货代处取得 E/R，然后提空箱，装箱后制作集装箱装箱单（CLP），并按要求及时将重箱送码头堆场，即集中到港区等待装船；

⑥ 货代提空箱至货主指定的地点装箱，制作 CLP，然后将重箱集港；

⑦ 货主将货物送到货代装箱站，货代提空箱，并在装箱站装箱，制作 CLP，然后集港；

⑧ 货主委托货代代理报关、报检，办妥有关手续后将单证交货代现场；

⑨ 货主也可自行报关；

⑩ 货代现场将办妥手续后的单证交码头堆场配载；

⑪ 配载部门制订装船计划，经船公司确认后实施装船作业；

⑫ 实践中，货代在货物装船后可以获得场站收据（D/R）正本；

⑬ 货代凭 D/R 正本到船方签单部门换取提单（B/L）或其他单据；

⑭ 货代将 B/L 等单据交给货主。

（2）集装箱整箱货海运进口接运单证流程如图 5-2 所示。

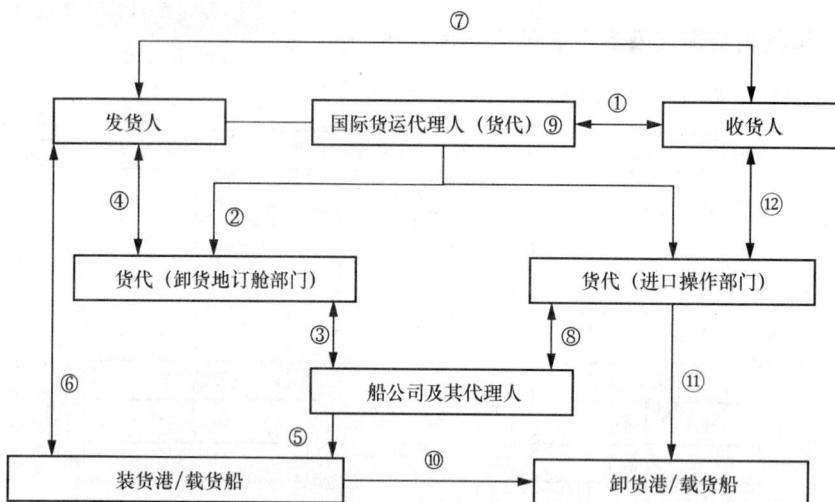

图 5-2　集装箱整箱货海运进口接运单证流程

图 5-2 说明如下：

① 收货人与货代建立货运代理关系；

② 在买方安排运输的贸易合同下，货代办理卸货地订舱业务，落实货单齐备即可；

③ 货代缮制货物清单后，向船公司办理订舱手续；

④ 货代通知买卖合同中的卖方（实际发货人及装港代理人）；

⑤ 船公司安排载货船舶抵装货港；

⑥ 实际发货人将货物交给船公司，货物装船后发货人取得有关运输单证；

⑦ 货主之间办理交易手续及单证转移；

⑧ 货代掌握船舶动态，收集、保管好有关单证；

⑨ 货代及时办理进口货物的单证及有关手续（主要换取提货单）；

⑩ 船舶抵港卸货，货物入库、进场；

⑪ 在办理货物进口报关等手续后，货代凭提货单到现场提货，特殊情况下船边提货；

⑫ 货代安排将货物交收货人，并办理空箱运回堆场等事宜。

4. 国际集装箱货物运输单证

在集装箱货物运输业务中，除采用与传统的散杂货运输中相同的商务单证（如商业发票、报关单、检验检疫证书、磅码单、装箱单、货物托运单、装货单、提单等各种单证）以外，根据集装箱运输的特点，还采用了集装箱提单、空箱提交单、设备交接单、集装箱装箱单、场站收据、提货通知书、到货通知书、交货记录、卸货报告和待提集装箱报告等。下面将主要介绍集装箱提单（见表 5-1）的内容。

表 5-1　集装箱提单样本

MAERSK SEALAND （马士基航运公司）		COMBINED TRANSPORT （多式联运） BILL OF LADING（海运提单）		B/L No. （海运提单号码）
Shipper/Exporter (complete name and address) 发货人/出口商（完整姓名和地址）		Booking No.（订舱号码）		
		Export references（出口参考号）		
Consignee (complete name and address) 收货人（完整姓名和地址）		Forwarding agent-references（货运代理商参考号）		
		Point and Country of Origin（原产地）		
Notify Party (complete name and address) 到货通知人（完整姓名和地址）				
*Pre-carriage by （前程运输）	*Place of Receipt （收货地）	Domestic routing/export instructions （国内线路/出口信息）		
Vessel Voyage No. （船名和航次编号）	Port of Loading （装运港）			
Port of Discharge （卸货港）	*Place of Delivery （交货地点）			
CARRIER'S RECEIPT （承运人收据）	PARTICULARS FURNISHED BY SHIPPER-CARRIER NOT RESPONSIBLE （发货人和承运人提供免责信息）			
Container NO./Seal No. Marks and Numbers （集装箱/封箱号码） （唛头和号码）	No. of Containers or No. of Goods （集装箱箱数或 货物件数）	Kind of Packages； （包装方式） description of goods （货物描述）	Gross Weight （货物毛重）	Measurement （货物尺寸）
Freight & Charges （运费）	Rate （运费率）	Unit （货物单位）	Prepaid （预付运费的金额）	Collect （到付运费的金额）
Declared Value Charges （货物声明价值）	Total Prepaid （总的预付运费）	Place of Issue（提单签发地点） Date（提单签发时间）		
Number of Original B（s）/L （原件份数）	Total Collect （总的到付运费）	Signed for or on behalf of the master （承运人或代理人的签名）		

集装箱提单的正面内容如下：

① 联运经营人的姓名；

② 发货人的姓名、地址；

③ 接收和交付货物的地点；

④ 识别货物的标识；

⑤ 有关货物的详细情况（件数、重量和尺码等）；

⑥ 货物的外表状况；

⑦ 正本提单的签发份数；

⑧ 提单的签发日期、地点；

⑨ 提单的签发人等。

另外，正面条款（Face Clause）包括确认条款、承诺条款和签到条款。提单的背面条款包括运输下的货物、装箱运输下承运人的责任期限以及集装箱运输下承运人的赔偿责任限制。

5.3.3　国际多式联运单证

1. 国际多式联运单证的内容

在没有可适用的国际公约情况下，并不存在国际上认可的作为多式联运单证的合法单证。现在多式联运中使用的单证在商业上是通过合同产生的。下面将以联运出口货物委托书（见表 5-2）为例对国际多式联运单据的内容进行说明。

表 5-2 联运出口货物委托书

中国××运输（集团）总公司深圳分公司
联运出口货物委托书

运编号_____
发票号_____
合约号_____

制单日期： 年 月 日

委托单位（全称）		香港过户银行	
地址		香港收货（代理）人	
电挂		地址	
电话		电话	

下列货物装火车由_____站发往深圳/香港，委托深圳××公司/香港××货运有限公司参照本委托书各项内容办理接运和卸交，并请随时以动态见告。
本票货物到深圳后请办理____，（选填"原车过轨""卸车存仓""装集装箱"中的一项）。
本票货物运输所发生的一切费用由下述公司支付：
深圳段费用请向____公司（全称）托收，
香港段费用请向____公司（全称）收取。

发站装车日期： 年 月 日， 车 号（整车填，零担货切勿填）
铁路运单号：（零担货填，整车切勿填）

唛头标记	件数及包装种类	货名及规格	尺码（立方米）	毛重（公斤）	净重（公斤）	信用证条款		
						信用证号		
						装车截止日期	年 月 日	
						结汇截止日期	年 月 日	
						可否分批装运		
						CIP HK RMB￥		
备注	1. 过轨车载陆海联运货在此栏加盖"陆海联运"印章。2. 超重或超大件资料、危险品资料及特约事项记注本栏。					委托单位盖章：		

多式联运单证是多式联运经营人、承运人、发货人、收货人和其他有关方面进行业务活动的凭证，主要起货物交接时的证明作用，证明其外表状况、数量、品质等情况正常。单据的内容必须正确、清楚、完整，以保证货物正常安全地运输。

多式联运单证的主要内容如下。

（1）货物的外表状况。

（2）多式联运经营人的名称和主要营业场所。

（3）发货人、收货人名称。

（4）多式联运经营人接管货物的地点和日期。

（5）交付货物地点。

（6）经双方明确协议，交付货物的时间、期限。

（7）表示多式联运单证为可转让或不可转让的声明。

（8）多式联运单证签发地点、时间。

（9）多式联运经营人或经其授权的人的签字。

（10）有关运费支付的说明。

（11）有关运输方式和运输路线的说明。

（12）有关声明。

多式联运单证一般都应注明上述各项内容，如缺少其中一项或两项是否可以呢？只要缺少的内容不影响货物运输和各当事人之间的利益，单据仍然有效。同时，除按规定的内容填制外，还可根据双方的实际需要和要求，在不违背单证签发国的法律的情况下，加注其他项目，如有关特种货物的装置说明、对所收到货物的批注说明、不同运输方式下承运人之间的临时洽商批注等。

多式联运单证所记载的内容，通常由托运人填写，或由多式联运经营人或其代表根据托运人所提供的有关托运文件制成。但在多式联运经营人接管货物时，发货人应视为自己已向多式联运经营人保证，自己在多式联运单证中所提供的货物品类、标志、件数、重量、数量都准确无误，如是危险货物，还应说明其危险特性。

如货物的损害是发货人提供的内容不准确或不当造成的，发货人应对多式联运经营人负责，即使发货人已将多式联运单证转让于他人也不例外。多式联运经营人取得这种赔偿的权利，也并不限制其按照多式联运合同对发货人以外的其他任何人应负的赔偿责任。当然，如货物的灭失、损害是由于多式联运经营人意图诈骗，在单证上列入有关货物的不实资料或漏列有关内容，则该多式联运经营人无权享受赔偿责任限制，而应按实际损害赔偿。

2. 国际多式联运单证的种类

在没有可适用的国际公约情况下，并不存在国际上认可的作为多式联运单证的合法单证，现在多式联运中使用的单证在商业上是通过合同产生的。目前，国际多式联运单证可分为以下4类。

（1）波罗的海国际海事协会（BIMCO）制定的Combidoc。此单证已得到了国际商会（ICC）的认可，通常为拥有船舶的多式联运经营人所使用。

（2）FLATA联运提单（FBL）。它是由FIATA（国际货运代理协会联合会）制定的，供多式联运经营的货运代理所使用。它也得到了国际商会的认可。

（3）UNCTAD（联合国贸易和发展会议）制定的Muhidoc。它是为便于《联合国国际货物多式联运公约》得以实施而制定的。

（4）多式联运经营人自行制定的多式联运单证。目前几乎所有的多式联运经营人都制定自己的多式联运单证。但考虑到适用性，与Combidoc、FBL一样，绝大多数单证都并入或采用"联合运输单证统一规则"，即采用网状责任制，从而使现有的多式联运单证趋于标准化。

📖 **本章小结**

本章主要介绍了国际陆上货物运输与国际多式联运的基本知识，其中包括集装箱运输的相关知识。集装箱运输是指货物装在集装箱内进行运送的运输方式。它冲破了过去交通运输中一切陈旧的规章制度和管理体制，形成了一套独立的规章制度和管理体制，是先进的现代化运输方式。它具有安全、迅速、简便、价廉的特点，有利于减少运输环节，还可以通过综合利用铁路、公路、水路和航空等各种运输方式，进行多式联运，以实现门到门运输。

多式联运是指使用两种或两种以上不同的运输方式，对特定货物进行的接运。它以各种运输工具的有机结合，协同完成全程运输为前提。

课后习题

一、名词解释

管道运输　国际铁路货物联运　国际多式联运

二、选择题

1. （　　）是铁路运输的缺点。
   A. 建设周期长，占地多　　　　　　　　B. 速度慢
   C. 运输量小　　　　　　　　　　　　　D. 运输货物品种单一

2. 具有机动灵活、简捷方便特点的运输方式是（　　）。
   A. 海洋运输　　　B. 铁路运输　　　C. 公路运输　　　　D. 管道运输

3. 国际运输一般常用的运输方式是（　　　），其次是（　　　）。
   A. 铁路运输　公路运输　　　　　　　　B. 海洋运输　铁路运输
   C. 海洋运输　航空运输　　　　　　　　D. 陆路运输　管道运输

4. 与邻国的铁路网络会影响（　　　）。
   A. 国际贸易对象　　　　　　　　　　　B. 国际物流方向
   C. 中国经济布局　　　　　　　　　　　D. 国际政治关系的发展

5. 管道运输的特点主要是（　　　）。
   A. 运量大　　　　　　　　　　　　　　B. 占地少
   C. 建设周期短、费用低　　　　　　　　D. 安全可靠、连续性强
   E. 耗能少、成本低

6. 集装箱运输具有的特点主要是（　　　）。
   A. 高投资　　　　B. 高质量　　　　C. 高效率　　　　D. 高协作

三、简答题

1. 国际铁路货物运输的特点有哪些？
2. 公路运输的经营方式具体有哪些？
3. 集装箱运输中的货物交接方式包括哪些？
4. 集装箱运费的构成有哪些？
5. 国际多式联运的运作形式具体有哪些？

第6章　国际货物仓储

【知识结构图】

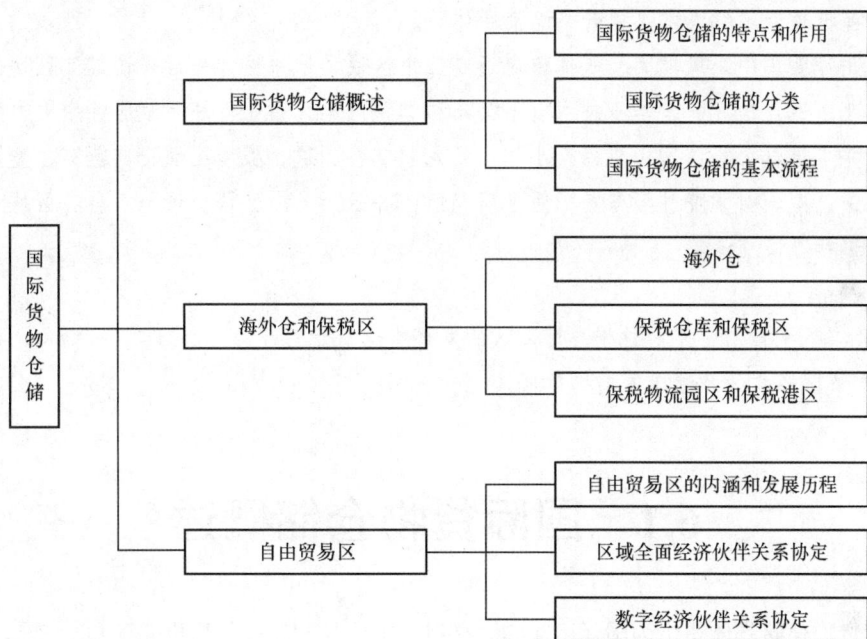

```
                              ┌─────────────────────────┐
                         ┌───→│ 国际货物仓储的特点和作用 │
                         │    └─────────────────────────┘
              ┌──────────────┐ ┌─────────────────────────┐
         ┌───→│ 国际货物仓储概述 ├→│   国际货物仓储的分类     │
         │    └──────────────┘ └─────────────────────────┘
         │               │    ┌─────────────────────────┐
         │               └───→│ 国际货物仓储的基本流程   │
         │                    └─────────────────────────┘
┌──────┐ │                    ┌─────────────────────────┐
│ 国  │ │               ┌───→│         海外仓          │
│ 际  │ │               │    └─────────────────────────┘
│ 货  │ │    ┌──────────────┐ ┌─────────────────────────┐
│ 物  ├─┼───→│ 海外仓和保税区 ├→│   保税仓库和保税区      │
│ 仓  │ │    └──────────────┘ └─────────────────────────┘
│ 储  │ │               │    ┌─────────────────────────┐
└──────┘ │               └───→│ 保税物流园区和保税港区   │
         │                    └─────────────────────────┘
         │                    ┌─────────────────────────┐
         │               ┌───→│ 自由贸易区的内涵和发展历程│
         │               │    └─────────────────────────┘
         │    ┌──────────────┐ ┌─────────────────────────┐
         └───→│   自由贸易区  ├→│ 区域全面经济伙伴关系协定 │
              └──────────────┘ └─────────────────────────┘
                         │    ┌─────────────────────────┐
                         └───→│ 数字经济伙伴关系协定     │
                              └─────────────────────────┘
```

【学习目标】

1. 掌握国际货物仓储的分类及基本流程。
2. 掌握海外仓和保税区的基本概念。
3. 掌握自由贸易区的内涵、发展历程及国内外典型自由贸易区。

【导入案例】

杭州自贸片区：探索数字自由贸易区

2020 年 9 月，中国（浙江）自由贸易试验区杭州片区挂牌设立。设立以来，取得了哪些创新成果，进行了哪些探索实践？

根据国务院批复文件"三区一中心"的战略定位，杭州片区以钱塘区块、萧山区块和滨江区块共 37.51 平方千米实施范围作为试验田，聚焦数字赋能自由贸易，坚持以制度创新为核心，聚焦数字贸易、数字产业、数字金融、数字物流、数字治理等数字全产业链，差异化探索建设数字自由贸易区。

杭州片区设立近一年，新落地世界 500 强外资项目 6 个，9 家企业成功上市。杭州片区已有全球中心仓、知识产权集成服务改革等入选浙江省自贸试验区制度创新案例。"保税进口 + 零售加工"模式、企业创新积分等 15 项成果入选浙江自贸试验区第四批"十大"成果，占全省 37.5%。

数字贸易方面，杭州市开展跨境电商产业三年倍增行动，探索"保税进口 + 零售加工"模式并向咖啡等新品类拓展；创新全球中心仓模式，实现非保税货物与保税货物同仓存储、B2B 与 B2C 同仓发货、内贸与外贸同仓存储、出口与进口同仓调拨；创新跨境电商进出口退换货管理模式，降低企业运营成本，提升终端消费体验。

在杭州片区集中采风期间，媒体记者还到三个区块实地采访，先后采访滨江区块知识产权集成服务改革试点情况、新华三技术有限公司和零跑汽车，萧山区块行政服务中心自贸审批专区、浙江兆丰机电公司、萧山机器人小镇、长龙航空、圆通、钱塘区块正典燕窝、壹网壹创、医药港小镇、中国科学院肿瘤与基础医学研究所，并召开三个区块座谈会，与各区块负责人和企业代表进行座谈交流。

思考题：

1. 数字赋能自由贸易对杭州自贸片区的发展有何启示？
2. 自贸区模式的不断丰富对国际物流有什么影响？

6.1　国际货物仓储概述

国际货物仓储具体是指为国际运输的原材料、半成品和产成品提供储存和管理服务。国际货物仓储业务是随着国际商品交换的产生和发展而发展起来的，它主要是在各国国际物流中心仓库、保税仓库、海关监管仓库、对外贸易仓库、港口堆场等存储场所进行的。由于进出口商品的种类繁多，货物性质不同，因而对仓储作业的要求也就不同。本节所谈的仓储作业主要是指一般商品的仓储作业。

6.1.1　国际货物仓储的特点和作用

1. 国际货物仓储的特点

（1）以集装箱货物的存储为主。随着国际集装箱运输的发展，国际物流中集装箱运输的地位越来越重要，绝大多数货物都是通过集装箱运输来实现国际物流的。在国际物流的中转站、集疏中心的港口以及对外贸易仓库存储的货物主要是集装箱以及装在或准备装入集装箱的货物。因此，国际货物仓储以集装箱货物的存储为主。

微课扫一扫

（2）实际仓储量取决于出口贸易量。国际货物仓储业的服务对象主要是进出口贸易货物，这和国内货物仓储服务于国内再生产有着明显的区别。又因进口商品大多采取就港直拨的方式运往全国各地，所以进口商品卸船后进入仓库储存再等待外调的现象已经大幅减少。据天津港仓储业测算，集港占集港、疏港总量的 65%以上（集港量为出口，疏港量为进口），因此，出口量决定着国际货物的仓储量。

由于国际货物仓储中出口量决定着仓储量，存储货物主要是集装箱货物，所以，国际货物仓储主要是针对采取集装箱运输方式出口货物的仓储。

（3）出入库次数频繁而储存期短暂。因为出口商品以对外贸易合同的合同期为基点，商品的收购、集结、仓储和集港均依船期而有所准备，故国际货物仓储大多是相当短暂的、有计划的待船而存。然而随着对外贸易的发展，进出口贸易量的递增，仓储作为国际物流的一个必要环节，这些物资必然要在装卸船之前滞留，于是便形成了出入库频繁、仓储期短暂这一国际货物仓储独特的特点。

2. 国际货物仓储的作用

国际货物仓储不仅是为了满足货主继续运输的需要，而且对生产、交换、流通、消费的综合物流环节也会产生作用。高质量、高效率的仓储对保障国际物流的质量和效率起着关键作用。

（1）调整生产和消费在时间上的间隔。

（2）加速商品周转和流通。例如，高效率的物流仓储能够加快货物流动的速度，缩短货物在港停留时间，提高货物周转率。

（3）减少货损、货差，保证进入市场的商品的质量。高质量的仓储有助于大宗货物防碰撞、防损坏、防偷盗，散装货物防风吹、防雨打、防流失，保质、保量、保安全，从而减少直至杜绝车站、机场、港口发生货损、货差赔偿，降低物流成本。

6.1.2 国际货物仓储的分类

国际物流仓库是国际货物仓储必不可少的物质基础设施。为保证国际货物仓储作用的有效发挥，国际物流仓库相应地需要有不同的规模和不同的功能。

1. 按仓库在国际物流中的用途不同分类

（1）口岸仓库。

口岸仓库的特点是商品储存期短、商品周转快。仓库大都设在商品集中的发运出口货物的沿海港口城市，仓库规模大。其主要存储口岸对外贸易业务部门收购的出口代运商品和进口待分拨的商品。因此，这类仓库又被称为周转仓库。

（2）中转仓库。

中转仓库又称转运仓库。其特点是大都设在商品生产集中的地区和出运港口之间，如铁路、公路车站和江河水运港口码头附近等商品生产集中的大中城市和商品集中分运的交通枢纽地带。其主要职能是按照商品的合理流向收储、转运经过口岸出口的商品。大型中转仓库一般都设有铁路专用线，将商品的储存、转运业务紧密结合起来。

（3）加工仓库。

加工仓库的特点是将出口商品的储存和加工结合在一起。除商品储存外，加工仓库还兼营对某些商品的挑选、整理、分级、包装、改装等简单的加工业务，以适应国际市场的需要。

（4）储存仓库。

储存仓库的特点是商品储存期较长，其主要储存待销的出口商品、援外的储备物资。

2. 按储存商品的性能及设备不同分类

（1）通用仓库。

通用仓库是用来储存一般无特殊要求的工业品或农副产品的仓库，又叫普通仓库。它属于一般的保管场所。对储存、装搬、堆码和养护设备的要求较低，在各类外贸仓库中所占比重大。

（2）专用仓库。

专用仓库专用于储存某一类商品，如较易受外界环境影响发生变质和损失数量的商品，或由于本身的特殊性质不适宜与其他商品混合存放的商品。在保养技术设备方面，这类仓库相应增加了密封、防霉、防火口及监测等设施以确保特殊商品的质量安全。

3. 按国际货物仓储的管理形式不同分类

（1）自有仓库。

自有仓库是企业自行筹资购买土地、自建的仓库。企业可以按照仓储货物的特点和仓储管理的要则自行布局与控制。自有仓库单位货物的仓储成本，会低于租赁公共仓库的仓储成本，但是投资成本高，有时难以满足特殊的要求。

（2）租赁公共仓库。

企业租赁公共仓库的租赁合同较灵活。由于租赁企业公共仓库的合同是短期的，一旦市场结构、运输方式或产品销售发生变化，企业就能灵活地改变仓库的位置和仓储量。企业不必因仓储量的变化而增减员工，可以根据仓库量的需要临时签订或终止租赁合同。

（3）合同制仓储。

合同制仓储是指企业将物流活动转包给企业外部的合同制仓储公司，由企业外部的合同制仓储公司为企业提供综合的物流服务，包括仓储、卸货、拼箱、订货分类、在途混合、存货控制、运输安排、信息传输或其他服务等。

物流发达国家的企业已将降低成本的重点转向有巨大潜力的物流领域，因此出现了物流外包的趋势，即企业利用合同制仓储服务，将物流活动外包出去，以集中精力做好生产和销售。

6.1.3 国际货物仓储的基本流程

国际货物仓储作业的一般业务流程如图 6-1 所示。

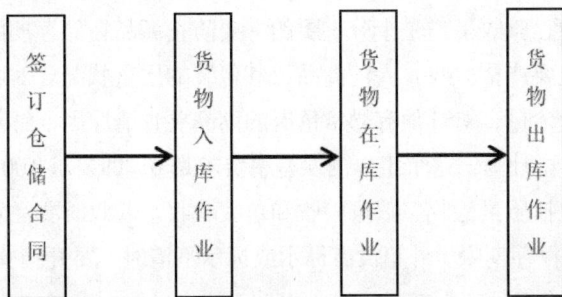

图 6-1　国际货物仓储业务流程

1. 签订仓储合同

在国际货物仓储活动中，仓储经营者与存货人之间是通过签订仓储合同确立双方之间的权利义务关系的。仓储合同是规定保管人储存存货人交付的货物，存货人支付仓储费的合同，它以仓储保管为标的。

2. 货物入库作业

入库（也称进仓）是国际货物仓储作业的第二步，它分为散货进仓与拆箱进仓。其中，拆箱进仓是指海运集装箱装载的货物，在仓库收货区拆封，卸至托盘上。拆箱进仓又有两种：机械拆箱（货物已打托盘或木箱，可以用堆高机直接开进集装箱内卸装）；人工拆箱（货物呈松散堆栈，须以人力逐件搬出后堆放于托盘上）。下面主要阐述散货进仓。

散货进仓是指一般货物与空运货物（未曾事先堆栈在托盘上并固定）从仓库的收货码头卸下堆栈在托盘上。

货物入库作业是指接到入库通知单后，经过接运提货、装卸搬运、检查验收、办理入库手续等一系列作业环节构成的工作过程。国际货物入库作业流程如图 6-2 所示。

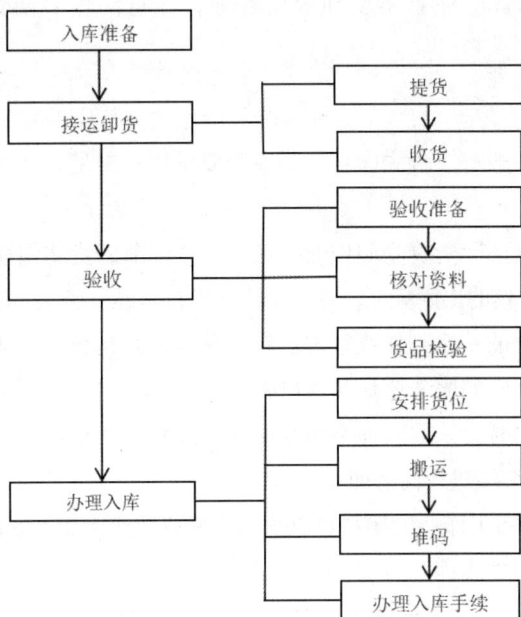

图 6-2　国际货物入库作业流程

在整个入库作业中，验收工作是十分重要的。要防止商品在储存期间发生各种不应有的变化，在商品入库时首先要严格验收，弄清商品及其包装的质量状况。对吸湿性商品要检测其含水量是否超过安全水分含量，对其他有异常情况的商品要查清原因，针对具体情况进行处理和采取救治措施，做到防微杜渐。这个工作的误差率要求是 0，即要求 100% 正确。验收是一项相当细致的工作，主要包括质量验收、数量验收和包装验收。验收时要注意：外箱完整性；数量符合发票；制造日期、保存期限（外箱没有标示或标示不清时，要开箱验货）、货物批号的检查核对等。

货物入库时，应由仓库保管员填写入库通知单，完整的入库单据必须具备四联，即送货回单、储存凭证、仓储账页和货卡，并附上检验记录单、产品合格证、装箱单等有关资料凭证，以证实该批货物已经检验合格，可以正式上架保管。

3. 货物在库作业

货物在库作业是仓储管理的核心环节，是对在库商品进行理货、堆码、保管、养护和盘点等保管活动的总称。其安排是否合理直接关系到保管商品的数量和质量，影响到仓储的经济效益。

在储存区内，全托盘装载的物品被分配到预定的托盘位置上。不同商品由于性能不同，对储存条件的要求也不同。例如，怕潮湿和易霉变、易生锈的商品，应存放在较干燥的库房里；怕热和易熔化、发黏、挥发、变质或易发生燃烧、爆炸的商品，应存放在温度较低的阴凉场所；一些既怕热又怕冻且需要较大湿度的商品，应存放在冬暖夏凉的楼库房或地窖里。此外，性能相互抵触或易串味的商品不能在同一库房混存，以免相互产生不良影响。尤其对于化学危险物品，要严格按照有关部门的规定，分区分类安排储存地点。

仓库一般重视出入库的时间和效率，因而较多地着眼于拣选和搬运的方便，但保管方式必须与之协调。保管应注意温度和湿度管理，注意防尘、防臭、防虫、防鼠、防盗等问题。

4. 货物出库作业

国际仓储货物出库一般有三种去向：一是原物复出口；二是转入国内销售；三是供加工贸易企业提取使用。

出库，也称出货，是国际货物仓储作业的最后一个环节。货物出库作业是指仓库保管员根据业务部门或存货单位开具的出库凭证，对出库凭证进行审核、备货、检查、包装，直到把商品交给业务部门或存货单位的一系列作业管理过程的总称。其是仓库作业的最后一个环节，这一环节的质量直接关系到仓库的服务质量和客户满意度。

仓储人员收到出货单时会采取两种不同的处理方式（见图 6-3）：照单拣货，准备出货验收；视情况拣货，准备改变包装或进行简易加工。

图 6-3 中，虚线代表加工作业的尾料可以重新入库或留滞于加工区内的暂存区，其他改包或加工后的产品回到正常出货流程。

一批货物发完后，应根据出入库情况，对发、管数量和垛位安排等情况进行分析，总结经验，改进工作，并把资料整理好，存入商品保管档案，妥善保存，以备日后查用。

```
                    ┌─────────┐
              ┌─────│  库存区  │
              ┊     └─────────┘
              ┊          │
         ┌─────────┐     │
         │  出货单  │     │
         └─────────┘     │
              ┊          │
         ┌─────────┐
         │  补货   │
         └─────────┘
              │
         ┌─────────┐
         │  拣货   │
         └─────────┘
              │
      ┌───────────┴────────────┐
 ┌─────────┐              ┌─────────┐
 │ 加工改包 │              │ 出货验收 │
 └─────────┘              └─────────┘
      │                        │
 ┌─────────┐              ┌─────────┐
 │ 出货验收 │              │ 装载上车 │
 └─────────┘              └─────────┘
      │
 ┌─────────┐
 │ 装载上车 │
 └─────────┘
```

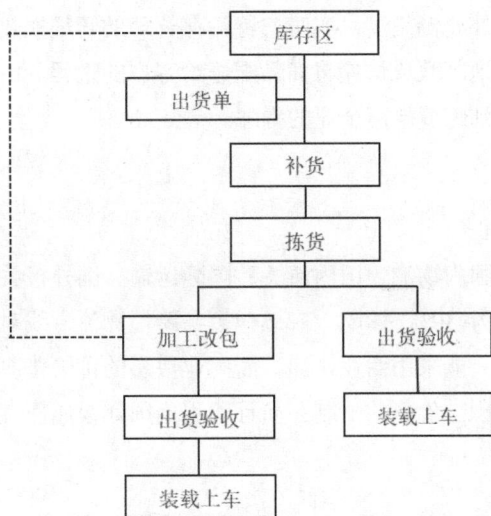

图 6-3　两种不同的出货处理方式

6.2　海外仓和保税区

在跨境贸易电子商务中，海外仓是指由网络外贸交易平台、物流服务商单独或合作为卖家在物品销售目的地提供的货品仓储、分拣、包装、派送一站式控制与管理的服务设施。整个流程包括头程运输、仓储管理、本地配送三个部分，即卖家将要销售的货物存储在当地的仓库，当有买家需要时，仓库立即响应，并及时对货物进行分拣、包装及递送。在我国，保税区是继经济特区、经济技术开发区、国家高新技术产业开发区之后，经国务院批准设立的新的经济性区域。保税区具有保税仓储、进出口加工、国际贸易、商品展示等功能，享受"免证、免税、保税"政策，实行"境内关外"运作方式，是我国对外开放程度最高、运作机制最便捷、政策最优惠的经济区域之一。

6.2.1　海外仓

1. 海外仓概念

海外仓是指境内企业将商品通过大宗运输的形式运往目标市场国家（地区），在当地建立仓库、储存商品，然后根据当地的销售订单，第一时间响应，及时从当地仓库直接进行分拣、包装和配送的物流方式。简单地说，海外仓是指建立在海外的仓储设施，是跨境电商企业按照一般贸易方式，将货物批量出口到境外仓库，实现当地销售、当地配送的跨国物流方式。跨境电商企业按照一般贸易方式，将商品批量出口到境外仓库，电商平台完成销售后，再将商品送达境外消费者手中。

海外仓直发服务包括头程运输、仓储管理和当地配送三个部分。头程运输是指商家通过海运、空运、陆运、铁运或者联运方式将商品运送至海外仓库的过程。仓储管理是指商家通过物流信息系统，远程操作海外仓储货物，实时进行库存管理的管理模式。当地配送是海外仓储中心根据订单信息，通过当地邮政或快递将商品配送给客户的过程。由于当地配送给买家带来良好体验，海外仓越来越受到跨境电商企业的青睐。

2. 海外仓的优点

（1）降低物流成本。

跨境电商的物流包括国内物流、国内清关、国际运输、国外报关、国外物流等多个环节，物流成本占总成本的比例为 30%～40%。邮政包裹与跨境物流专线对货物都有重量、体积、价值的限制，导致跨境电商只能采用商业快递，而商业快递的价格普遍很高。海外仓的出现，不仅打破了对物品重量、体积、价值的限制，而且费用比国际快递便宜，在一定程度上降低了物流成本。

（2）提高物流时效。

从海外仓发货，可以节省报关、清关所用的时间，并且按照商家平时的发货方式（DHL 运件 5～7 天，FedEx 运件 7～10 天，UPS 运件 10 天以上），若是在当地发货，消费者可以在 1～3 天内收到货，这大大缩短了运输时间，提高了物流的时效性。

海外仓发货时效快，回款快。国内直发普遍需要一个月，最快也要半个月，3～4 个月之后回款。特别是在资金回转困难的时候，海外仓的快速回款无疑大大缓解了跨境电商的资金压力。

（3）提高产品曝光率。

如果平台或者店铺在海外有自己的仓库，那么一般会优先选择当地发货，因为这样对消费者而言可以大大缩短收货的时间。借助海外仓，跨境电商能够拥有特有的优势，从而提高产品的曝光率和店铺的销量。

（4）提高消费者满意度。

当消费者下单后，商品从海外仓直接发货，极大地缩短了配送时间，同时减少了转运，降低了破损率和丢包率；另外，由当地的物流企业配送，消费者能实时查看物流信息；在退换货时，消费者也可以在当地的海外仓中直接进行，这极大地提升了购物体验。

（5）有利于开拓市场。

海外仓能得到国外消费者的认可。跨境电商如果注重口碑营销，不仅能让自己的商品在当地获得消费者的认可，而且能积累更多的资本去拓展市场，扩大产品销售领域与销售范围。

3. 海外仓的缺点

（1）必须支付海外仓储费。

海外仓储费因海外仓所在国家的不同而不同。跨境电商在选择海外仓的时候要计算好成本，与当前发货方式所需付出的成本对比，进行选择。

（2）库存量要求。

将商品存放在海外仓的前提是跨境电商需要有一定的库存量，也就是说需要备货，这也意味着增加了风险。海外仓对新跨境电商和销售定制产品的跨境电商来说是不合适的。

如果跨境电商备货不足，使得无货可卖，那么店铺原先积累的流量付之东流。这也说明了跨境电商拥有海外仓的重要性。

（3）受服务商运营能力影响大，可控性差。

海外仓受当地政策、社会因素、自然因素等不可控因素影响较大。如果海外仓的服务商在某个环节出现了问题，那很可能会造成货物派送出现延误，甚至会造成货物被没收的情况。

（4）资金周转不便。

跨境电商选择海外仓需要投入大量的资金，如备货资金、物流资金、仓储资金等，这样会导致资金回流周期长，容易导致资金周转不便，造成资金链断裂的严重后果。

4. 海外仓的功能

（1）代收货款功能。

由于跨境交易存在较大的风险，因此为解决交易风险和资金结算不便、不及时的难题，在合同规定的时限和佣金费率下，海外仓在收到货物的同时，可以提供代收货款业务。

（2）拆包拼装功能。

一般国际 B2C 跨国电子商务模式的订单数量相对较少、订单金额相对较低，频率较高，具有长距离、小批量、多批次的特点，因此商家为实现运输规模效应可对零担货物预拼装后再运输。货物到达海外仓之后，由海外仓将整箱货物进行拆箱，同时根据消费者订单要求，为地域环境集中的消费者提供拼装业务，进行整车运输或配送。

（3）保税功能。

当海外仓经海关批准成为保税仓库时，其功能和用途更为广泛，而且海关通关流程和相关手续可简化。同时，在保税仓库可以进行转口贸易，以海外仓所在地为第三方，连接卖方和买方，这种方式能够有效躲避贸易制裁。在保税仓库内，还可以进行简单加工、刷唛等相应增值业务，能有效丰富仓库功能，提高竞争力。

（4）运输资源整合功能。

海外仓系统提供商觉得，由于国际贸易 B2C 订单数量相对较少、频率较高，因此，为了对国内仓库的上游供应商资源和国外仓库的下游客户资源进行更好的整合，满足物流高时效的配送要求，分别将国内仓库作为共同配送的终点，将海外仓作为共同配送的起点，实现对运输资源的有效整合，实现运输规模效应，降低配送成本。

一般难以实现规模运输的产品，通过海外仓服务可以实现集中运输，有效减少运输成本。另外，跨境电商借助海外仓进行共同配送，可以更好地搭建逆向物流的运输平台，提高逆向物流货品的集货能力，降低成本费用。因为，一旦逆向物流产生阻滞，跨境电商将面临高额的返程费用和关税，而海外仓的建立可以在提高逆向物流速度的同时，提高客户的满意度。

6.2.2　保税仓库和保税区

1. 保税仓库

保税仓库（也称"保税仓"）是保税制度中应用较为广泛的一种形式，具有较完善的服务功能和较强的灵活性，对促进国际贸易和加工贸易的开展起到了重要作用。我国海关对保税仓库管理的基本依据是海关总署颁布的《中华人民共和国海关对保税仓库及所存货物的管理规定》。

（1）保税仓库的定义。

保税仓库是指经海关核准的专门储存保税货物及其他未办结海关手续货物的仓库。根据国际上通行的保税制度要求，进境存入保税仓库的货物可暂时免纳进口税款，免领进口许可证或其他进口批件，在海关规定的存储期内复运出境或办理正式进口手续。但对国家实行加工贸易项下某些应事先申领配额许可证的商品，在存入保税仓库时，应事先申领进口许可证。

（2）保税仓库的类型。

国际上一般将保税仓库分为公用型和自用型两类。"公用型保税仓库"是根据公众需要设立的，可供任何人存放保税货物；"自用型保税仓库"是指只有仓库经营人才能存放货物的保税仓库，但所有货物并非必须为仓库经营人所有。根据国际上的通行做法及我国保税仓库允许存放货物的范围，我国目前保税仓库的类型主要有以下 3 种。

① 加工贸易备料保税仓库。

这是一种为来料加工、进料加工等加工贸易储备进口原材料等物资提供服务的保税仓库。开展加工贸易的经营单位一般会申请设立，此类仓库属于"自用型保税仓库"。经营单位为了满足加工产品出口的需要，不断地从国际市场上购进所需原材料、零部件等物资，储存在保税仓库以备随时加工成品出口。目前加工贸易备料保税仓库是我国保税仓库中的主要类型。

② 寄售、维修、免税商品保税仓库。

这一类保税仓库是为国外产品在我国寄售及维修进口机器设备所需零部件和进口外汇免税商品服务的，也属于"自用型保税仓库"。国外商品进境时存入保税仓库，待销售、维修或供应时，海关按规定予以征税或免税。

③ 公共保税仓库。

这一类保税仓库可供各类进口单位共同存放货物，如存放转口贸易货物，外商暂存货物；也可供加工贸易经营单位存放加工贸易进口料件。公共保税仓库属"公用型保税仓库"，一般由该仓库的经营单位申请设立。

（3）保税仓库的功能。

随着国际贸易的不断发展及外贸方式的多样化，商品进出口流动频繁，如进口原料、配件进行加工，装配后复出口、补偿贸易、转口贸易、期货贸易等贸易方式灵活的货物，进口时要征收关税，复出口时再申请退税，手续过于烦琐，不利于商品的国际流动和发展国际贸易。实行保税仓库制度就是解决这个问题的主要措施，其能大大降低进口商品的风险，有利于鼓励进口，有利于开展多种贸易方式，营造良好的投资环境。

在对外贸易中，建立海关监督下的保税仓库主要具有以下几个方面的意义。

① 有利于促进对外贸易。

在国际贸易过程中，从询价、签订合同到货物运输需要一段较长的时间，为了缩短贸易周期，减小受国际市场价格波动的影响，先将货物运抵本国口岸，预先存入保税仓库，可以使货物尽快投入使用，也可待价格时机成熟再让货物进入市场。

② 有利于提高进口原材料的使用效益。

利用保税仓库，可以统一进口需要的原材料，相互调剂，提高原材料的利用率，降低进口价格，提高经济效益。

③ 有利于开展多种贸易方式，发展外向型经济。

利用保税仓库的暂缓纳税等优惠条件，可以发展多种贸易方式，如来料加工；还可以利用价格变化中的差价，开展转口贸易。这有利于扩大出口，增加外汇收入。

④ 有利于加强海关监管。

随着贸易方式的灵活多样化，海关的关税征收工作的难度也在加大，保税仓库出现后，海关工作人员可以借助仓库管理人员的力量进行管理。海关主要制定各种管理制度，对保税仓库出入的货物实行核销监督管理，对加工业实行重点抽查和核销，以防内销行为的发生，海关监管力度加大的同时简化了手续。

⑤ 有利于促进本国经济的发展。

从事外贸的企业利用保税仓库，可以充分发挥仓库的效能，开展一系列的相关业务，如报关、装卸、运输、加工、整理、修补、中转、保险、养护等，使外贸仓储逐渐发展成为综合性、多功能的商品流通中心。与此同时，这一行为还促进了国家对外贸易的发展，促使本国经济加入国际经济体系，有利于国家经济的发展。

2. 保税区

保税区与经济特区、经济技术开发区等特殊区域一样，都是经国家批准设立的实行特殊政策的经济区域。我国为了更进一步扩大对外开放，吸引国外资金和技术，借鉴了国际上的先进管理经验，从 20 世纪 90 年代开始在沿海地区陆续批准设立保税区。

（1）保税区的定义及特点。

保税区是指在一国境内设置的，由海关监管的特定区域。按照我国规定，建立保税区应经国务院批准，保税区与中华人民共和国境内的其他地区（非保税区）之间，应设符合海关监管要求的隔离设施，并由海关实施封闭式管理。

保税区一般建立在具有优良国际贸易条件和经济技术较为发达的港口地区。国家建立保税区的目的是通过对专门的区域实行特殊政策，吸引外资，发展国际贸易和加工工业，以促进本国经济。保税区具有两个基本特点，即"关税豁免"和"自由进出"。

① 关税豁免。关税豁免即对从境外进口到保税区的货物及从保税区出口到境外的货物均免征进出口关税。这是世界各国对特殊经济区域普遍实行的优惠政策，目的是吸引国内外厂商到保税区内开展贸易和加工生产。

② 自由进出。自由进出即对保税区与境外的进出口货物，海关不做惯常监管。这里的"惯常监管"是指国家对进出口的管理规定和进出口的正常海关手续。由于国际上将进入特定区域的货物视为未进入关境，因此可以不办理海关手续，海关也不实行监管。我国保税区根据本国情况，对进出保税区货物参照国际惯例，大大简化了进出货物的管理及海关手续。

（2）海关对保税区的监管要求。

① 海关依法在保税区执行监管任务，进出保税区的货物、运输工具、人员，应当经由海关指定的专用通道，并接受海关检查。

② 保税区内企业应依照国家有关法律、法规设置账簿、编制报表，凭合法、有效的凭证记

账并进行核算，记录有关进出保税区货物和物品的库存、转让、转移、销售、加工、使用和损耗等情况。

③ 保税区内企业与海关实行计算机联网，进行电子数据交换。

④ 海关对进出保税区的货物、物品、运输工具、人员等，有权依海关法规定进行检查、查验。

⑤ 保税区内的货物可以在区内企业之间转让、转移，双方当事人应就转让、转移事项向海关备案。

⑥ 保税区内的转口货物可以在区内仓库或区内其他场所进行分级、挑选、刷贴标签、改换包装形式等简单加工。

⑦ 保税区内加工企业开展进料加工、来料加工业务，海关不实行加工贸易银行保证金台账制度。但区内企业委托非保税区企业进行加工业务的，非保税区企业应向当地海关办理合同登记备案手续，并实行加工贸易银行保证金台账制度。

⑧ 进出保税区的运输工具负责人，应持保税区主管机关批准的证件连同运输工具名称、数量、牌照号及驾驶员姓名等清单，向保税区海关机构办理登记备案手续。

6.2.3 保税物流园区和保税港区

1. 保税物流园区

（1）保税物流园区的含义。

保税物流园是指经国务院批准，在保税区规划面积或者毗邻保税区的特定港区内设立的、专门发展现代国际物流业的海关特殊监管区域。

（2）保税物流园区的功能。

保税物流园区主要具备国际中转、国际配送、国际采购和国际转口贸易四大核心功能，以及保税仓储、口岸功能和其他物流服务。

① 口岸功能。企业可直接在保税物流园区所在地主管海关报关。

② 国际采购。保税物流园区为跨国公司在中国从事国际采购业务提供了低成本、高效率的解决方案。我国以前的国际采购业务是由各供应商直接从最邻近的口岸出口货物至国外，运至当地物流中心后进行上架前的准备工作。对供应商来说，其必须等到货物离境后才能完成货权的转移和取得退税凭证。现在通过保税物流园区的政策应用和功能开发，重点引进跨国公司采购中心，依托经济腹地的地理优势和国际枢纽港的口岸优势，由各供应商集中运至保税物流园区即实现货权的转移并取得退税凭证，便于国际物流供应商将跨国采购中的增值服务转移到保税物流园区，以园区为节点开展门到门的国际物流全程服务。

③ 国际中转。中转集装箱在园区内可以自由拆拼，并且堆存无时间限制，有利于吸引支线箱源和国际中转箱源的集散。

④ 国际转口贸易。园区企业可以开展进出口贸易、转口贸易、园区与境外之间的货物贸易及服务贸易。

⑤ 国际配送。进入园区的境外和国内货物，经进出口集运的综合处理或增值加工，向境内

外分销和配送。

⑥ 保税仓储。园区可以保税存储进出口货物及其他未办结海关手续的货物。

⑦ 其他物流服务。这主要包括对所存货物开展流通性简单加工和增值服务、设备检测与维修服务、商品展示服务、经海关批准的其他国际物流服务。

从功能优势上分析，保税物流园区充分考虑了现代国际物流的特点和需求，具有保税区和出口加工区的政策叠加优势，在一定程度上具备了国际上自由贸易区"境内关外"的基本特征，即实行"一线放开、二线管住、区内自由"。利用保税物流园区的政策，企业可以开展过去不能从事的一些业务，如拼箱业务，而且可以在很大程度上改变以往加工贸易中存在的"境外一日游"现象。

尽管保税物流园区在很大程度上促进了国际物流的发展，但由于其处于设有保税区的港口区域，而且基本上分布在我国东部沿海一线，无法满足大部分内陆地区发展国际物流的需求。

（3）保税物流园区的业务运作。

出口货物在保税物流园区可实行进区出口退税、分拆集拼和集运离境的物流运作：国内采购货物以视同出口方式先进入物流园区实现退税（增值税、消费税），货物经过物流增值服务和综合处理，通过园区外卡口的海运直通道装船离境。保税物流园区的业务运作见图6-4。

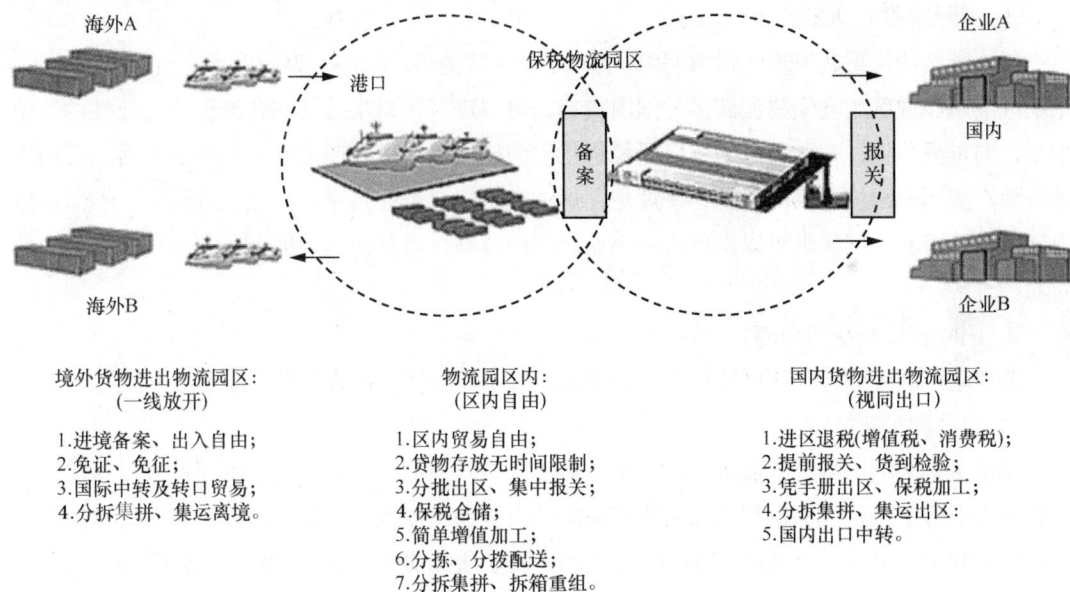

境外货物进出物流园区： （一线放开）	物流园区内： （区内自由）	国内货物进出物流园区： （视同出口）
1.进境备案、出入自由； 2.免证、免征； 3.国际中转及转口贸易； 4.分拆集拼、集运离境。	1.区内贸易自由； 2.货物存放无时间限制； 3.分批出区、集中报关； 4.保税仓储； 5.简单增值加工； 6.分拣、分拨配送； 7.分拆集拼、拆箱重组。	1.进区退税(增值税、消费税)； 2.提前报关、货到检验； 3.凭手册出区、保税加工； 4.分拆集拼、集运出区； 5.国内出口中转。

图6-4 保税物流园区的业务运作

2. 保税港区

（1）保税港区的含义。

保税港区是经国务院批准设立的，在港口作业区和与之相连的特定区域内，集港口作业、物流和加工于一体，具有口岸功能的海关特殊监管区域。保税港区与保税区虽一字之差，但内涵相去甚远。从功能上讲，保税港区叠加了保税区、出口加工、保税物流园区和港口的各项功能，保税港区实现了保税区域与港口的实质联动。

保税港区是海关按照我国实际需要，借鉴发达国家海关的先进管理经验，与国际通行做法相衔接，适应跨国公司运作和现代物流发展需要的新兴监管区域，是我国目前港口与陆地区域相融合的保税物流层次高、政策优惠、功能齐全、区位优势明显的监管区域，是真正意义上的境内关外，是在形式上十分接近自由贸易港的政策模式。

（2）保税港区的主要功能。

保税港区着眼于充分发挥区位优势和政策优势，发展国际中转、配送、采购、转口贸易和出口加工等业务，拓展相关功能。

① 国际中转功能。

2022年我国货物贸易进出口总值42.07万亿元人民币，但在众多的港口城市中没有具有成熟国际中转能力的港口，我国绝大部分的进出口货物都是通过周边国家进行输送的。为了更好地参与国际间港口的竞争，首先要拥有具有国际中转能力的枢纽港口。保税港区的建立首先要担负起参与国际间港口竞争的职责，使我国拥有世界级的航运中心。

② 国际配送功能。

保税港区由于政策的支持和发展特点，其已经具备了国际配送的功能。保税港区不但有现代化的港口，同时也拥有保税物流园区。在该园区内，世界各国的企业都可以开展国际配送的业务。

③ 国际采购的功能。

保税港区的优惠政策规定，国内货物进入保税港区港口或区内卡口即可享受出口退税政策。采购进港口保税区内仓储物流园区的国内货物，可以进行出口集运的综合处理或商业性的简单加工，向世界分销；采购进区的进口保税货物，同样可以在进行商业性的简单加工后，再向国外分销；需返销国内市场的货物，按规定办理进口手续。企业将来入驻保税港区后，不但可以发展进出口贸易，同样也可以发展区内企业之间的贸易，以及保税港区企业和境外企业之间的贸易。

④ 国际转口贸易的功能。

保税港区的企业可以从事转口贸易、交易、展示、出样、订货等经营活动。

⑤ 出口加工功能。

在保税港区陆上特定区域可以设立出口加工区，开展加工贸易。进口的原材料、零部件、元器件进港可予保税。保税货物和采购进区的国内货物可以在进口加工、装卸后出口。港区的众多优惠政策不是对现有的优惠政策简单叠加，而是从叠加中发挥更大的政策效应。

总而言之，保税港区兼具保税区、出口加工区、保税物流园区的功能。与保税区相比，保税港区"区港一体"的优势得到充分发挥；与出口加工区相比，保税港区具有的物流分拨等功能，使其与境外、区外经济联系更加紧密；与保税物流园区相比，保税港区允许开展出口加工业务，使其更具临港加工优势。

（3）保税港区的业务运作。

保税港区作为国际物流和航运中心，港口可以通过推动区港联动实现一体化运作。在保税港区内提供现代专业化的物流服务以适应现代物流和供应链管理发展的需要，帮助跨国公司降低经营成本，产生的聚集效应能带动区内仓储业、运输业、海运服务业、贸易业、金融业、保险业和信息业等多种现代服务业的发展。

6.3　自由贸易区

自由贸易区，是指签订自由贸易协定的成员国相互彻底取消商品贸易中的关税和数量限制，使商品在各成员国之间可以自由流动的一片区域。但是，各成员国仍保持自己对来自非成员国进口商品的限制政策。有的自由贸易区只对部分商品实行自由贸易，如"欧洲自由贸易联盟"内的自由贸易商品只限于工业品，而不包括农产品。这种自由贸易区被称为"工业自由贸易区"。有的自由贸易区对全部商品实行自由贸易，如"拉丁美洲自由贸易协会"和"北美自由贸易区"，对区内所有工农业产品的贸易往来都免除关税和数量限制。

6.3.1　自由贸易区的内涵和发展历程

1. 自由贸易区的内涵

自由贸易区（Free Trade Zone，FTZ）是指一国或地区对外经济活动中在货物监管、外汇管理、税收政策、企业设立等领域实行特殊经济管理体制和特殊政策的特定区域，包括自由港、自由经济区、对外贸易区等多种类型。在不同的国家或地区，还有自由区、工业自由贸易区、出口自由区、自由关税区、免税贸易区、自由贸易港、自由工业区等名称。自由贸易区是世界各国在全球范围内集聚生产要素、参与经济全球分工与竞争、推动经济发展的重要载体。

自由贸易区集中体现"三大自由"的核心特征：一是货物进出自由，不存在关税壁垒和非关税壁垒，凡合乎国际管理的货物进出均畅通无阻，免于海关惯常监管；二是投资自由，投资没有因国别差异带来的行业限制与经营方式限制，包括投资自由、雇工自由、经营自由、经营人员出入境自由等；三是金融自由，包括外汇自由兑换、资金出入与转移自由、资金经营自由，没有国民待遇与非国民待遇之分。

自由贸易区还具有五方面特点。一是隔离封闭。自由贸易区是在设区国领土上用围网与该国其他区域隔离且封闭起来的特定区域，其面积一般在十几平方千米。二是境内关外。围网区域虽然位于设区国边境之内，但却处于该国关境之外，海关对货物进出国境不征收关税，而货物进出关境则视同进口或出口，要征收相应的关税。除特殊情况外，海关不实施惯常监管。对区内企业和货物实行"一线放开、二线管住、区内自由"和"管住卡口，管出不管进"。三是管理高效。中央政府多数会设立专门的机构对自由贸易区进行宏观管理，该机构有权对所设区域内的一切机构与事务进行监管、有权自行制定法规与条例、有权独立行政而不受其他职能部门干预等。如美国的对外贸易区委员会、欧盟的欧盟理事会、墨西哥的部际委员会、巴拿马的自由贸易区管理委员会等具有典型意义。四是政策优惠。设区国政府通常给予自由贸易区内的企业某些政策上的优惠，例如减免所得税、放宽信贷政策、提供投资匹配、加速资本折旧、保障投资安全、以优惠价提供土地及水电等。五是港区结合。自由贸易区大多设在吞吐量大的海港等具有地理优势的地方，例如德国的汉堡港、美国的纽约港、荷兰的鹿特丹港等，特殊情况下也可设在内河港、航空港等。

2. 国际自由贸易区的发展

自由贸易区是一国对外开放战略的重要组成部分，也是拓展对外开放广度和深度、提高开放型经济发展水平、深层次参与国际竞争合作的重要举措。伴随全球化浪潮风起云涌和国际贸易投资迅猛发展，国际自由贸易区的发展经历了不同的阶段。

第一阶段：古典和传统自由贸易区阶段（1945年以前）。自由贸易区的发展最早可追溯到古希腊时代，当时的腓尼基人将泰尔和迦太基两个港口划为特区，尽量保证外来的商船安全航行，不受任何干扰，这就是自由港的雏形。1547年意大利在其西北部热那亚湾建立雷格亨（Leghoyn）港——世界上第一个自由港。此后，自由港和自由贸易区逐渐开始在西欧多个国家风行，如德国汉堡自由港、威尼斯自由区等。这些自由港或自由区利用优越的地理位置，采取免除进出口关税等措施，吸引外国商品到此转口，扩大对外贸易，发挥了商品集散中心的作用。这一阶段国际自由贸易区以自由港和自由区为主，共有75个，分布在26个国家和地区，绝大部分集中在发达国家，经营活动相对单一，主要包括对外贸易和转口贸易，允许外国商船自由进出，但各国对区内经营的业务范围普遍都有比较严格的规定。

第二阶段：出口加工区阶段（1945年后至20世纪60年代）。1945年后，在经济社会发展的探索实践中，很多国家和地区纷纷开始划定隔离区域与外商合作发展出口工业，并以当地丰富廉价的劳动力和各种优惠待遇，吸引外国客商的资金和技术。由此"出口加工区"作为一种自由贸易区新形式和发展的新形态登上历史舞台。世界上最早从事出口加工活动的自由港区一般认为是1958年在爱尔兰设立的香农出口自由区。出口加工区的共同点是设立于港口附近、行政手续较区外简化，由区外输入原物料或零组件，再以非技术劳力来产生附加值，区内企业享有税收及投资优惠，以"两头在外"为主要发展模式，发展出口工业产品。异军突起的出口加工区，成为许多发展中国家经济起飞的助推器。

第三阶段：多种类型自由贸易区的共同发展阶段（20世纪60年代至今）。为顺应经济全球化的深入发展，国际自由贸易区数量持续增长，影响逐渐扩展，功能趋向综合，管理不断增强，呈现出多样化和综合化的发展趋势。据不完全统计，全球已有1 200多个自由贸易园区，其中发达国家超过4 000个。其中大多数自由贸易区都兼具进出口贸易、转口贸易、仓储、加工、商品展示、金融等多种功能。从发展实践来看，国际自由贸易区经历了由出口加工区到多种类型、多种功能融合的现代自由贸易区的转变，主要形成了自由港、自由贸易港区（涵盖贸易、制造、物流、研发、展示等诸多功能的区域）、工贸结合型自由贸易区、贸易型自由贸易区、出口加工型自由贸易区、物流型自由贸易区等多种类型。

3. 我国自由贸易区的发展

2013年9月27日，国务院批复成立中国（上海）自由贸易试验区。2015年4月20日，国务院决定扩展中国（上海）自由贸易试验区实施范围，批复成立中国（广东）自由贸易试验区、中国（天津）自由贸易试验区、中国（福建）自由贸易试验区。2017年3月31日，国务院批复成立中国（辽宁）自由贸易试验区、中国（浙江）自由贸易试验区、中国（河南）自由贸易试验区、中国（湖北）自由贸易试验区、中国（重庆）自由贸易试验区、中国（四川）自由贸易试验区、中国（陕西）自由贸易试验区。2018 年 10 月 16 日，国务院批复同意设立中国（海南）自由贸易试验区。2019 年 8 月 2 日，国务院批复同意设立中国（山东）自由贸易试验区、中国（江苏）自由贸易试验区、中国（广西）自由贸易试验区、中国（河北）自由贸易试验区、中国（云南）自由贸易试验区、中国（黑龙江）自由贸易试验区。2020 年 6 月 1 日，中共中央、国务院印发了《海南自由贸易港建设总体方案》，并发出通知。2020 年 9 月 21 日，国务院批复同意设立中国（北京）自由贸易试验区、中国（湖南）自由贸易试验区、中国（安徽）自由贸易试验区，扩展中国（浙江）自由贸易试验区。

6.3.2 《区域全面经济伙伴关系协定》

《区域全面经济伙伴关系协定》（Regional Comprehensive Economic Partnership，RCEP），即由东盟十国发起，邀请中国、日本、韩国、澳大利亚、新西兰共同参加（"10+5"），通过削减关税及非关税壁垒，建立 15 国统一市场的自由贸易协定。它是由东盟国家首次提出，并以东盟为主导的区域经济一体化合作，是成员国间相互开放市场、实施区域经济一体化的一种组织形式。

1. RCEP 的建立目标

RCEP 是应对经济全球化和区域经济一体化的发展而提出的。一些国家由于推动全球自由贸易的 WTO 谈判受阻，面对经济全球化中的一些负面影响，要想在世界经济中立于不败之地并有新发展，就必须加强区域经济一体化。为此，部分国家之间实施零关税，相互开放市场，密切合作关系，来寻求合作发展。这是东盟提出建立 RCEP 的国际背景。

建立 RCEP 的目标是消除内部贸易壁垒、创造和完善自由的投资环境、扩大服务贸易，涉及知识产权保护、竞争政策等多领域。

2. RCEP 发展历程

从 RCEP 的筹建过程看，RCEP 是由东盟规划和推动的。

2011 年 2 月 26 日，在缅甸内比都举行的第十八次东盟经济部长会议上，部长们优先讨论了如何与其经济伙伴国共同达成一个综合性的自由贸易协定。会议结果是产生了组建区域全面经济伙伴关系的草案。在 2011 年东盟峰会上东盟十国领导人正式批准了 RCEP。

2012 年 8 月底召开的东盟十国、中国、日本、韩国、印度、澳大利亚和新西兰的经济部长会议原则上同意组建 RCEP。尽管由于领土问题和在贸易自由化原则上的分歧，RCEP 内各方步调未必能完全协调一致，但尽早达成自由贸易协定、增加经济活力已成为各方共识。

2012 年 11 月 20 日，在柬埔寨金边举行的东亚领导人系列会议期间，东盟十国与中国、日本、韩国、印度、澳大利亚、新西兰的领导人，共同发布启动《区域全面经济伙伴关系协定》谈判的联合声明，正式启动这一覆盖 16 个国家的自贸区建设进程。

2013 年 5 月 9 日至 13 日，《区域全面经济伙伴关系协定》第一轮谈判在文莱举行。本轮谈判正式成立货物贸易、服务贸易和投资三个工作组，并就货物、服务和投资等议题展开磋商。

2014 年 1 月 20 日，《区域全面经济伙伴关系协定》第三轮谈判在马来西亚吉隆坡举行。中国、日本、韩国、澳大利亚、新西兰、印度和东盟十国代表与会。此轮谈判的重点内容包括市场准入模式、协定章节框架和相关领域案文要素等。谈判为期 5 天，各领域议题由工作组讨论，主要议题和协调工作由贸易谈判委员会负责。

2014 年 4 月 4 日，为期 5 天的《区域全面经济伙伴关系协定》第四轮谈判在广西南宁圆满结束。在前三轮谈判基础上，东盟十国、中国、澳大利亚、印度、日本、韩国、新西兰等 16 方在本轮谈判中继续就 RCEP 涉及的一系列议题进行了密集磋商，在货物、服务、投资及协议框架等广泛的问题上取得了积极进展。

2014 年 6 月 23 日至 27 日，《区域全面经济伙伴关系协定》第五轮谈判在新加坡举行。

2014 年 8 月 27 日来自东盟国家及中国、日本、韩国、澳大利亚、新西兰和印度的经贸部长在缅甸内比都举行会议，共商尽早结束相关谈判，推动区域经贸合作。2014 年 8 月 28 日区域全面经济伙伴关系协定部长级会议发布联合新闻公报，呼吁有关各方共同努力在 2015 年年底前结束《区域全面经济伙伴关系协定》谈判。

在 2015 年 11 月 21 日举行的东盟与中日韩（10+3）领导人会议上，中方已提出倡议，强调区域经济融合发展是不可阻挡的时代潮流，也是地区各国的共同利益所在。中方愿与各方共同努力，力争 2016 年结束 RCEP 谈判，努力建成世界上涵盖人口最多、成员构成最多元化、发展最具活力的自贸区。

事实上，亚洲区域一体化的进程是全球最为复杂的。一直以来，亚洲面临着一个矛盾现象，即双边自贸协定数量在全球最多，却缺乏统一的自贸安排。虽然各方研究都承认亚洲区域一体化带来的效益最大，但由于各国在政治、经济、外交、文化，甚至历史认知上的巨大差异而难以实现。

2017 年 11 月 14 日，《区域全面经济伙伴关系协定》领导人会议在菲律宾马尼拉举行。会后发表的联合声明强调 RCEP 有助于经济一体化和实现包容性增长，敦促各国代表加紧磋商以早日达成协议。这是 RCEP 磋商开始 5 年多来首次领导人会议，不仅为进入攻坚阶段的磋商注入动能、指明方向，更向世界发出强烈信号：本区域国家将进一步加强合作，逆全球化难阻东亚区域一体化进程。

2018 年 11 月 14 日，我国时任总理在新加坡出席第二次 RCEP 领导人会议，其表示，RCEP 是基于 WTO 规则基础上更高水平自贸协定的区域合作协议，在当前贸易保护主义、单边主义抬头的背景下，这一协定的达成，有利于区域各国向世界发出积极信号。

2020 年 11 月 15 日，第四次《区域全面经济伙伴关系协定》领导人会议以视频形式举行，由东盟轮值主席国越南总理主持会议。东盟十国以及中国、日本、韩国、澳大利亚、新西兰 15 个国家，正式签署《区域全面经济伙伴关系协定》，标志着全球规模最大的自由贸易协定正式达成。签署 RCEP，是地区国家以实际行动维护多边贸易体制、建设开放型世界经济的重要一步，对深化区域经济一体化、稳定全球经济具有标志性意义。

3. RCEP 的主要内容

第一章——初始条款和一般定义。本章主要阐明 RCEP 缔约方的目标是共同建立一个现代、全面、高质量以及互惠共赢的经济伙伴关系合作框架，以促进区域贸易和投资增长，并为全球经济发展作出贡献。该章还对协定中的通用术语进行定义。

第二章——货物贸易。本章旨在推动实现区域内高水平的贸易自由化，并对与货物贸易相关的承诺做出规定。规定包括：承诺根据《关税与贸易总协定》第三条给予其他缔约方的货物国民待遇；通过逐步实施关税自由化给予优惠的市场准入；特定货物的临时免税入境；取消农业出口补贴；全面取消数量限制、进口许可程序管理，以及与进出口相关的费用和手续等非关税措施方面的约束。

第三章——原产地规则。本章确定了 RCEP 项下有资格享受优惠关税待遇的原产货物的认定规则。在确保适用实质性改变原则的同时，突出了技术可行性、贸易便利性和商业友好性，以使企业，尤其是中小企业易于理解和使用 RCEP。在本章第一节中，第二条（原产货物）和第三条（完全获得或者完全生产的货物）以及附件一《产品特定原产地规则》（PSR）列明了授予货物"原产地位"的标准。协定还允许在确定货物是否适用 RCEP 关税优惠时，将来自 RCEP 任何缔约方的价值成分都考虑在内，实行原产成分累积规则。在第二节中，规定了相关操作认证程序，包括申请 RCEP 原产地证明、申请优惠关税待遇以及核实货物"原产地位"的详细程序。本章有两个附件：（1）产品特定原产地规则，涵盖约 5 205 条 6 位税目产品；（2）最低信息要求，列明了原产地证书或原产地声明所要求的信息。

第四章——海关程序与贸易便利化。本章通过确保海关法律和法规具有可预测性、一致性和透明性的条款，以及促进海关程序的有效管理和货物快速通关的条款，目标是创造一个促进区域供应链的环境。本章包含高于 WTO《贸易便利化协定》水平的增强条款，包括：对税则归类、原产地以及海关估价的预裁定；为符合特定条件的经营者（授权经营者）提供与进出口、过境手续和程序有关的便利措施；用于海关监管和通关后审核的风险管理方法；等等。

第五章——卫生与植物卫生措施。本章制定了为保护人类、动物或植物的生命或健康而制定、采取和实施卫生与植物卫生措施的基本框架，同时确保上述措施尽可能不对贸易造成限制，以及在相似条件下缔约方实施的卫生与植物卫生措施不存在不合理的歧视。虽然缔约方已在 WTO《实施卫生与植物卫生措施协定》中声明了其权利和义务，但是协定加强了在病虫害非疫区和低度流行区、风险分析、审核、认证、进口检查，以及紧急措施等执行的条款。

第六章——标准、技术法规和合格评定程序。本章加强了缔约方对 WTO《技术性贸易壁垒协定》的履行，并认可缔约方就标准、技术法规和合格评定程序达成的谅解。同时，推动缔约方在承认标准、技术法规和合格评定程序中减少不必要的技术性贸易壁垒，确保标准、技术法规以及合格评定程序符合 WTO《技术性贸易壁垒协定》规定等方面的信息交流与合作。

第七章——贸易救济。本章包括"保障措施"和"反倾销和反补贴税"两部分内容。关于保障措施，协定重申缔约方在 WTO《保障措施协定》下的权利义务，并设立过渡性保障措施制度，对各方因履行协议降税而遭受损害的情况提供救济。关于反倾销和反补贴税，协定重申缔约方在 WTO 相关协定中的权利和义务，并制定了"与反倾销和反补贴调查相关的做法"附件，规范了书面信息、磋商机会、裁定公告和说明等实践做法，促进提升贸易救济调查的透明度和程序的正当性。

第八章——服务贸易。本章消减了各成员影响跨境服务贸易的限制性、歧视性措施，为缔约方间进一步扩大服务贸易创造了条件。本章包括市场准入承诺、国民待遇、最惠国待遇、本地存在、国内法规等规则。部分缔约方采用负面清单方式进行市场准入承诺，要求现在采用正面清单的缔约方在协定生效后 6 年内转化为负面清单模式对其服务承诺做出安排。

第九章——自然人临时移动。本章列明了缔约方为促进从事货物贸易、提供服务或进行投资的自然人临时入境和临时停留所做的承诺，制定了缔约方批准此类临时入境和临时停留许可的规则，提高人员流动政策透明度。所附承诺表列明了涵盖商务访问者、公司内部流动人员等类别的承诺以及承诺所要求的条件和限制。

第十章——投资。本章涵盖了投资保护、自由化、促进和便利化四个方面，是对原"东盟'10+1'自由贸易协定"投资规则的整合和升级，包括承诺最惠国待遇、禁止业绩要求、采用负面清单模式做出非服务业领域市场准入承诺并适用棘轮机制（即未来自由化水平不可倒退）。投资便利化部分还包括争端预防和外商投诉的协调解决。本章附有各方投资及不符措施承诺表。

第十一章——知识产权。本章为本区域知识产权的保护和促进提供了平衡、包容的方案。内容涵盖著作权、商标、地理标志、专利、外观设计、遗传资源、传统知识和民间文艺、反不正当竞争、知识产权执法、合作、透明度、技术援助等广泛领域，其整体保护水平较《与贸易有关的知识产权协定》有所加强。

第十二章——电子商务。本章旨在促进缔约方之间电子商务的使用与合作，列出了鼓励缔约方通过电子方式改善贸易管理与程序的条款；要求缔约方为电子商务创造有利环境，保护电子商务用户的个人信息，为在线消费者提供保护，并针对非应邀商业电子信息加强监管和合作；对计算机设施位置、通过电子方式跨境传输信息提出相关措施方向，并设立了监管政策空间。缔约方还同意根据 WTO 部长级会议的决定，维持当前不对电子商务征收关税的做法。

第十三章——竞争。本章为缔约方制定了在竞争政策和法律方面进行合作的框架，以提高经济效率、增进消费者福利。规定缔约方有义务建立或维持法律或机构，以禁止限制竞争的活动，同时承认缔约方拥有制定和执行本国竞争法的主权权利，并允许基于公共政策或公共利益的排除或豁免。本章还涉及消费者权益保护，缔约方有义务采取或维持国内法律和法规，以制止误导行为、或在贸易中做虚假或误导性描述；促进对消费者救济机制的理解和使用；就有关保障消费者的共同利益进行合作。

第十四章——中小企业。缔约方同意在协定上提供中小企业会谈平台，以开展旨在提高中小企业利用协定、并在该协定所创造的机会中受益的经济合作项目和活动，将中小企业纳入区域供应链的主流之中。协定强调充分共享 RCEP 中涉及中小企业的信息，包括协定内容、与中小企业相关的贸易和投资领域的法律法规，以及其他与中小企业参与协定并从中受益的其他商务相关信息。

第十五章——经济技术合作。本章为实现 RCEP 各国的共同发展提供了框架，为各方从协定的实施和利用中充分受益、缩小缔约方发展差距方面作出贡献。根据本章，缔约方将实施技术援助和能力建设项目，促进包容、有效与高效地实施和利用协定，包括货物贸易、服务贸易、投资、知识产权、竞争、中小企业和电子商务等。同时将优先考虑最不发达国家的需求。

第十六章——政府采购。协定认识到政府采购在推进区域经济一体化以促进经济发展中的作用，将着力提高法律、法规和程序的透明度，促进缔约方在政府采购方面的合作。本章包含审议条款，旨在未来对本章进行完善，以促进政府采购。

第十七章——一般条款和例外。本章规定了适用于整个 RCEP 的总则，包括缔约方法律、法规、程序和普遍适用的行政裁定的透明度、就每一缔约方行政程序建立适当的审查与上诉机制、保护保密信息、协定的地理适用范围等。同时，本章将《1994 年关税与贸易总协定》第二十条和《服务贸易总协定》第十四条所列一般例外做必要修改后纳入本协定。缔约方可以采取其认为保护其基本安全利益所必需的行动或措施。本章还允许缔约方在面临严重的收支平衡失衡、外部财政困难或受到威胁的情况下采取某些措施。

第十八章——机构条款。本章规定了 RCEP 的机构安排，以及部长会议、联合委员会和其他委员会或分委员会的结构。联合委员会将监督和指导协定的实施，包括根据协定监督和协调新设或未来设立的附属机构的工作。

第十九章——争端解决。本章旨在为解决协定项下产生的争端，提供有效、高效和透明的程序。在争端解决有关场所的选择、争端双方的磋商、关于斡旋、调解或调停、设立专家组、第三方权利等方面做了明确规定。本章还详细规定了专家组职能、专家组程序、专家组最终报告的执行、执行审查程序、赔偿以及中止减让或其他义务等。

第二十章——最终条款。本章主要包括：关于附件、附录和脚注的处理；协定与其他国际协定之间的关系；一般性审查机制；协定的生效、保管、修订、加入及退出条款等。指定东盟秘书长作为协定的保管方，负责向所有缔约方接收和分发文件，包括所有通知、加入请求、批准书、接受书或核准书。条约的生效条款规定，协定至少需要 6 个东盟成员国和 3 个东盟自由贸易协定伙伴交存批准书、接受书或核准书后正式生效。

4. RCEP 的意义

《区域全面经济伙伴关系协定》是一个全面、现代、高质量、互利互惠的自贸协定。《区域全面经济伙伴关系协定》涵盖人口超过 35 亿，占全球人口 47.4%，国内生产总值占全球 32.2%，外贸总额占全球 29.1%，是全球涵盖人口最多、最具潜力的自贸区谈判。一旦达成，将进一步促进本地区产业和价值链的融合，为区域经济一体化注入强劲动力。

根据 2018 年数据，整体上已经结束谈判的 RCEP 吸引的外商投资流量 3 700 亿美元，基本占全球总量的 30% 左右。RCEP15 建成之后，将会是世界上最大的自由贸易区。完成 RCEP 谈判有利于对外发出致力于构建开放型世界经济、支持多边贸易体制的信息，改善地区贸易和投资的环境，推进贸易投资自由化、便利化，帮助各国更好地应对挑战，增强本地区未来发展的潜力，造福于本地区的各国人民。

RCEP 的生效实施，标志着全球人口最多、经贸规模最大、最具发展潜力的自由贸易区正式落地，充分体现了各方共同维护多边主义和自由贸易、促进区域经济一体化的信心和决心，将为区域乃至全球贸易投资增长、经济复苏和繁荣发展做出重要贡献。

2022 年 1 月 1 日，RCEP 生效首日，海关总署统计，我国出口企业申领原产地证书和开具原产地声明共 505 份，全国海关共验放协定项下的进出口货物货值超 2 亿元。

协定生效后，在大陆的台资企业可充分享受 RCEP 成员方关税及原产地规则优惠，打开更广阔市场。同时，大陆各项区域发展规划、支持企业融入高质量发展的政策措施以及加快改革开放等各项红利叠加，将为台胞台企带来更大的发展空间、提供更多发展机遇。

海关统计数据显示，2022 年我国对 RCEP 其他 14 个成员国进出口 12.95 万亿元，增长 7.5%，占我国外贸进出口总值的 30.8%。

6.3.3 《数字经济伙伴关系协定》

《数字经济伙伴关系协定》（Digital Economy Partnership Agreement，DEPA）由新加坡、智利、新西兰三国于 2020 年 6 月 12 日在线上签署，是旨在加强三国间数字贸易合作并建立相关规范的数字贸易协定。

1. DEPA 的协定历史

2020 年 6 月 12 日，新加坡、智利、新西兰三国签署《数字经济伙伴关系协定》。

2021 年 11 月 1 日，中国商务部部长致信新西兰贸易与出口增长部长，代表中方向《数字经济伙伴关系协定》保存方新西兰正式提出申请加入 DEPA。同年 11 月 4 日，中国国家主席以视频方式出席第四届中国国际进口博览会开幕式并发表主旨演讲并强调，中国将深度参与绿色低碳、数字经济等国际合作，积极推进加入《数字经济伙伴关系协定》。

2. DEPA 的主要内容

《数字经济伙伴关系协定》以电子商务便利化、数据转移自由化、个人信息安全化为主要内容，并就加强人工智能、金融科技等领域的合作进行了规定。

DEPA 由十六个主题模块构成，包括：初始条款和一般定义、商业和贸易便利化、数字产品待遇及相关问题、数据问题、更广泛的信任环境、商业和消费者信任、数字身份、新兴趋势和技术、创新与数字经济、中小企业合作、数字包容性、联合委员会和联络点、透明度、争端解决、例外和最后条款。以下为 DEPA 主要模块和条款的介绍。

模块 2——商业和贸易便利化涉及无纸贸易、电子发票、电子支付等。DEPA 要求各国及时公布电子支付的法规，考虑国际公认的电子支付标准，从而促进形成透明和公平的竞争环境；同意促进金融科技领域公司之间的合作，促进针对商业领域的金融科技解决方案的开发，并鼓励缔约方在金融科技领域进行创业人才的合作。

模块 4——数据问题涉及个人信息保护、通过电子方式跨境传输信息、计算机设施的位置等。DEPA 允许在新加坡、智利和新西兰开展业务的企业跨边界更无缝地传输信息，并确保它们符合必要的法规；成员坚持他们现有的 CPTPP 协定承诺，允许数据跨边界自由流动。

模块 8——新兴趋势和技术涉及金融科技合作、人工智能、政府采购、竞争政策合作。DEPA 采用道德规范的 "AI 治理框架"，要求人工智能应该透明、公正和可解释，并具有以人为本的价值观；确保缔约方在 "AI 治理框架" 方面在国际上保持一致，并促进各国在司法管辖区合理采用和使用 AI 技术。

3. DEPA 对中国数字经济发展的影响

我国是数字经济大国。根据《中国互联网发展报告（2021）》，2020 年中国数字经济规模达到 39.2 万亿元，占 GDP 比重达 38.6%，每年保持 9.7% 的高速增长，成为稳定经济增长的关键动力。然而从国际主导权来看，我国的数字经济规模与其在全球数字贸易中的影响并不相当。例如，跨境电商领域仍然被国外平台垄断，国内虽然近些年也建立了一些数字贸易金融平台，但对全球的行业影响力非常薄弱。

我国也在不断尝试参与全球数字经贸规则制定。中国申请加入 DEPA，是我国加快数字贸易领域改革开放需求的体现。据商务部发言人介绍，加入 DEPA 与中国加强全球数字经济领域合作、促进创新和可持续发展的努力方向一致，也是中国进一步深化改革和扩大高水平对外开放的重要行动。DEPA 虽然是一个小而精的朋友圈，但三个缔约国与中国利益分歧较少，对华贸易在其出口中占据重要地位。中国加入 DEPA 将不仅促进中国与 DEPA 现有成员国之间的数字经济，还将有利于我国在数字贸易全球规则和标准方面占据主动权。

从挑战方面来看，中国加入 DEPA 的挑战主要在于跨境数据流动、数据存储非强制本地规则、免关税待遇、数字产品非歧视性待遇等方面，在这些领域和行业，我国未来需要在国内立法、执法层面进一步完善。

总之，中国是数字经济大国，有必要向全球提出数字经济规则的中国建议。中国申请加入 DEPA，是具有前瞻性的举动。这一方面能够促进我国吸收新加坡式的数字经济治理规则和有益经验，另一方面也能够进一步夯实我国在全球数字经济治理领域中的影响力和话语权，为全球数字经济发展注入持久动力。

本章小结

本章主要介绍了国际货物仓储的基本概念以及海外仓和保税区、自由贸易区。通过本章的学习，读者可以了解国际货物仓储的特点、作用及分类；了解国际货物仓储的基本流程；熟悉海外仓的概念、优缺点及功能；掌握保税仓库、保税区、保税物流园区以及保税港区的含义、功能和业务运作上的区别；知悉自由贸易区的发展历程、国内外典型自贸区，以及 RCEP 和 DEPA 的基本概况。

课后习题

一、名词解释

海外仓　保税区　自由贸易区　RCEP

二、选择题

1. 一般情况下，保税物流园区允许存放保税物流货物的时间是（　　）。

　　A. 1 年　　　　　B. 2 年　　　　　C. 4 年　　　　　D. 没有限制

2. 经国务院批准，在保税区规划面积内或毗邻保税区的特定港区内设立的专门发展现代国际物流的海关特殊监管区域，是指（　　）。

　　A. 保税区　　　　B. 保税物流中心　C. 保税物流园区　D. 保税港区

3. 中国最早设立的保税港区是（　　　）。

    A. 天津东疆　　　　B. 深圳前海湾　　　C. 上海洋山　　　　D. 大连大窑湾

4. 保税物流的特征包括（　　　）。

    A. 暂缓纳税　　　　　　　　　　　B. 海关放行即结关

    C. 可免进出口许可证　　　　　　　D. 不免进出口许可证

5. 保税港的功能包括（　　　）。

    A. 国际中转　　　　B. 国际采购　　　　C. 转口贸易　　　　D. 国际分销与配送

6. 我国的自由贸易区包括（　　　）。

    A. 上海自由贸易区　　　　　　　　B. 深圳自由贸易区

    C. 天津自由贸易区　　　　　　　　D. 福建自由贸易区

三、简答题

1. 什么是保税港区？我国现有哪些保税港区？

2. 什么是自由贸易区？我国现有哪些自由贸易区？

第 7 章 国际物流服务

【知识结构图】

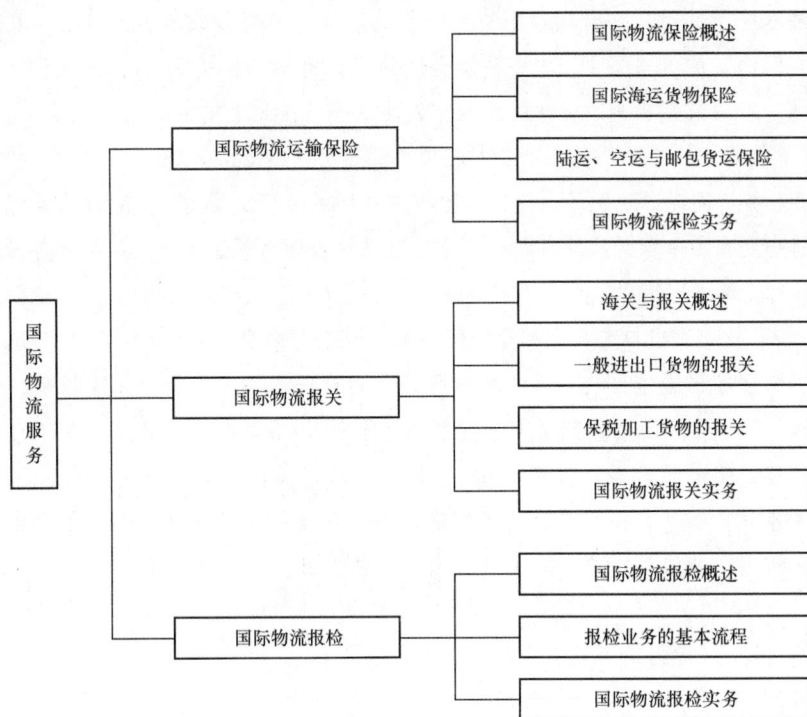

国际物流服务
- 国际物流运输保险
  - 国际物流保险概述
  - 国际海运货物保险
  - 陆运、空运与邮包货运保险
  - 国际物流保险实务
- 国际物流报关
  - 海关与报关概述
  - 一般进出口货物的报关
  - 保税加工货物的报关
  - 国际物流报关实务
- 国际物流报检
  - 国际物流报检概述
  - 报检业务的基本流程
  - 国际物流报检实务

【学习目标】

1. 掌握国际物流运输保险的概况。
2. 掌握国际物流报关的分类及报关单的填制。
3. 掌握国际物流报检业务的基本流程。

【导入案例】

某技术进出口公司的数据网络设备国际货物买卖保险业务

某技术进出口公司代理某通信公司与××阿尔卡特网络（亚洲）有限公司签订了一份数据网

络设备国际货物买卖合同，约定的总价款为 851 108 美元，以 FOB 加拿大渥太华离岸价为价格条件。合同签订后，技术进出口公司与某运输公司联系运输事宜，某运输公司委托海外运输商 Secure 公司负责运输。11 月 15 日，技术进出口公司与某保险公司签署了一份《国际运输预约保险起运通知书》，载明：被保险人是技术进出口公司，保险货物项目是一套数据网络设备，投保险种为一切险，保险全额为 851 美元，保费为 3 915 美元。当日，技术进出口公司向保险公司支付了保险费。渥太华时间 11 月 15 日 19 时（即北京时间 11 月 16 日 8 时），被保险货物在渥太华 Secure 公司仓库被盗。12 月，技术进出口公司将出险情况告知了保险公司。12 月 21 日，技术进出口公司向保险公司提出索赔，保险公司以技术进出口公司不具有保险利益而主张合同无效并拒赔，技术进出口公司遂向法院起诉。

法院经审理后认为，本案的焦点问题是保险利益的认定问题。本案中技术进出口公司是否具有保险利益取决于其对买卖合同项下货物承担的风险，而对货物承担的风险及其起始时间又取决于买卖合同约定的价格条件。本案买卖合同约定的价格条件是 FOB 加拿大渥太华，意为货物在渥太华越过船舷或装机后，货物的风险才发生转移。在此之前货物的风险则仍由卖方承担。

因此，本案技术进出口公司购买的货物在海外运输公司 Secure 公司仓库被盗时技术进出口公司不具有保险利益。同时，法院还认定，保险合同载明的工厂交货对确定投保人对保险标的物是否具有保险利益没有法律意义，技术进出口公司以保险合同为据主张以工厂交货并转移风险的观点不能成立。法院最终判定保险公司与技术进出口公司的保险合同因投保人对保险标的物不具有保险利益而无效。技术进出口公司无权要求保险公司承担赔偿责任。而保险公司亦应退还保险费。

在国际货物运输保险中，投保人（被保险人）对投保货物是否有保险利益，取决于货物风险是否转移，而货物风险的转移又与买卖双方采取的价格条件密切相关。在 FOB 条件下，货物风险自货物越过船舷时由卖方转移给买方，因此，只有在货物越过船舷之后，买方（投保人、被保险人）才能对货物享有保险利益。本案中，法院对投保人（被保险人）是否具有保险利益做出了正确的认定，并依据《中华人民共和国保险法》做出合同无效的判决。

思考题：

1. 判断投保人对货物是否具有保险利益的依据是什么？
2. 投保人有哪些办法可以避免保险利益无效的情况发生？

7.1 国际物流运输保险

保险同运输一样，已经成为国际贸易的必要组成部分。货物从卖方送到买方手中，要通过运输来完成，在这一过程中如遭遇意外损失，则由保险人进行经济补偿，以保证贸易的正常进行。各种对外贸易价格条件，都需明确保险和运输由谁办理。例如国际通用的离岸价格（FOB）和成本加运费价（CFR）中不包括保险费，保险由买方自理；而到岸价格（CIF）中包括保险费，由卖方办理。保险之所以为国际贸易所必需，是因为它将运输过程中不可预料的意外损失，以保险费的形式固定下来，计入货物成本，可以保证企业的经济核算和经营的稳定，避免意外

损失引起买卖双方和有关利益方面之间的经济纠纷；可以使保险公司从自己的经营成果考虑，注意对承保货物的防损工作，有利于减少社会财富损失；进出口贸易的货物在本国保险，还可以增加国家无形贸易的外汇收入。

7.1.1 国际物流保险概述

1. 国际货物运输保险的含义

保险作为一种经济补偿手段，在人们的经济活动和日常生活中占有重要地位，而国际货物运输保险则是国际货物买卖中不可缺少的重要组成部分。国际货物买卖合同签订后，根据相关贸易术语，买卖双方对货物的运输与货运保险做出安排。

从法律角度看，保险是一种补偿性契约行为，即被保险人向保险人提供一定的对价（保险费），保险人则对被保险人将来可能遭受的承保范围内的损失负赔偿责任。保险的种类很多，其中包括财产保险、责任保险、保证保险和人身保险，国际货物运输保险属于财产保险。国际货物运输保险是以国际货物运输过程中的各种货物作为保险标的的保险，是投保人为了规避自然灾害和意外事故风险而采取的一种经济措施。具体来说，国际货物运输保险，是指被保险人（Insured）按金额和险别，向保险人亦称保险公司或承保人（Insurer）提出投保申请，保险人同意后按投保金额和投保险别的费率收取保险费，并出具保险单证，事后，如所保货物在运输过程中遭受保险责任范围内的损失，有保险利益的单证持有人即可向保险人要求赔偿的行为或制度安排。

目前，国际运输领域的相关保险已从针对货物运输的国际货物运输保险逐渐扩大到针对运输服务经营人的运输责任险，如国际货运代理责任险。国际货运代理责任险主要承保的业务范围为针对如货物代理人、无船承运人和物流行业的运输经营人的商业活动。国际货运代理责任险虽然在一些国家已经普及，但在我国还是新兴事物。本书不涉及国际货运代理责任险的相关业务，仅涉及以国际货物运输过程中的各种货物作为保险标的的国际货物运输保险。

2. 保险的基本原则

保险的基本原则（Basic Principles of Insurance）是投保人（被保险人）和保险人（保险公司）签订保险合同、履行各自义务、办理索赔和理赔工作所必需遵守的基本原则。与国际物流密切相关的保险的基本原则主要有最大诚信原则、近因原则、可保利益原则、损失补偿原则和代位追偿权原则。

（1）最大诚信原则。

最大诚信原则（Utmost Good Faith Principle）作为海上货物运输保险合同的基本原则，不但贯穿订立合同的全过程，而且贯穿履行合同的全过程。它不仅要求被保险人尽最大诚信，还要求保险人尽最大诚信。

（2）近因原则。

近因原则（Proximate Cause Principle），是确定某项因素与损失具有最直接的因果关系的标准，是确定保险人对保险标的损失是否负保险责任以及负何种保险责任的重要原则。保险中的近因是指造成损失的最主要、最有效及最有影响的原因。近因不一定指时间上或空间上最接近损失的原因。近因原则是指保险人只对承保风险与保险标的损失之间有直接因果关系的损失负赔偿责任，而对保险责任范围以外的风险造成的保险标的的损失，不承担赔偿责任。近因原则对保险理赔工作中的判定责任、履行义务和减少争议具有重要的意义。

（3）可保利益原则。

可保利益原则（Insurable Interest Principle）是指投保人对保险标的具有法律上承认的利益。投保人对保险标的应当具有投保利益。投保人对保险标的不具有保险利益的，该保险合同无效。就货物运输保险而言，该原则反映在运输货物上的利益，主要是货物本身的价值，但也包括与此相关联的费用（如运费、保险费、关税）和预期利润等。当保险标的安全到达时，被保险人就受益；当保险标的遭受损失或灭失时，被保险人就受到损害或没有经济利益。

（4）损失补偿原则。

损失补偿原则（Losses Compensating Principle）是指在保险事故发生而使被保险人遭受损失时，保险人必须在责任范围内对被保险人所遭受的实际损失进行补偿，但保险人的赔偿金额不得超过保险单上的保险金额或被保险人遭受的实际损失。保险人的赔偿不应使被保险人因赔偿而获得额外的利益。

（5）代位追偿权原则。

代位追偿权原则是指保险人在赔付被保险人之后，被保险人应把保险标的损失的索赔权利转让给保险人，使保险人取代被保险人地位，以被保险人的名义向第三者追偿。由于国际物流货物运输保险一般是定值保险，保险人已按保险金额赔付，保险人行使代位追偿所得多少与被保险人无关，即使追偿所得超过原赔偿金额，超过部分仍归保险人所有。

7.1.2　国际海运货物保险

1. 国际海运货物保险承保的范围

国际海运货物保险承保的范围包括海上风险、遭受海上风险造成的损失以及引起的费用。但是，保险人并不对所有的"风险、损失和费用"予以赔偿，保险业务上所使用的术语都具有特定的含义。保险人为了明确责任，将其承保的各类风险、损失和费用的赔偿责任都在不同的险别条款中加以规定。

国际海运货物保险承保的风险，分为海上风险和外来风险两种。

（1）海上风险。

海上风险包括自然灾害和意外事故两种。

① 自然灾害。

这一般是指自然力量造成的灾害，即人力不可抗拒的灾害。根据我国现行的《海洋运输货物保险条款》规定，自然灾害仅指恶劣气候、雷电、地震、海啸、洪水等。

② 意外事故。

这是指偶然的非意料之中的原因造成的事故。按照我国《海洋运输货物保险条款》的规定，它仅指运输工具的搁浅、触礁、沉没、互撞、与流冰或其他物体碰撞等以及失火、爆炸等意外事故。

（2）外来风险。

这是指由海上风险以外的其他原因引起的风险。保险业所说的外来原因，是指事先难以预料的、致使货物受损的某些外部因素，货物由自身内部缺陷和自然属性而引起的自然损耗或变质等，属于必然损失。这种损失称作非事故性损耗，而不属于外来风险。外来风险可分为一般外来风险和特殊外来风险两种。

① 一般外来风险。

这是指一般外来原因引起的风险。例如，被保险货物在运输途中因盗窃、雨淋、短量、沾污、破碎、受潮、受热、渗漏、串味、锈损、钩损、包装破裂等一般原因招致的风险与损失。

② 特殊外来风险。

这是指由国家的政策、法令、行政命令、军事等所造成的风险与损失，通常是指战争、罢工、交货不到、拒收、舱面等风险所致的风险与损失。

2. 我国海运保险险别

在保险业务中，各种险别的承保责任是通过不同的保险条款规定的。为了适应国际货物海运保险的需要，中国人民保险公司根据我国保险实际情况并参照国际保险市场的习惯做法，分别制定了各种条款，总称为《中国保险条款》（CIC），其中包括《海洋运输货物保险条款》《海洋运输货物战争保险条款》《陆上运输货物保险条款》《航空运输货物保险条款》等专门条款。按《中国保险条款》规定，投保人可根据货物特点、航线及港口实际情况自行选择投保适当的险别。下面专门介绍海洋运输的货物保险。

（1）基本险。

① 平安险（Free from Particular Average，FPA）。

根据《海洋运输货物保险条款》的规定，平安险的责任范围主要包括以下几项：被保险货物在运输途中因恶劣气候、雷电、海啸、地震、洪水等自然灾害造成整批货物的全部损失或推定全损；由于运输工具遭受搁浅、触礁、沉没、互撞、与流冰或其他物体碰撞，以及失火、爆炸等意外事故造成货物的全部或部分损失；在运输工具已经发生搁浅、触礁、沉没、焚毁等意外事故的情况下，货物在此前后又在海上遭受恶劣气候、雷电、海啸等自然灾害所造成的部分损失；在卸装或转运时由一件或数件整件货物落海造成的全部或部分损失；被保险人对遭受承保责任内危险的货物采取抢救、防止或减少货损的措施而支付的合理费用，但以不超过该批被救货物的保险金额为限；运输工具遭遇海难后，在避难港由卸货所引起的损失，以及在中途港、避难港由卸货、存仓以及运送货物所产生的特别费用；共同海损的牺牲、分摊和救助费用；运输契约订有"船舶互撞责任"条款，根据该条款规定应由货方偿还船方的损失。

② 水渍险（With Particular Average，WPA 或 WA）。

水渍险承保的责任范围，除包括平安险的各项责任外，还负责被保险货物因恶劣气候、雷电、海啸、地震、洪水自然灾害所造成的部分损失。

③ 一切险（All Risks，AR）。

一切险的责任范围，除包括平安险和水渍险的各项责任外，还负责被保险货物在运输途中由于外来原因所致的全部或部分损失。在这里，应当指出，一切险并不是承保一切风险所造成的被保险货物的一切损失，如战争、罢工等引起的损失就不在其承保的范围之内。

由于上述 3 个险别均属基本险，故被保险人办理保险时，可选择一种进行投保。

（2）附加险。

投保平安险或水渍险的货物，在运输过程中，可能受到非自然灾害和海上意外事故引起的损失，如偷窃、雨淋等。投保一切险的货物，也可能会发生承保范围以外的损失，如战争、拒收等危险。为使货物在运输中获得更多的保障，可在投保平安险或水渍险的基础上，另行加保一种或若干种一般附加险和特殊附加险；在投保一切险的基础上，则可加保特殊附加险。

① 一般附加险。

这是指由一般外来原因引起的一般风险造成的各种损失的险别。目前，中国人民保险公司承保的一般附加险有偷窃提货不着险、淡水雨淋险、短量险、混杂沾污险、渗漏险、碰损破碎险、串味险、受潮受热险、钩损险、包装破裂险和锈损险等。这些附加险别，只能在投保一种基本险的基础上加保，而不能单独投保。

② 特殊附加险。

这是指由特殊外来原因引起风险造成损失的险别。它所承保的风险和损失，主要是由政治、军事、国家政策法令、行政措施等特定的外来原因造成的，该险别与一般附加险一样，也不能单独投保，必须依附于主险而加保。我国保险业务中的特殊附加险，主要有战争险、罢工险、交货不到险、进口关税险、舱面险、拒收险、黄曲霉毒素险等。

7.1.3　陆运、空运与邮包货运保险

1. 陆上运输货物保险

陆上运输货物保险是货物运输保险的一种，分为陆运险和陆运一切险两种。

（1）陆运险。

陆运险的责任范围是：被保险货物在运输途中遭受暴雨、雷电、地震、洪水等自然灾害造成的损失；运输工具遭受碰撞、倾覆、出轨，或在驳运过程中驳运工具遭受搁浅、触礁、沉没或由遭受隧道坍塌、崖崩或火灾、爆炸等意外事故所造成的全部损失或部分损失。保险人对陆运险的承保范围大致相当于海运险中的水渍险。

（2）陆运一切险。

陆运一切险的责任范围是：除包括上述陆运险的责任外，保险人对被保险货物在运输途中由外来原因造成的短少、短量、偷窃、渗漏、碰损、破碎、钩损、雨淋、生锈、受潮、受热、发霉、串味、沾污等全部或部分损失负责。保险人对陆运一切险的承保范围大致相当于海运险中的一切险。

陆运险和陆运一切险的责任范围仅限于火车和汽车运输。

2. 航空运输货物保险

我国现行航空运输货物保险的基本险别有航空运输险和航空运输一切险以及航空运输货物战争险。

（1）航空运输险。

航空运输险的承保责任范围是被保险货物在运输途中遭受雷电、火灾、爆炸，或飞机遭受恶劣气候或其他危难事故而被抛弃，或飞机遭受碰撞、倾覆、坠落或失踪等意外事故所造成的全部损失或部分损失。对保险责任范围内的事故所采取的抢救、防止或减少货损的措施而支付的合理费用，该险也负责赔偿，但以不超过被救货物的保险金额为限。本险别的承保责任范围与海运险中的水渍险大致相同。

（2）航空运输一切险。

航空运输一切险的承保责任范围，除上述航空运输险的全部责任外，还包括对被保险货物在运输途中由外来原因造成的，包括被偷窃、短少等全部或部分损失。

航空运输险和航空运输一切险的保险责任期限，也采用"仓至仓"条款，但与海运险条款中的"仓至仓"条款有所不同。航空运输货物保险的责任，从被保险货物运离保险单所载明的启运地仓库或储存处所开始生效，在正常运输过程中继续有效，直至该项货物运抵保险单所载明的目的地，交到收货人仓库或储存处所或被保险人用作分配、分派或非正常运输的其他储存处所为止。

（3）航空运输货物战争险。

航空运输货物战争险是一种附加险，在投保航空运输险和航空运输一切险的基础上，经与保险人协商还可以加保该附加险。航空运输货物战争险的承保责任范围，包括航空运输途中由战争、类似战争行为、敌对行为或武装冲突以及各种常规武器和炸弹所造成的货物损失。原子武器或热核武器造成的损失除外。

3. 邮政包裹运输保险

由于邮政包裹（邮包）的运输可能通过海、陆、空 3 种运输方式，因此其保险责任兼顾海、陆、空 3 种运输工具可能出现的因素。这是邮包运输保险的一个显著特点。

（1）邮包险。

邮包险的保险责任范围包括被保险货物在邮运途中由遭受恶劣气候、雷电、海啸、地震、洪水等自然灾害，或由运输工具遭受搁浅、触礁、沉没、碰撞、倾覆、出轨、坠落、失踪，或由失火、爆炸等意外事故所造成的全损或部分损失。对保险责任范围内的事故所采取的为抢救、防止或减少货损的措施而支付的合理费用，该险也负责赔偿，但以不超过被救货物的保险金额为限。

（2）邮包一切险。

本险别的承保，除包括上述邮包险的全部责任外，还负责赔偿被保险邮包在运输途中由外来原因造成的（包括被偷窃、短少在内）全部或部分损失。

邮包险和邮包一切险的保险责任期限，是自被保险邮包离开保险单所载的起运地点寄件人的处所运往邮局时开始生效，直至该项邮包运达保险单所载明的目的地邮局，自邮局发出到货通知给收件人的当日午夜起算，满 15 天为止。在此期限内，邮包一经递交至收件人处所，保险责任即告终止。

（3）邮包战争险。

邮包战争险是邮包保险的一种附加险。在投保邮包险和邮包一切险的基础上，根据需要经与保险人协商同意后方可加保。邮包战争险的责任范围与上述陆运、海运、空运保险条款中的战争险相同，唯保险责任起讫期限有所区别。邮包战争险的保险责任，是自被保险邮包经邮政机构收讫后，自储存处所开始运达时生效，直到该项邮包送达保险单所载明的目的地邮政机构，送交收件人为止。

7.1.4 国际物流保险实务

1. 保险单内容

表 7-1 所示为货物运输保险投保单样本。

表 7-1 货物运输保险投保单样本

货物运输保险投保单
APPLICATION FOR CARGO TRANSPORTATION INSURANCE

本投保单内容以中文为准。　　　　　　　　　　　　　　　　　　投保单号：
The interpretation of this Application shall be subject to Chinese version.　　Application №.

注意：请您仔细阅读投保单和所附保险条款，尤其是黑体字标注部分的条款内容，并听取保险公司相关人员的说明，如对保险公司相关人员的说明不明白或有异议的，请在填写本投保单之前向保险公司相关人员进行询问，如未询问，视同已经对条款内容完全理解并无异议。请您如实填写本投保单，您所填写的材料将构成签订保险合同的要约，成为保险人核保并签发保险单的依据。除双方另有约定外，保险人签发保险单且投保人向保险人缴清保险费后，保险人开始按约定的险种承保货物运输保险。

投 保 人 Applicant				
投保人地址 Applicant's Add			联 系 人 Contact	
电 话 Tel.		传 真 Fax.	电子邮箱 E-mail	
被 保 险 人 Insured				
贸易合同号 Contract No.		信用证号 L/C No.	发 票 号 Invoice No.	
标 记 Marks & Nos.	包装及数量 Packing & quantity	保险货物项目 Description of goods	1. 发票金额 Invoice value 2. 加成 Value Plus About_____% 3. 保险金额 Insured Value 4. 费率（‰） Rate 5. 保险费 Premium	
装载运输工具： Name of the Carrier		业务编号： Business No.		赔付地点： Claims Payable At
启运日期： Departure Date		运输路线：　　自　　　　经　　　　到达（目的地） Route　　　From　　　Via　　　To(destination)		

包装方式：1．散装 2．纸箱 3．罐装 4．木箱 5．编织袋 6．真空袋 7．桶装 8．裸装 9．苫布
　　　　10．其他方式：
装载方式：1．普通集装箱 2．冷藏箱 3．拼箱 4．整船 5．舱面 6．其他方式：
货物项目：1．精密仪器　是□　　否□　　2．旧货物　是□　　否□（此二项投保人如未注明告知，则保险人以全新的、非精密货物承保）　3．船 龄：_____年建

承保条件 Conditions:	投保人可根据投保意向选择投保险别及条款，并画√确认，但保险人承保的险别及适用条款以保险人最终确定并在保险单上列明的险种、条款为准。

进出口海洋运输：□一切险　　　□水渍险　　　□平安险　　　（平安《海洋运输货物保险条款》）
　　　　　　　　　□ ICC（A）　□ ICC（B）　□ ICC（C）　（伦敦协会条款）

进出口航空运输：□航空运输险　　□航空运输一切险　　　　（平安《航空运输货物保险条款》）

进出口陆上运输：□陆运险　　　　□陆运一切险　　　　　　（平安《陆上运输货物保险条款》）

特殊附加险：　　□战争险　　　　□罢工险　　　　　　　　（□平安条款　　　□伦敦协会条款）

国内水陆运输：　□基本险　　　　□综合险　　　　　　　　（平安《国内水路、陆路货物运输保险条款》）

国内航空运输：　□航空运输险　　□航空运输一切险　　　　（平安《航空运输货物保险条款》）

是否放弃或部分放弃向承运人的追偿权利　□是　□否　　（如果是，请详细说明）

其他承保条件：　　　　　　　　　　　　　　　　　　　　　　　　免赔额：＿＿＿＿＿＿＿＿＿
　　　　　　　　　　　　　　　　　　　　　　　　（免赔额的金额和比例以最终保险单为准）

特别约定 Special Conditions：

投保人声明：

1. 保险人已经就本投保单及所附的保险条款的内容，尤其是关于保险人免除责任的条款及投保人和被保险人义务条款向投保人做了明确说明，投保人对该保险条款及保险条件已完全了解，并同意接受保险条款和保险条件的约束。

2. 本投保单所填各项内容均属事实，同意以本投保单作为保险人签发保险单的依据。

3. 保险合同自保险单签发之日起成立。

投保人签字（盖章）　　　　　　　　　　　日期

表 7-1 所示的货物运输保险投保单主要包含以下内容。

（1）发票号和合同号。

出口：发票号。

进口：贸易合同号。

（2）保单号次：保险单编号。

（3）信用证号。

（4）被保险人：办理此次投保业务的人，可以是收发货人或货运代理人。

（5）标记：又称唛头，应与运输单据上所填的唛头一致，包含商品基本信息及收货人信息。

（6）包装及数量。

（7）保险货物项目：此次投保的标的物，一般填写货物名称，应与合同发票或运输单据上的一致。

（8）保险金额：除了金额还要加上相应币种，一般为此次投保出险后保险公司可能赔偿的最高金额。

（9）总保险金额：将此张保险单中所有货物的保险金额相加填于此处。

（10）保费：此次投保交予保险人的费用。

（11）启运日期：被保险货物开始运输的日期。

（12）装载运输工具：填写运输工具的名称，如船名+航次"Ding YuanV352"。

（13）自：填写起运地/港。经：填写中转地/港。到达：填写目的地/港。

（14）承保险别：投保险别的名称。

（15）出单日期：一般为投保日期。《跟单信用证统一惯例》规定，银行有权拒收保险单生效日期迟于货物装船或发运日期的保险单。

2. 保单填写注意事项

（1）申报内容必须真实。

（2）要注意尽可能投保到内陆目的地。

（3）若进口方对保险有特殊要求，出口方应事先征得保险公司的同意。

（4）投保内容必须与贸易合同及信用证的有关规定相一致。

7.2 国际物流报关

报关是指进出口货物收发货人、物流服务商、进出境物品所有人或者他们的代理人向海关办理货物、物品或运输工具进出境手续及相关海关事务的过程，包括向海关申报、交验单据证件，并接受海关的监管和检查等，是履行海关进出境手续的必要环节之一。国际物流报关又分出口报关和进口报关两个环节。

7.2.1 海关与报关概述

1. 海关概述

（1）海关性质。

① 海关是国家的行政机关。

海关从属于国家行政管理体制，是国务院的直属机构。海关对内、对外代表国家依法独立行使行政管理权。

② 海关是国家的行政监督管理机关。

海关实施监督管理的范围是进出关境及与之有关的活动，监督管理的对象是所有进出关境的运输工具、货物和物品。

③ 海关监管是国家的行政执法活动。

海关监管是为保证国家有关法律、法规实施的行政执法活动，执法的依据是《中华人民共和国海关法》（以下简称《海关法》）和其他有关法律、行政法规。

《海关法》是管理海关事务的基本法律规范。值得注意的是，地方政府制定的法律规范不能作为海关执法依据，海关事务属于中央立法事权，立法者为全国人大及其常委会以及国家最高权力机关的执行机关——国务院。海关总署可以根据法律和国务院的法规、决定、命令执法，将制度规章作为执法依据的补充。

（2）海关的任务。

海关管理有四项基本任务，即监管进出境的运输工具、货物、行李物品、邮递物品和其他物品（监管），征收关税和其他税费（征税），查缉走私和编制海关统计。

① 监管。

海关监管是一项国家职能，其目的在于保证一切进出境活动符合国家政策和法律的规范，维护国家主权和利益。根据监管对象的不同，海关监管分为货物监管、物品监管和运输工具监管。

② 收取关税。

关税是国家财政收入的重要来源，也是国家宏观经济调控的重要工具。关税的征收主体是国家，《海关法》明确将征收关税的权力授予海关，由海关代表国家行使征收关税的职能。

③ 查缉走私。

查缉走私是海关为保证顺利完成监管和征税等任务而采取的保障措施。查缉走私指海关依照法律赋予的权力，在海关监管场所和海关附近的沿海沿边规定地区，为发现制止、打击、综合治理走私活动而进行的一项调查和惩处活动。

④ 编制海关统计。

海关统计以实际进出口货物作为统计和分析的对象，通过搜集、整理、加工，全面准确地反映对外贸易的运行态势，计算提供统计信息和咨询，实施有效的统计监督，开展国际贸易统计的交流与合作，促进对外贸易的发展。

（3）海关的管理体制与机构。

海关机构是国务院根据国家改革开放的形势以及经济发展战略的需要，依照海关法律而设立的。海关总署作为国务院的直属机构，其集中统一的垂直领导体制既适应了国家改革开放、社会主义现代化建设新时期的需要，也适应了海关自身建设与发展的需要，有力地保证了海关各项监督管理职能的实施。海关机构分为海关总署、直属海关和隶属海关三级，此外还设有海关缉私警察机构。隶属海关由直属海关领导，向直属海关负责；直属海关由海关总署领导，向海关总署负责。

① 海关总署。海关总署是国务院的直属机构，在国务院领导下统一管理全国海关机构、人员编制、经费物资和各项海关业务，是海关系统的最高领导部门。

② 直属海关。直属海关是指直接由海关总署领导，负责管理一定区域或范围内海关业务的海关。

③ 隶属海关。隶属海关是指由直属海关领导，负责办理具体海关业务的海关，是海关进出境监督管理职能的基本执行单位。

2. 报关概述

（1）报关的概念。

报关是指进出口货物收发货人、进出境运输工具负责人、进出境物品的所有人或者他们的代理人向海关办理货物、物品或运输工具进出境手续及相关海关事务的过程。

（2）报关的范围。

按照法律规定，所有进出境运输工具、货物、物品都需要办理报关手续。报关的具体范围如下。

① 进出境运输工具：国际航行船舶、航空器、车辆和驮畜等。

② 进出境货物：一般进出口货物；保税货物；暂准进出口货物；特定减免税货物；过境、转运、通运货物；特殊货物如水与电等。

③ 进出境物品：行李物品、邮递物品、享有外交特权和豁免权的公务用品和自用物品、国际快件等。

（3）报关的分类。

① 按照报关的对象，报关可以分为运输工具报关、物品报关和货物报关。

② 按照报关的目的，报关主要可以分为进境报关和出境报关。

③ 按照报关的实施主体，报关又可分为自理报关和代理报关两类。

7.2.2 一般进出口货物的报关

1. 一般进出口货物的含义

一般进出口货物是指在进出境环节缴纳了应纳的进出口税费并办结了所有必要的海关手续，海关放行后不再进行监管的进出口货物。其报关程序相对于其他特殊货物，如保税货物、特定减免税货物、暂准进出境货物来说，没有前期阶段和后续阶段，直接进入进出境阶段。

一般进出口货物的特征有：进出境环节缴纳进出口税费，进出口时提交相关的许可证件，海关放行即办结海关手续。

2. 一般进出口货物的报关程序

（1）申报。

① 申报地点。

全国通关一体化全面启动后，进出口企业可在任一海关进行申报，即企业可以根据实际需要自主选择在货物进出口岸报关、企业属地报关或其他海关报关，除必须进行转关操作的进出口货物以外，均可实现一体化作业模式申报。按照申报地点分类，报关方式可以分为以下四种：口岸海关报关、属地海关报关、在除口岸及属地海关外的其他海关报关、货物所在地的主管海关报关。

② 申报期限。

进口货物的申报期限为自装载货物的运输工具申报进境之日起 14 日内。申报期限的最后一天是法定节假日或休息日的，顺延至法定节假日或休息日后的第一个工作日。

出口货物的申报期限为货物运抵海关监管区后，装货的 24 小时以前。

进口货物的收货人未按规定期限向海关申报的，由海关按《海关法》的规定征收滞报金。进口货物自装载货物的运输工具申报进境之日起超过 3 个月仍未向海关申报的，货物由海关依照《海关法》的规定提取变卖处理。对不宜长期保存的货物，海关可以根据实际情况提前处理。

③ 申报方式。

目前，申报方式主要是采用电子数据报关单申报。

电子数据报关单申报，是指进出口货物的收发货人或受委托的报关企业通过计算机系统按照《中华人民共和国海关进出口货物报关单填制规范》的要求向海关传送报关单电子数据并备齐随附单证的申报方式。

④ 申报单证。

申报单证可以分为报关单和随附单证两大类，其中随附单证包括基本单证和特殊单证。

报关单是由报关员按照海关规定格式填制的申报单。如果由报关公司代理报关，还需要提供一份报关委托协议书，进出口收发货人自理报关的则不需要。

基本单证是指进出口货物的货运单据和商业单据，主要有装箱清单、商业发票、销售合同、进口提货单据、出口装货单据等。

特殊单证并非所有货物都需要，是指特定货物报关时需要的单证，主要有检验检疫通关单、加工贸易登记手册、进出口许可证、特定减免税证明、产地证等。

（2）海关查验。

海关查验，是指海关根据《海关法》为确定进出境货物的性质、价格、数量、原产地、货物状况等是否与报关单上已申报的内容相符，对货物进行实际检查的行政执法行为。

① 查验地点。

查验应当在海关监管区内实施。

因货物易受温度、静电、粉尘等自然因素影响，不宜在海关监管区内实施查验或者因其他特殊原因，需要在海关监管区外查验的，经进出口货物收发货人或其代理人书面申请，海关可以派关员到海关监管区外实施查验。

② 查验时间。

查验时间一般约定在海关正常工作时间内。

③ 查验方式。

海关实施查验可以彻底查验，也可以抽查。按照操作方式，查验可以分为人工查验和机检查验，人工查验包括外形查验、开箱查验等方式。

（3）缴税。

进出口货物收发货人或其代理人将报关单及随附单证提交给货物进出境地指定海关，海关对报关单进行审核，对需要查验的货物先由海关查验，然后核对计算机计算的税费，开具税款缴款书和收费票据。

纳税义务人应当在货物的进出境地向海关缴纳税款，经海关批准也可以在纳税义务人所在地向其主管海关缴纳税款（属地纳税）。

纳税义务人向海关缴纳税款的方式主要有两种：一种是持缴款书到指定银行营业柜台办理税费交付（柜台支付税费）手续；另一种是向签有协议的银行办理电子交付税费（网上支付税费）手续。

网上支付税费是指纳税义务人、银行、中国电子口岸数据中心和海关按照网上支付项目管理规定，通过中国电子口岸数据平台办理进出口税费缴纳手续的付税方式。

（4）放行。

海关放行是指海关接受进出口货物的申报、审核电子数据报关单和纸质报关单及随附单证、查验货物、征收税费或接受担保以后，对进出口货物做出结束海关进出境现场监管决定，允许进出口货物离开海关监管现场的工作环节。

7.2.3　保税加工货物的报关

1. 保税加工货物的含义

保税加工货物是指经海关批准未办理纳税手续，在境内加工、装配后复运出境的货物。

2. 保税加工货物的报关流程

保税加工货物报关的基本作业流程分为 5 个阶段。

（1）合同备案，申请设立加工贸易手册。

在此阶段，经营企业或其代理人在加工贸易合同经商务主管部门批准，料件尚未进口前，凭合同、批件等到加工企业所在地主管海关办理手册设立手续，由海关确认监管方式、征免性质、商品名称、数量、金额、单耗等情况，以及按规定办理银行保证金台账手续后，海关同意设立加工贸易手册。目前，无纸化通关手册（电子化手册）已经全面应用，企业在向海关办理加工手册设立手续时，海关不再核发纸质手册（或者所核发的纸质手册仅作为报核时的手册凭证）。企业办理通关手册设立手续后，海关核发加工手册号及手册的登记信息，企业凭以办理货物通关手续。

（2）办理料件进口报关手续。

在此阶段，经营企业或其代理人在保税料件进口时，凭取得的加工贸易手册及其他报关单证向海关申报，办理料件进口报关手续。

（3）加工期间配合核查。

在此阶段，被核查人应当接受并配合海关实施保税核查，提供必要的工作条件，如实反映情况，提供海关保税核查需要的有关账簿、单证等纸质资料和电子数据。海关查阅、复制被核查人的有关资料或者进入被核查人的生产经营场所、货物存放场所核查时，被核查人的有关负责人或者其指定的代表应当到场，并按照海关要求清点账簿、打开货物存放场所、搬移货物或者开启货物包装。

（4）按最终流向办理相关手续。

在此阶段，经营企业或其代理人根据加工贸易成品复出口转为内销或深加工结转等不同流向，分别按海关相关管理制度办理报关手续。

（5）办理报核手续。

在此阶段，经营企业或其代理人在核对确认加工贸易所需料件、生产成品复出口及单耗情况后，在规定的期限内向海关申请核销，经海关审核并按规定办理银行保证金台账销账手续后核销结案。

7.2.4　国际物流报关实务

1. 报关单概述

（1）报关单含义。

进出口货物报关单是指进出口货物的收发货人或其代理人，按照海关规定的格式对进出口货物的实际情况做出书面申明，以此要求海关对其货物按照适用的海关制度办理通关手续的法律文书。

（2）报关单类别。

按照货物的流转状态、贸易性质和海关监管方式的不同，进出口货物报关单可以分为以下几种类型。

按进出口状态分，报关单可以分为进口货物报关单和出口货物报关单。

按表现形式分，报关单可以分为纸质报关单和电子数据报关单。

按使用性质分，报关单可以分为进料加工进出口货物报关单、来料加工及补偿贸易进出口货物报关单和一般贸易及其他贸易进出口货物报关单。

按用途分，报关单可以分为报关单录入凭单、预录入报关单、电子数据报关单和报关单证明联。其中报关单证明联指海关在核实货物实际入、出境后按报关单格式提供的证明，用作企业向税务、外汇管理部门办结有关手续的证明文件。其包括：第一，出口货物报关单出口退税证明联；第二，进口货物报关单付汇证明联；第三，出口货物报关单收汇核销联。

2. 进口货物报关单的填制规范

表7-2所示为进口货物报关单样本。

表7-2 进口货物报关单样本

中华人民共和国海关进口货物报关单

预录入编号：				海关编号：			页码/页数：	
境内收货人	进境关别			进口日期		申报日期	备案号	
境外发货人	运输方式			运输工具名称及航次号		提运单号	货物存放地点	
消费使用单位	监管方式			征免性质		许可证号	启运港	
合同协议号	贸易国（地区）			启运国（地区）		经停港	入境口岸	
包装种类	件数	毛重（千克）	净重（千克）	成交方式		运费	保费	杂费

随附单证及编号
随附单证1：   随附单证2：

标记唛码及备注

项号 商品编号 商品名称及规格型号 数量及单位 单价/总价/币制 原产国（地区） 境内目的地 征免
1
2
3

特殊关系确认：   价格影响确认：   支付特许权使用费确认：   自报自缴

报关人员	报关人员证号	电话	海关批注及签章
兹申明以上内容承担如实申报、依法纳税之法律责任			
申报单位	申报单位（签章）		

（1）预录入编号。

预录入编号是指预录入报关单的编号，用于申报单位与海关之间引用其申报后尚未接受申报的报关单。一份报关单对应一个预录入编号，由系统自动生成。

（2）海关编号。

海关编号是指海关接受申报时给予报关单的编号。海关编号由各直属海关在接受申报时确定，并标记在报关单的每一联上。一般来说，海关编号就是预录入编号，由计算机自动打印，不须填写。

（3）进出境关别。

根据货物实际进出境的口岸海关，填报海关规定的《关区代码表》中相应口岸海关的名称及代码。

（4）备案号。

备案号是指企业的海关登记注册号。

（5）进口日期/出口日期。

进（出）口日期是指申报货物的运输工具申报进境（办结出境手续）的日期。

（6）申报日期。

申报日期是指海关接受进出口货物收、发货人或受其委托的报关企业向海关申报数据的日期。

（7）境内收、发货人。

境内收、发货人是指在海关备案的对外签订并执行进出口贸易合同的中国境内法人、其他组织或个人的名称及编码。

（8）运输方式。

运输方式指载运货物进出关境时所使用的运输工具的分类，包括实际运输方式和海关规定的特殊运输方式。实际运输方式专指用于载运货物实际进出关境的运输方式，主要包括江海运输、铁路运输、航空运输、汽车运输、邮递运输和其他运输（驮畜、电网、管道等）。

（9）运输工具名称及航次号。

运输工具名称指载运货物进出境的运输工具的名称或编号。航次号指载运货物进出境的运输工具的航次号。一份报关单只允许填报一个运输工具的名称，且与运输部门向海关申报的载货清单所列相应内容一致。

（10）提运单号。

提运单号是指进出口货物提单或运单的编号。一份报关单只允许填报一个提运单号。货物对应多个提运单时，应分单填报。无实际进出境的，免于填报。

（11）消费使用单位/生产销售单位。

消费使用单位是指已知的进口货物在境内的最终消费、使用单位，包括自行从境外进口货物的单位、委托进出口企业进口货物的单位等。生产销售单位是指出口货物在境内的生产和销售单位，包括自行出口货物的单位、委托进出口企业出口货物的单位等。

（12）监管方式。

进出口货物报关单上所列的监管方式专指以国际贸易中进出口货物的交易方式为基础，结合海关对进出口货物的监督管理，综合设定的对进出口货物的管理方式，即海关监管方式。

（13）征免性质。

征免性质是指海关对进出口货物实施征、减、免税管理的性质类别。本栏应按照海关核发的《征免税证明》中批注的征免性质填报，或根据实际情况按海关规定的《征免性质代码表》选择填报相应的征免性质简称或代码。一份报关单只允许填报一种征免性质。

（14）许可证号。

许可证号指国务院商务主管部门及其授权发证机关签发的进、出口货物许可证的编号。

（15）启运国（地区）/运抵国（地区）。

启运国（地区）指进口货物起始发出的国家（地区）。运抵国（地区）指出口货物直接运抵的国家（地区）。对于发生运输中转的货物，如中转地未发生任何商业性交易，则启运国（地区）/运抵国（地区）不变；如中转地发生商业性交易，则以中转地作为启运国（地区）/运抵国（地区），填写其中文名称或代码。

（16）启运港。

启运港指进口货物在运抵我国关境前的第一个境外装运港。

（17）合同协议号。

合同协议号是指在进出口贸易中，买卖双方或双方当事人根据国际贸易惯例或国家有关法律、法规，自愿按照一定条件买卖某种商品而签订的合同（包括协议或订单）的编号。

（18）境内目的地/境内货源地。

境内目的地是指进口货物在境内的消费、使用地或最终运抵地。境内货源地是指出口货物在境内的产地或原始发货地。

（19）成交方式。

本栏应根据实际成交价格条款，按照海关规定的《成交方式代码表》（见表7-3），选择填报相应的成交方式代码。无实际进出境的货物，进口填报 CIF，出口填报 FOB。

表7-3 成交方式代码表

成交方式代码	成交方式名称
1	CIF
2	CFR
3	FOB
4	C&I①
5	市场价
6	垫仓

（20）运费。

运费是指进出口货物从始发地运至目的地的国际运输所需要的各种费用。

本栏用于成交价格中不包含运费的进口货物（FOB 进口）或成交价格中含有运费的出口货物（CIF、CFR 出口）填报国际运输费用。

运费可按单价、总价或运费率三种方式之一填报，同时注明运费标记，并按海关规定的《货币代码表》选择填报相应的币种代码。

---

① 指成本加保险，是一种非定型的国际贸易条件。

（21）保费。

保费指被保险人为承保某种损失、风险而支付给保险人的对价或报酬。

本栏用于成交价格中不包含保费的进口货物（CFR、FOB 进口）或成交价格中含有保费的出口货物（CIF 出口）填报。

（22）杂费。

杂费是指成交价格以外的应计入完税价格或应从完税价格中扣除的费用，如手续费、佣金、回扣等。

（23）件数。

件数是指有外包装的单件进出口货物的实际件数，货物可以单独计数的一个包装称为一件。舱单件数为集装箱的，填报集装箱个数；舱单件数为托盘的，填报托盘数。不得填报为零，裸装货物填报"1"。

（24）包装种类。

报关单所列的"包装种类"是指进出口货物在运输过程中外表所呈现的状态，包括包装材料、包装方式等。一般情况下，应以装箱单或提运单据所反映的货物处于运输状态时的最外层包装（运输包装）作为"包装种类"向海关申报，并相应计算件数。

（25）毛重。

毛重是指商品重量加上商品的外包装材料的重量。

（26）净重。

净重是指货物的毛重扣除外包装材料后的重量，即商品本身的实际重量。部分商品的净重还包括直接接触商品的销售包装材料的重量（如罐装食品等）。

商品的净重一般都在合同、发票、装箱单或提运单据的"Net Weight（NW）"栏体现。合同、发票等有关单证不能确定净重的货物，可以估重填报。

（27）随附单证及编号。

随附单证是指随进（出）口货物报关单一并向海关递交的单证或文件。合同、发票、装箱单、许可证等必备的随附单证不在本栏填报。本栏应按海关规定的《监管证件名称代码表》选择填报相应证件的代码，并填报每种证件的编号（编号打印在备注栏下半部分）。

（28）标记唛码及备注。

本栏用于填报标记唛码、备注说明和集装箱号等与进出口货物有关的文字或数字。

（29）项号。

项号是指所申报货物在报关单中的商品排列序号及该项商品在《加工贸易登记手册》或《征免税证明》等备案、审批单证中的顺序编号。

（30）商品编号。

商品编号是指在《商品名称及编码协调制度》的基础上，按商品归类规则确定的进出口货物的海关监管商品代码。

（31）商品名称及规格型号。

商品名称是指国际贸易缔约双方同意买卖的商品名称。报关单中的商品名称是指进出口货物规范的中文名称。

规格型号是指反映商品性能、品质和规格的一系列指标，如品牌、等级、成分、含量、纯度、尺寸等。

（32）数量及单位。

本栏分三行填报，具体填报要求如下。

① 第一行填报法定第一计量单位及数量。

② 第二行填报法定第二计量单位及数量。海关法定计量单位中列明无第二计量单位的第二行为空。

③ 第三行填报成交计量单位及数量。

（33）原产国（地区）/最终目的国（地区）。

原产国（地区）是指进口货物的生产、开采或加工制造的国家或地区。最终目的国（地区）指已知的出口货物最后交付的国家或地区，也即最终实际消费、使用或做进一步加工制造的国家或地区。

进口货物报关单"原产国（地区）"栏按《国别（地区）代码表》选择填报相应的国家（地区）名称或代码，出口货物报关单"最终目的国（地区）"栏按《国别（地区）代码表》选择填报相应的国家（地区）名称或代码。

（34）单价/总价/币制。

单价是指进出口货物实际成交的商品单位价格的金额部分。总价是指进出口货物实际成交的商品总价的金额部分。币制是指进出口货物实际成交价格的计价货币的名称。

（35）征免。

征免是指海关依照《海关法》《中华人民共和国进出口关税条例》及其他法律、行政法规，对进出口货物进行征税、减税、免税或特案处理的实际操作方式。同一份报关单上可以填报不同的征、减、免税方式，其中包括：照章征税、折半征税、全免；特案减免、随征免性质、保证金、保函。

（36）申报单位。

申报单位是指对申报内容的真实性直接向海关负责的企业或单位。自理报关的，应填报进（出）口货物的经营单位名称及编码；委托代理报关的，应填报经海关批准的专业代理报关企业名称及编码。本栏指报关单左下方用于填报申报单位有关情况的总栏目。

7.3　国际物流报检

为了保障买卖双方的利益，避免发生争议或发生争议后便于分清责任，需要一个权威、公正、专业的检验鉴定机构对卖方所交付货物的品质、数量、包装等进行检验并出具检验证书，作为买卖双方交接货物、支付货款、进行索赔和理赔的依据。

7.3.1　国际物流报检概述

1. 报检的含义

报检是指有关当事人根据法律、行政法规的规定，对外贸易合同的约定或证明履约的需要，向检验检疫机构申请检验、检疫、鉴定，以获准出入境或取得销售使用的合法凭证及某种公证证明所必须履行的法定程序和手续。

2. 报检范围

（1）国家法律法规规定须经检验检疫的。

（2）输入国家或地区规定必须凭检验检疫证书方准入境的。

（3）有关国际条约规定须经检验检疫的。

（4）申请签发原产地证明书及普惠制原产地证书的。

7.3.2 报检业务的基本流程

出入境检验检疫业务流程是指报检/申报、计费/收费、抽样/采样、检验检疫、卫生除害处理（检疫处理）、签证与放行的全过程。

1. 报检/申报

报检/申报是指申请人按照法律、法规或规章的规定向检验检疫机构报请检验检疫工作的手续。检验检疫机构工作人员审核报检人提交的报检单内容填写是否完整、规范，随附的单证资料是否齐全、有效、符合相关规定，索赔或出证是否超过有效期等，审核无误的，方可受理报检。

2. 计费/收费

对已受理报检的，检验检疫机构工作人员按照《出入境检验检疫收费办法及标准》的规定计收检验检疫费。

3. 抽样/采样

对需实施检验检疫并出具结果的出入境货物，检验检疫工作人员需到现场抽取（采取）样品。抽取（采取）的样品不能直接进行检验的，需要对样品进行一定的加工，这称为制样。根据样品管理的规定，样品及制备的小样经检验检疫后应重新封存，超过样品保存期后方可销毁。

4. 检验检疫

检验检疫机构对已报检的出入境货物，通过感官、物理、化学、微生物等方法进行检验检疫，以判定所检对象的各项指标是否符合有关强制性标准或合同及买方所在国官方机构的有关规定。目前，检验检疫的方式包括全数检验、抽样检验、型式试验、过程检验、登记备案、符合性验证、符合性评估、合格保证和免予检验等。

根据《出口工业产品企业分类管理办法》，对出口工业产品，检验检疫机构按照不同的企业类别和产品风险等级分别采用特别监管、严密监管、一般监管、验证监管、信用监管五种不同的检验监管方式。

5. 卫生除害处理（检疫处理）

按照《中华人民共和国国境卫生检疫法》及其实施细则、《中华人民共和国进出境动植物检疫法》及其实施条例的有关规定，检验检疫机构对来自传染病疫区或动植物疫区的有关出入境货物、交通工具、运输工具以及废物品等实施卫生除害处理。

6. 签证与放行

出境货物，经检验检疫合格的，检验检疫机构签发《出境货物通关单》及相关检验检疫证书，并按有关规定与海关实施通关单联网核查，办理货物通关手续；经检验检疫或口岸核查货证不合格的，签发《出境货物不合格通知单》。

入境货物，检验检疫机构受理报检并进行必要的卫生除害处理或检验检疫后签发《入境货物通关单》，并按有关规定与海关实施通关单联网核查。入境货物通关后经检验检疫合格，或经检验检疫不合格，但已进行有效处理合格的，签发《入境货物检验检疫证明》，进口食品签发《卫生证书》；不合格需做退货或销毁处理的，签发《检验检疫处理通知书》，不合格需办理对外索赔的，签发检验检疫证书，供有关方面办理对外索赔及相关手续。

7.3.3　国际物流报检实务

1. 报检单填制的基本要求

（1）做到"三个相符"。填制报检单时，企业应按照检验检疫相关法律、法规的规定和要求，向检验检疫机构如实申报货物信息。报检单的填制必须真实，做到"三个相符"：单证相符、单货相符、纸质报检单内容与电子数据信息相符。

（2）填制内容应与随附单证相符。企业应按所申报货物的信息准确填制报检单。报检单填制应完整、准确、真实，不得涂改。

（3）填制完毕的报检单应加盖报检单位公章或已经向检验检疫机构备案的"报检专用章"，报检人应在签名栏手签，不得打印或代签。

（4）填制完毕的报检单在发送数据和办理报检手续前必须认真审核，检查是否有错填、漏填的栏目，所填写的各项内容必须完整、准确、清晰，不得涂改。

2. 报检单填制过程中易出现的问题

（1）纸质单据与电子数据不一致。

有的企业在电子申报系统中录入报检数据时，可能会复制了之前单证而忘记修改或有其他疏忽造成所发送的电子数据有误。报检员发现后，往往只是在打印纸质报检单时进行了修改，并打印出报检单，但是对电子数据却没有进行相应的修改。这是纸质单据和电子数据不一致最常见的原因之一。在日常工作中，企业必须按照成功发送的电子数据打印纸质报检单。对于已经受理报检的电子数据有误的，须填写更改单，至检验检疫机构办理更改手续。

（2）空项。

有的报检员在发送电子数据和填制报检单时，对系统设定的非必输项不录入任何数据。

（3）填制不规范。

报检员在填制报检单时，应根据检验检疫机构的要求规范地录入报检单。对于需要选择的项目，应按照实际情况选择合适的项目。在填制和选择时，不能填制较笼统或不确切的内容。

例如，有的报检员在填制报检单时，"用途"一栏不管什么货物一律都选择"其他"，这种做法在日常工作中是必须要避免的。

本章小结

本章主要介绍了国际物流服务的相关内容。通过本章的学习，读者了解了国际货物运输保险的概念及分类；了解了国际海运保险，陆运、空运及邮包货运保险的险别和责任范围；熟悉了国际物流报关的相关概念和分类。

课后习题

一、名词解释

推定全损　共同海损

二、选择题

1. "离岸重量，离岸品质"指的是在（　　　）的约定方法。

 A. 出口国检验   B. 进口国检验

 C. 第三国检验   D. 出口国检验，进口国复验

2. 抽取（采取）的样品不能直接进行检验的，需要对样品进行一定的加工，这称为（　　　）。

 A. 抽样   B. 采样   C. 存样   D. 制样

3. 海关的基本任务是（　　　）。

 A. 监管   B. 征税   C. 查缉走私   D. 编制海关统计

4. 进出境货物的通关，一般来说，可分为（　　　）等环节。

 A. 申报   B. 查验   C. 征税   D. 放行

5. 检验的方法有（　　　）等。

 A. 仪器分析检验   B. 物理检验   C. 感官检验   D. 微生物检验

三、简答题

1. 简述保险的基本原则。

2. 我国海上货物运输保险的险别有哪几种？各自的责任范围有何区别？

3. 平安险的责任范围有哪些？自然灾害造成的损失，平安险是否都予以赔偿？

4. 什么是报关？报关业务的基本程序是什么？

第8章 跨境电商物流

【知识结构图】

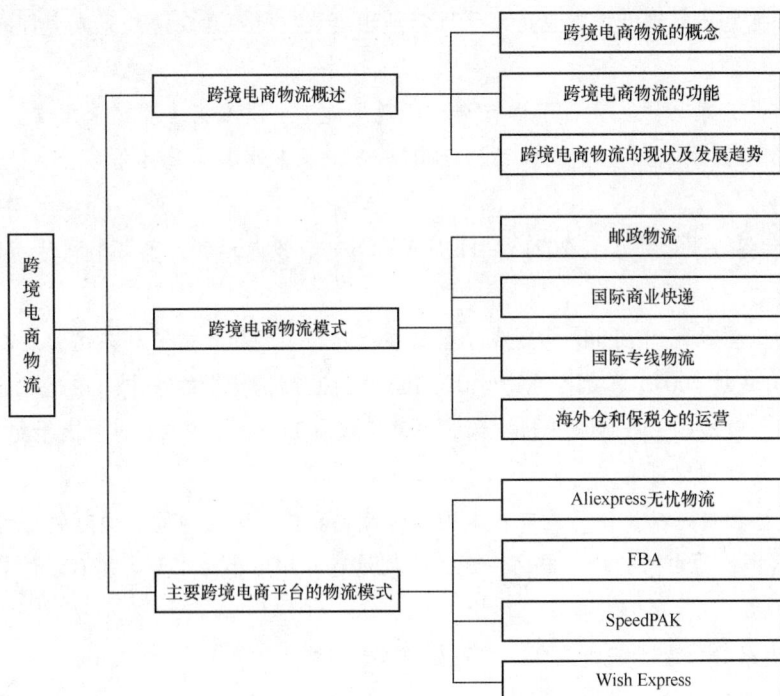

【学习目标】

1. 掌握跨境电商物流的概念及活动过程。
2. 了解跨境电商的物流模式。
3. 掌握跨境电商的仓储模式。
4. 了解各大电商平台的物流方式。

【导入案例】

菜鸟网络：跨境物流新基建和科技出海

海外"双 11"的首批快递包裹已飞速送达。

在南亚，菜鸟为电商平台 Daraz 在巴基斯坦卡拉奇和拉合尔两地建设的自动化快递分拨中心已赶在"双 11"之前完工，双 11 快递"爆仓"成为过去式。不难发现，"双 11"海外快递不仅变得更快，而且消费者收货更加方便。这其实得益于菜鸟的物流基建和物流科技在海外正在发挥着越来越大的作用。

巴基斯坦卡拉奇、拉合尔的两座崭新的数字化分拨中心，自动化流水线正飞速运转，原本过去 4 个小时的工作，缩短至 1 个小时就能完成。自动化系统在很大程度上提高了派件效率，突破了南亚电商平台 Daraz 的供应链瓶颈，让整个电商链路都更加顺畅。过去，由于落后的物流设施，消费者收快递总是出问题，总是要等很久，甚至不时还有快递送错了。

为了补齐快递物流的短板，Daraz 找到了菜鸟。菜鸟的物流科技团队带着装了整整 35 个集装箱的设备，把整体解决方案打包运到了巴基斯坦。这也是菜鸟在海外完成交付的首个深度集成智能项目。

短短两个月，菜鸟团队克服了语言沟通、现场施工、洪水灾害等重重困难。如今，Daraz 的两个分拨中心日均包裹处理能力可达 100 万个，分拣效率提升 4 倍以上，人为错误减少 9 成。

自 2018 年签订土地协议到 2021 年 11 月正式开仓、投入运营，菜鸟比利时列日 eHub 的建设速度迅猛。

建成后的比利时列日 eHub 立刻成了菜鸟在欧洲核心的物流枢纽。在运营后的第一个"双 11"，这里就有超过 700 万单货品通过列日 eHub 送达欧洲消费者的手中。在此基础上，菜鸟又建设了覆盖整个欧盟国家的区域卡班网络，并建成欧洲 7 个分拨中心，布局上千组末端自提柜，扎实推进产业互联网建设。

菜鸟的这些物流基础设施，让来自中国的跨境包裹在列日当地的处理时效平均提升了 8～12 个小时，这不仅为中国的跨境电商，还为欧洲消费者和中小商家带去了真正的普惠服务。

思考题：

1. 菜鸟网络的物流新基建是什么？是如何实现的？
2. 菜鸟网络的科技出海是如何体现的？

8.1　跨境电商物流概述

8.1.1　跨境电商物流的概念

随着经济和信息技术的发展，跨境电商已然成为我国对外贸易的新业态和新渠道，日益扩大的跨境电商交易规模给跨境电商物流带来了巨大的潜在市场。

跨境电商物流是指以跨境电商平台为基础，在两个或两个以上的国家（地区）之间进行的物流服务。由于跨境电商的交易双方分属不同的国家（地区），商品需要从供应方所在国家（地区）通过跨境电商物流方式实现空间位置的转移，再到需求方所在国家（地区）实现最后的物流与配送。

根据跨境商品的位置移动轨迹，跨境电商物流可以分为 3 段：发出国（地区）境内段物流、国际段物流和目的地境内段物流。跨境电商商品种类繁多，应使用小批量、高频次的运输方式；商品体积重量差别很大，不同品类的商品所需要的运输和仓储解决方案各异。因此，跨境电商物流要实现一站式、门到门的服务，各段物流的有效衔接就显得尤为重要。

实现物品所有权转移的过程即商流。信息流是跨境电商供应链各环节使用价值畅通的重要保障。跨境电商物流活动的过程如图 8-1 所示。

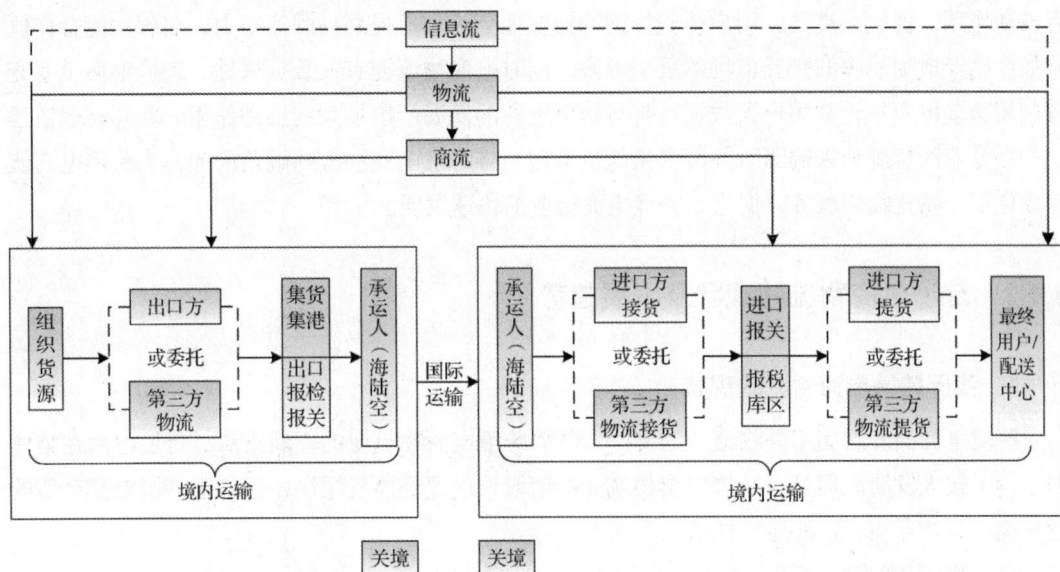

图 8-1　跨境电商物流活动的过程

8.1.2　跨境电商物流的功能

跨境电商正处于 2.0 时代，相关行业标准、准入标准、监管保障日益完善，全世界逐渐成为一个自由流通的 B2C 市场。随着跨境电商产业日渐成熟，跨境电商竞争的焦点已经转移到物流供应链的解决方案上了。跨境电商物流的功能具体表现在仓储管理、运输配送、附加价值三个方面。

1. 仓储管理——规范化、智能化、定制化

跨境电商的物流仓储属于第三方外包仓储物流。以联邦转运为例，该企业在全世界各货源地建设货仓，搭建了一张覆盖全球的仓储网络，建立了标准化管理仓库和一套科学的仓储管理办法。仓库与使用者在地理上也许相隔万里，因此使用者必须通过现代通信技术对库存进行实时监控管理，这就要求跨境电商企业配套智能且易于操作的库存管理系统，以便各个非物流专业的使用者方便地管理库存，实现信息流、物流的无缝对接。总体来说，跨境电商企业的仓储建设投资比重很大，在整个物流解决方案中占据重要地位。

2. 运输配送——强化风控能力，精简中转环节，严选合作伙伴

跨境电商整个配送流程最少经过"三转两关"，在货物经过层层转手转包，风险呈几何倍数增加的同时，层层转包产生的溢价必然转嫁到用户身上。货物一旦出现丢失、损毁，常常会出现权责不清、互相推诿的情况。以联邦转运为代表的试点企业将独立面对终端用户，承担运输合同规定的相应责任和义务，这就要求跨境电商企业强化风控能力，提高选择合作伙伴的标准，剔除层层转包环节，独立运营整个流转过程。

3. 附加价值——开拓市场、大数据、采购与供应链管理

物流服务的本质是利用资源来满足用户的需求，因此物流服务的质量对用户价值的产生具有推动作用。优质、高效、用户体验好的物流伙伴会极大地提高品牌竞争力，名牌物流合作伙伴如今已经成为品牌商打开市场的重要手段。同时电商物流拥有大数据属性，跨境电商企业充分利用跨境电商平台和用户大数据，将对跨境电商的发展产生极大的推动作用。联邦转运搭建了一个专业的货源地采购团队并配套供应链管理，将跨境电商物流的触角前伸，为跨境电商伙伴提供了一站式物流服务，促进了跨境电商行业的快速发展。

8.1.3 跨境电商物流的现状及发展趋势

1. 我国跨境电商物流的现状

跨境电商的发展离不开物流业的支持。随着跨境电商物流业的不断发展，跨境电商在整体上获得了较大发展。但是，跨境电商物流业产值增长速度整体较缓慢，远低于跨境电商产值的增长速度，还存在一定的滞后性。

（1）物流基础设施不完善。

传统的国内物流基础设施相对完善，但跨境电商物流体系仍有待改善。跨境电商由于涉及报关等事务，所以物流运输周期长、物流运输方式复杂等问题突出。因此，建立更加完善的跨境电商物流体系，引入更加先进的物流设施成为解决该类问题的主要办法。

（2）跨境电商物流发展速度与跨境电商需求吻合度较低。

我国跨境电商虽起步较晚，但跨境电商的发展速度和发展规模都已达到较高的水平。与从事传统国内物流服务的企业相比，从事跨境电商物流服务的企业数量较少，跨境电商物流的配送服务大多由国际快递企业完成。但是，如此巨大的国际物流市场仅依靠国际快递企业还是远远不够的，需要不断完善和加强。

（3）物流专业化水平不高。

跨境电商是跨境交易，其交易流程和运输方式都比国内电子商务更复杂，涉及国际快递运输、报关、报税、报检等程序。我国现有的物流企业主要是第三方物流企业，主要为国内电子商务服务，尚缺乏大型的、专业的、具备高水平物流服务经验和动力的跨境物流企业。

（4）政府政策支持不足。

我国现已出台一些支持跨境电商发展的政策，跨境电商的发展逐渐受到人们的重视。但是，由于扶持相关企业的政策不足，这在一定程度上阻碍了跨境电商企业及相关物流企业的快速发展。

2. 我国跨境电商物流的发展趋势

（1）构建跨境电商物流网络。

跨境电商物流包括境内物流、出境清关、国际物流、目的地清关与商检、目的地物流、目的地配送等多个环节。我国物流企业需要与国际物流企业建立稳定的合作关系，搭建多层次、多元化、高效率的物流服务平台，这样才能够逐渐向全球物流网络进行渗透，有效解决不同物流配送环节间的衔接、协同问题。

（2）重视物流风险监测。

对物流企业来说，跨境电商物流配送的复杂性使得众多物流风险难以避免，要想将各种物流风险的发生概率与影响降到最小，就必须重视对物流风险的监督与预测，利用信息化手段建立完善的物流风险监测体系，以有效应对各种物流风险。

（3）建立海外仓与边境仓。

针对当前跨境电商物流模式的基础设施问题，物流企业可以从海外仓与边境仓的建设入手。物流企业需要对自身跨境电商物流配送区域内各地区的货物需求进行调查，并通过对配送距离、交通情况、物流水平、配送时间、货物需求量等因素的综合考虑，在各地区设置专门的海外仓，为当地需求量较大的货物提供阶段性的仓储服务，从而降低物流成本、缩短发货周期与配送时间。边境仓在功能上与海外仓类似，通常建在本国边境处，并根据目的地的货物需求存储货物，同样能够缩短配送距离与时间、降低物流成本。

（4）推动物流模式多元化。

跨境电商物流模式在流程与合作关系上都十分复杂，因此在合作方不同、目的地不同、配送货物不同的情况下，对物流配送的要求往往会存在较大的差异。为满足多样化的物流配送要求，物流企业必须引入多种物流模式，并结合各种物流模式的特点与优势进行灵活组合、搭配，从而设计出比较合理的综合物流模式。

（5）加大政策支持力度。

政府需要对跨境电商物流模式的创新发展给予强有力的政策支持，从而解决当前跨境电商物流在政策规定与法律体系等方面存在的诸多问题。例如，在海关、商检环节中，可以对监管数据标准进行全面创新，坚持以开放性的原则开展进出口报关、检验检疫等工作，对出口货物信息、货物检验检疫情况等数据进行公布，充分发挥社会监管的作用，提高监管效率。

（6）强化信息技术应用。

信息化管理对跨境电商物流模式的发展有着非常重要的意义。在大数据时代，国内物流企业必须将各种先进的大数据及信息技术应用到跨境电商物流体系中，以提高自身的跨境电商物流配送能力。首先，物流企业需要对整个跨境电商物流配送流程的业务操作进行全面规范，为信息化管理奠定良好的基础。其次，物流企业通过自身业务系统与电商网站之间的无缝对接，实现信息资源共享，让物流企业、商家、消费者可以精准地掌握物品的物流状态，这样既可以加强商家与物流企业间的协同合作，也能够提高消费者的满意度。最后，物流企业还可以利用大数据，综合运用精准定位、云计算和云存储等信息技术，对消费者需求、消费者偏好等开展预测性分析，从而为企业发展决策提供参考。

8.2 跨境电商物流模式

在跨境电商交易中，跨境电商物流一直是制约整个跨境电商行业发展的关键性因素，配送速度和配送质量会直接影响消费者的购物体验。随着跨境电商的迅速崛起，跨境电商物流模式逐步向正规化、合法化、多样化发展，从原先单一的传统物流模式演变成邮政物流、国际商业快递、国际专线物流等多元模式并存的新模式。

8.2.1 邮政物流

在了解邮政物流之前，跨境电商经营者应先了解万国邮政联盟（Universal Postal Union，UPU，"万国邮联"或"邮联"）。它是商定国际邮政事务的国际组织，其宗旨是组织和改善国际邮政业务，发展邮政方面的国际合作，以及在力所能及的范围内给予会员所要求的邮政技术援助。万国邮联规定了国际邮件转运自由的原则，统一了国际邮件处理手续和资费标准，简化了国际邮政账务结算办法，确立了各国（地区）邮政部门争讼的仲裁程序。截至 2021 年 9 月，万国邮政联盟有 192 个成员，其中包括我国。通过该组织，我国跨境电商经营者可以将一个包裹或信件从我国寄送到其他国家或地区。

在跨境电商邮政物流中，国际邮政包裹又以国际邮政小包居多。在万国邮政联盟中，跨境电商使用较多的有中国邮政、新加坡邮政等。国际邮政小包的优势较明显，其价格便宜且方便个人操作以实现通关；但其劣势也较为明显，主要有递送时间久、包裹丢失率高、非挂号件难以查看进度等。国际邮政包裹适合轻、小型商品，在货物体积、重量、形状等方面限制较多。在一些国家通关政策变化的影响下，国际邮政小包受到限制，如俄罗斯宣布 2015 年 1 月 15 日起停收邮政平常小包，美国自 2014 年 11 月起逐渐停止扫描国际邮政小包。

1. 中国邮政航空大包、小包

（1）中国邮政航空大包。

中国邮政航空大包（China Post Air Parcel），俗称"航空大包"或"中邮大包"。中国邮政航空大包除了航空大包外，还包括水陆运输的大包。本书所提及的中邮大包仅指航空大包。中邮大包可寄达全球 200 多个国家和地区，其价格低廉，清关能力强。对时效性要求不高且稍重的货物，可优先选择使用此方式发货。

① 中邮大包的资费标准。

中邮大包运费根据包裹重量按 kg 计费，1kg 起重。中邮大包的相关资费及体积和重量限制因运输物品的重量及目的地的不同而有所不同，其详细资费标准可参见中国邮政网站。

② 中邮大包的重量和体积限制。

a. 重量限制：0.1kg≤重量≤30kg[部分国家（地区）不超过 20kg，每票快件不能超过 1 件]。

b. 体积限制：

- 单边≤1.5m，长度+长度以外的最大横周≤3m；

- 单边≤1.05m，长度+长度以外的最大横周≤2m；
- 中邮大包最小尺寸限制为最小边长不小于 0.24m，宽不小于 0.16m。

③ 中邮大包的优点。

中邮大包具有中国邮政的大部分优点，主要包括以下内容。

- 成本低，价格比 EMS 低，且和 EMS 一样不计算体积重量，没有偏远附加费。
- 通达地多，中邮大包可通达全球大部分国家和地区，且清关能力非常强。
- 运单操作简单，中邮大包的运单简单，操作方便。

④ 中邮大包的缺点。

- 部分国家（地区）限重 10kg，最重不能超过 30kg。
- 妥投速度慢。
- 查询信息更新慢。

（2）中国邮政航空小包。

中国邮政航空小包（China Post Air Mail），俗称"中邮小包""空邮小包""航空小包"，包括其他以收寄局命名的小包（如"北京小包"），重量在 2kg 以内（阿富汗规定在 1kg 以内），外包装长、宽、高之和小于 90cm，且最长边小于 60cm。通过邮政空邮服务寄往境外的小邮包，也可以称为国际小包。国际小包可以分为中国邮政平常小包（China Post Ordinary Small Packet Plus）和中国邮政挂号小包（China Post Registered Air Mail）两种。二者的主要区别在于，利用挂号小包提供的物流跟踪条码能实时跟踪邮包在大部分目的地内的实时状态，而对于平常小包，只能通过面单条码以电话查询方式查询邮包在目的地的状态。

① 中邮小包的资费标准。

中邮小包运费根据包裹重量按 g 计费，1g 起重。重量在 30g 及以下的包裹按照 30g 的标准计算运费，重量在 30g 以上的包裹按实际重量计算运费。每个单件包裹限制重量在 2kg 以内，免挂号费。挂号服务费每单（包裹）8 元。

② 中邮小包的参考时效。

正常情况下：15～35 天到达目的地。

特殊情况下：36～60 天到达目的地（巴西为 90 天左右）。特殊情况包括节假日、政策调整、旺季运力不足、因暴风雪延误、目的地偏远等。

③ 中邮小包的重量和体积限制。

中邮小包的重量和体积限制如表 8-1 所示。

表 8-1　中邮小包的重量和体积限制

包裹形状	重量限制	最大体积限制	最小体积限制
方形包裹	小于 2kg （不包含）	长+宽+高≤90cm	至少有一边的长度≥14cm
		单边长度≤60cm	宽度≥9cm
圆柱形包裹		2 倍直径及长度之和≤104cm	2 倍直径及长度之和≥17cm
		单边长度≤90cm	单边长度≥10cm

④ 中邮小包的优点。

- 运费比较便宜，此外，它送达部分国家和地区的时间并不长，属于性价比较高的物流方式。
- 邮政包裹在海关操作方面比快递简单很多，享有绿色通道，因此中邮小包的清关能力很强，且其派送网络的覆盖面非常广。
- 中邮小包本质上属于民用包裹，不属于商业快递，因此能邮寄的物品种类比较多。

⑤ 中邮小包的缺点。

- 限重 2kg，阿富汗限重 1kg。如果包裹重量超过 2kg，部分卖家就要将其分成多个包裹寄递，甚至只能选择其他物流方式。
- 运送时间总体比较长，如俄罗斯、巴西等国家超过 40 天才显示买家签收，这都是正常现象。
- 许多国家和地区不支持全程跟踪，而且中国邮政官方网站也只能跟踪境内部分，境外部分不能实现全程跟踪，因此卖家需要借助社会公司的网站或登录寄达地的查询网站进行跟踪，信息查询很不方便。

2. 境外邮政国际小包

境外邮政国际小包是指其他国家或地区的邮政航空国际小包，主要有平邮和挂号两种服务类型。境外邮政国际小包（邮政小包）一般以国家或地区名称作为名称开头，如比较常用的有荷兰邮政小包、新加坡邮政小包、瑞典邮政小包等。境内的跨境电商商户通常会去掉"邮政"二字，使其名称简单易读，如荷兰邮政小包简称"荷兰小包"。

境外邮政国际小包是使用较多的一种国际物流方式，依托万国邮政联盟网点覆盖全球，其对重量、体积、禁限寄物品要求等方面在不同国家和地区存在很多共同点，同时也或多或少有一些区别，主要体现在不同区域有不同的价格和时效标准，对承运物品的限制也不同。境外邮政国际小包在带电产品、纯电池、液体及固体化妆品等寄送限制方面比中国邮政小包更加宽松，从而成为我国跨境电商出口零售领域非常重要的跨境物流渠道。

下面对常用的境外邮政国际小包的特点做简要介绍。

（1）新加坡小包：价格适中，服务质量高于境外邮政国际小包一般水平，并且是目前常见的手机、平板电脑等含锂电池产品的运输渠道。

（2）瑞士小包：时效较快，但价格较高，通关能力强，欧洲申根国家免报关。

（3）瑞典小包：时效较快，通关及投递速度较快，且价格较低，它是寄往俄罗斯首选的物流方式。

3. 国际 e 邮宝

国际 e 邮宝（ePacket），是中国邮政为适应国际电子商务寄递市场的需要，为卖家量身定制的全新经济型国际邮递服务。国际 e 邮宝主要提供针对轻小件物品的空邮服务，为我国卖家提供发向美国、加拿大、英国、法国、澳大利亚等国家和地区的包裹寄递服务。

国际 e 邮宝隶属中国邮政速递物流股份有限公司。

（1）国际 e 邮宝的资费标准。

对于不同的国家和地区，国际 e 邮宝的资费标准不同，对包裹的重量限制也不同。其资费标准可参见中国邮政速递物流官方网站。

（2）国际e邮宝的参考时限。

一般情况下，国际e邮宝可在7～10个工作日内完成妥投，节假日、政策调整、旺季运力不足、因暴风雪延误、目的地偏远等特殊情况除外。

（3）国际e邮宝的重量和体积限制。

国际e邮宝的重量和体积限制如表8-2所示。可以看出，国际e邮宝的寄送限制与中邮小包有差异。

表8-2　国际e邮宝的重量和体积限制

包裹形状	重量限制	最大体积限制	最小体积限制
方形包裹	小于2kg （不包含）	长+宽+高≤90cm	宽度≥11cm，长度≥14cm
		单边长度≤60cm	宽度≥9cm
圆柱形包裹		2倍直径及长度之和≤140cm	2倍直径及长度之和≥17cm
		单边长度≤90cm	单边长度≥11cm

4. 国际EMS

国际EMS是指全球邮政特快专递，属于国际快递的一种，是不同的国家和地区的邮政合办的一项特殊邮政业务，主要提供递送国际紧急信函、文件资料、金融票据、商品货样等各类文件资料和物品服务。国际EMS清关能力强，妥投时效快，不需要加收燃油附加费。

国际EMS业务是不同的国家和地区邮政合办的，因而在各个国家和地区的邮政、海关、航空等部门均享有优先处理权，这也是国际EMS与UPS、FedEx、DHL、TNT等国际商业快递的重要区别。

一般而言，EMS包括国内EMS（国内特快专递）和国际EMS，二者的资费不同，面单不同，配送服务也不同，但通常统称为EMS。下面主要介绍国际EMS。

（1）国际EMS的资费标准。

国际EMS的资费标准可参见中国邮政速递物流官方网站。

（2）国际EMS的参考时效。

国际EMS的投递时间通常为3～8个工作日，不包括清关的时间。由于各个国家和地区的邮政、海关处理的时间长短不一，有些国家和地区的包裹投递时间可能长一些，各个国家和地区的承诺妥投时间以EMS官方网站公布的为准。

（3）国际EMS的重量和体积限制。

- 重量限制：单个包裹的计费重量不得超过30kg，不同地区略有差异。
- 体积限制：单个包裹长、宽、高任一边必须小于1.5m，最短面周长+最长单边必须小于3m。

（4）国际EMS的优点。

- 投递网络强大，覆盖面广，价格比较合理，不算抛重，而是以实重计费。
- 不用提供商业发票就可以清关，而且具有优先通关的权利，即使通关不过，货物也可以免费运回境内，其他快递则一般要收费。

- 适用于小件及对时效要求不高的货物。
- 寄往南美洲的国家及俄罗斯等国家，在运费、清关等方面有绝对优势。

（5）国际 EMS 的缺点。

- 相对于商业快递来说速度较慢。
- 查询网站信息滞后，一旦出现问题只能书面查询，查询的时间较长。
- 不能一票多件，且寄大件货物价格偏高。

8.2.2　国际商业快递

国际商业快递是跨境电商中使用率仅次于邮政小包的物流模式。全球性国际快递公司主要有 UPS、FedEx、DHL 和 TNT，这 4 家全球性国际快递公司在全球已经形成了较为完善的物流体系，几乎覆盖全球的各个重点区域。此外，我国的本土快递公司也在逐步开展跨境电商物流业务，如顺丰速运、申通快递、韵达速递等，对跨境电商物流的发展起到了促进作用。

国际商业快递对信息的提供、收集与管理有较高的要求，以全球自建网络及国际化信息系统为支撑，其显著优点在于货物运输时效性强，能够提供实时的物流信息，运输过程中丢包率较低。国际商业快递全球网络较完善，能够实现报关、保险等辅助业务，提供货物包装与仓储等服务，可以实现门到门服务及货物跟踪服务。但是，国际商业快递成本较高，因为其在各国的计费依据、计费标准、服务时限、售后服务方面的标准均不同，操作模式也不相同，这些因素都在一定程度上提高了国际商业快递业务的成本。另外，国际商业快递也有一些限制，如在一些国家和地区，某些货物会成为禁运品或限运品。在美国，一些货物被列入国际（地区间）快递的禁运目录，如新鲜、罐装的肉类与肉制品，植物种子，等等。

1. UPS

UPS 全称是 United Parcel Service，即美国联合包裹速递服务公司。1907 年，它作为一家信使公司成立于美国华盛顿州西雅图，其总部位于美国佐治亚州亚特兰大市，是一家全球性的公司。作为世界上最大的快递承运商与包裹递送公司，它也是运输、物流、资本与电子商务服务的提供者。UPS 每天都在世界上 200 多个国家和地区管理着物流、资金流与信息流。通过结合物流、资金流和信息流，UPS 不断开拓供应链管理、物流和电子商务的新领域。

（1）UPS 的快递服务。

大部分 UPS 的货代公司均可提供 UPS 旗下主打的以下 4 种快递服务。

- UPS Worldwide Express Plus——全球特快加急，资费最高。
- UPS Worldwide Express——全球特快。
- UPS Worldwide Saver——全球速快，也就是所谓的红单。
- UPS Worldwide Expedited——全球快捷，也就是所谓的蓝单，相比前 3 种，它的速度最慢，资费最低。

在 UPS 的运单中，前 3 种快递服务都是用红色标记的，最后一种快递服务是用蓝色标记的。但是，人们通常所说的红单是指 UPS Worldwide Saver。

（2）UPS 的资费标准。

UPS 的资费标准以 UPS 官方网站公布的信息或以 UPS 的服务热线信息为准。我国（除海南省、广东省、广西壮族自治区、云南省、福建省、江西省、湖南省和重庆市以外的地区）UPS资费标准可参见 UPS 官方网站。

（3）UPS 的参考时效。

- UPS 国际快递参考派送时间为 4 个工作日。
- 派送时间为从快件上网到收件人收到此快件为止。
- 如遇海关查车等不可抗拒的因素，派送时间就要以海关放行时间为准。

（4）UPS 的重量和体积限制。

UPS 国际快递小型包裹一般不超过重量和体积标准，否则将对每个包裹收取超重超长附加费 378 元。规定的重量和体积标准如下。

- 每个包裹最大重量为 70kg。
- 每个包裹最大长度为 270cm。
- 每个包裹最大尺寸为：长度+周长=330cm，周长=2×（高度+宽度）。

注意 每个包裹最多收取一次超重超长附加费。

（5）UPS 的优点。

- 速度快，服务好。
- 在美洲的线路具有优势，特别是在美国、加拿大等，适合发快件。
- 一般 2～4 个工作日可送达。将货物送往美国时，差不多 48 个小时可送达。
- 货物可送达全球 200 多个国家和地区，可以在线发货，在多个城市有上门取货服务。
- 查询网站信息更新快，遇到问题解决及时。

（6）UPS 的缺点。

- 价格较高，要计算产品包装后的体积重量，适合递送 6～21kg，或者 100kg 以上的货物。
- 对托运物品的品类限制比较严格。

2. FedEx

FedEx 全称为 Federal Express，即联邦快递，是全球最具规模的快递运输公司，隶属美国联邦快递集团，是集团快递运输业务的中坚力量。FedEx 成立于 1973 年 4 月，公司的亚太区总部设在我国的香港，同时上海、东京、新加坡均设有区域性总部。联邦快递为顾客和企业提供涵盖运输、电子商务和商业运作等一系列的全面服务。联邦快递通过相互竞争和协调管理的运营模式，提供了一套综合性的商务应用解决方案。

（1）FedEx 的快递服务。

FedEx 分为 FedEx IP（International Priority，联邦快递优先型服务）和 FedEx IE（International Economy，联邦快递经济型服务）。

① FedEx IP。

- 时效快，递送时效为 2～5 个工作日。
- 清关能力强。

- 可为全球 200 多个国家和地区提供服务。

② FedEx IE。

- 价格优惠，相对于 FedEx IP 有价格优势。
- 时效比较快，递送时效一般为 4～6 个工作日，通常比 FedEx IP 慢 1～3 个工作日。
- 清关能力强，FedEx IE 和 FedEx IP 用同样的团队进行清关处理。
- 为全球 90 多个国家和地区提供快捷、可靠的快递服务，FedEx IE 和 FedEx IP 使用同样的派送网络，只在少部分国家和地区有不同的运输路线。

（2）FedEx 的资费标准。

FedEx 的资费标准以 FedEx 官方网站公布的为准。我国（适用于广东省及福建省以外的地区）FedEx 资费标准可参见 FedEx 官方网站。

联邦快递的体积重量（kg）计算公式为：长（cm）×宽（cm）×高（cm）/5 000。如果货物体积重量大于实际重量，则按体积重量计费。

（3）FedEx 的参考时效。

- FedEx IP 的派送正常时效为 2～5 个工作日（此时效为快件上网至收件人收到此快件），需根据目的地海关通关速度决定。
- FedEx IE 的派送正常时效为 4～6 个工作日（此时效为快件上网至收件人收到此快件），需根据目的地海关通关速度决定。

（4）FedEx 的重量和体积限制。

FedEx 单件最长边不能超过 274cm，最长边+其他两边的长度的两倍不能超过 330cm；一票多件（其中每件都不超过 68kg）的，单票的总重量不能超过 300kg，超过 300kg 的需预约；单件或者一票多件中单件包裹有超过 68kg 的，需预约。

（5）FedEx 的优点。

- 适宜递送 21kg 以上的大件，寄往南美洲的价格更有竞争力。
- 一般 2～4 个工作日可送达。
- 网站信息更新快，网络覆盖全，查询响应速度快。

（6）FedEx 的缺点。

- 价格较贵，需要考虑物品的体积重量。
- 对托运物品的限制比较严格。

3. DHL

DHL 是全球著名的邮递和物流集团 Deutsche Post DHL 旗下公司，主要包括以下几个业务部门：DHL Express、DHL Global Forwarding、Freight 和 DHL Supply Chain。DHL 是全球快递行业的佼佼者，包裹可寄达 200 多个国家和地区，拥有涵盖超过 120 000 个目的地（主要邮递区码地区）的网络，可向企业及私人买家提供专递及速递服务。

（1）DHL 的资费标准。

DHL 按起重 500g，续重 500g 计费，单件包裹的重量在 21kg 以下的资费标准可参见 DHL 官方网站。

DHL 的体积重量（kg）计算公式为：长（cm）×宽（cm）×高（cm）/5 000。将货物的实际重量和体积重量相比，取较大者计费。

（2）DHL 的参考时效。

- 上网时效：上网时效为从客户交货之后的第二天起的 1～2 个工作日。
- 妥投时效：妥投时效通常为 3～7 个工作日（不包括清关时间），特殊情况除外。

（3）DHL 的重量和体积限制。

DHL 对寄往大部分国家和地区的包裹要求为：单件包裹的重量不超过 70kg，单件包裹的最长边不超过 1.2m。但是部分国家和地区的要求不同，具体以 DHL 官方网站公布的信息为准。

（4）DHL 的优点。

- 在西欧、北美路线更有优势，适宜递送小件，可送达的国家和地区比较多。
- 一般 2～4 个工作日可送达，送达欧洲一般需要 3 个工作日，送达东南亚一般需要 2 个工作日。
- 网站货物状态信息更新比较及时，解决问题速度快。

（5）DHL 的缺点。

- 递送小件价格较贵，适合递送重量在 21～100kg 的货物。
- 对托运物品的限制比较严格，拒收许多特殊物品，且在部分国家和地区不提供 DHL 包裹寄送服务。

4. TNT

TNT 集团总部设在荷兰，是全球领先的快递服务供应商，为企业和个人客户提供全方位的快递服务。TNT 成立于 1946 年，其国际网络覆盖世界 200 多个国家和地区，提供一系列的全球整合性物流解决方案。TNT 快递在亚洲、欧洲、南美洲和中东等地区拥有航空和公路运输网络。自 2020 年 8 月 1 日起，TNT 在我国的服务由 FedEx 提供。

（1）TNT 的资费标准。

TNT 的运费包括基本运费和燃油附加费两部分。其中，燃油附加费每个月都会发生变动，具体以 TNT 官方网站公布的数据为准。

（2）TNT 的参考时效。

全程时效为 3～5 个工作日，TNT 经济型时效为 5～7 个工作日。

（3）TNT 的重量和体积限制。

TNT 对包裹的重量和体积的限制为：单件包裹重量不能超过 70kg，长、宽、高分别不能超过 2.4m、1.5m、1.2m；体积重量超过实际重量时需按照体积重量计费，体积重量（kg）的算法为长（cm）×宽（cm）×高（cm）/5 000。

（4）TNT 的优点。

- 速度快，通关能力强，提供报关代理服务。
- 可免费、及时、准确地追踪查询货物。
- 在欧洲、西亚、中东及政治、军事不稳定的国家和地区有绝对优势。
- 2～4 个工作日内可送至全球，特别是到西欧只需 3 个工作日左右，可送达的国家和地区比较多。

- 网络覆盖广，查询网站信息更新快，遇到问题响应及时。
- 纺织品类大件送至澳大利亚、新西兰等国家和地区有优势。
- 可以送达沙特阿拉伯，但需提供正版发票。

（5）TNT 的缺点。

- 需要计算体积重量，对所运货物的限制也比较多。
- 价格相对较高。

8.2.3 国际专线物流

国际专线物流是跨境电商的主要物流模式之一，过去通常指特定地区间专门负责国际段运输的代理和组织。现在，国际专线物流指针对特定国家或地区推出的跨境专用物流线路，具有"五固定"的特征，即物流起点、物流终点、运输工具、运输线路、运输时间基本固定。国际专线物流主要包括航空专线、港口专线、铁路专线、大陆桥专线、海运专线及固定多式联运专线，如亚欧航线、郑欧班列、中俄专线、渝新欧专线、中欧班列（武汉）等。

1. 国际专线物流的优势

（1）时效快。

国际专线物流公司拥有自主专线，可控性非常强，一般采取固定航班，所以不会出现淡旺季配送时效差别大的情况，时效比邮政小包快。

（2）成本低。

国际专线物流能够集中大批量到某一特定国家和地区的货物，通过规模效应降低单位成本。国际专线物流目的地配送整体成本可有效控制，服务比邮政小包更稳定，物流成本也较国际商业快递低。

（3）安全性高。

国际专线物流一般有额外赔偿和保险，丢包率较低。因为其在目的地有合作物流商负责单件配送，且配送距离相对近，所以丢包率远远低于邮政小包。

（4）可追踪。

目前，国内提供的专线物流服务都可以在国内获得目的地配送物流商的单号，实现从国内到境外妥投的全过程追踪。

（5）易清关。

国际专线物流运输批量货物至目的地，对货物进行统一清关并有专业人员跟进，这样就减少了清关时可能出现的问题。由于不需要买家来解决清关问题，因此大大提升了买家服务体验和清关效率。

2. 国际专线物流的劣势

（1）国际专线物流通达地区有限，只有物流体量较大的国家和地区才有专线物流可以选择，可选择的物流方案也受限制。同时，其在国内的揽件范围相对有限，服务市场覆盖面有待扩展。

（2）相对于中邮小包来说，其运费成本略高。

（3）国际专线物流可托运的产品有限。目前，我国可提供跨境专线物流服务的公司虽然逐渐增多，但是其可托运的产品种类较为有限，影响了国内外消费者的消费体验。我国已开通国际专线物流的公司，由于受航空运输方式的影响，仍然有大部分物品禁止托运，这使得一些大宗商品的批发商只能采用邮政包裹或其他方式将物品运往境外。

3. 常用的国际专线物流

常用的国际专线物流有以下几个。

（1）Special Line-YW。

Special Line-YW 即航空专线燕文，俗称燕文专线，是北京燕文物流股份有限公司旗下的一项国际物流业务。燕文专线目前已开通南美专线和俄罗斯专线。

燕文南美专线小包：通过调整航班资源一程直飞欧洲，再根据欧洲到南美洲航班货量少的特点，实现快速中转，既避免旺季爆仓，又大大缩短了妥投时间。

燕文俄罗斯专线小包：与俄罗斯合作伙伴系统内部互联，实现全程无缝、可视化跟踪。包裹在国内快速预分拣，快速通关，并快速分拨派送。正常情况下，俄罗斯全境派送时间不超过25 天，在 50 万人以上的城市派送时间通常少于 17 天。

① 燕文专线的资费标准。

燕文专线的资费标准可参见燕文物流股份有限公司官方网站。

② 燕文专线的参考时效。

正常情况：16～35 个工作日到达目的地。

特殊情况：36～60 个工作日到达目的地。特殊情况包括节假日、特殊天气、政策调整、目的地偏远等。

③ 燕文专线的重量和体积限制。

燕文专线的重量和体积限制如表 8-3 所示。

表 8-3　燕文专线的重量和体积限制

包裹形状	重量限制	最大体积限制	最小体积限制
方形包裹	小于 2kg（不包含）	长+宽+高<90cm，单边长度<60cm	至少有一边的长度>14cm，宽度>9cm
圆柱形包裹		2 倍直径及长度之和<104cm，单边长度<90cm	2 倍直径及长度之和>17cm，单边长度>10cm

（2）中欧班列。

中欧班列（China Railway Express）是由中国铁路总公司组织，按照固定车次、线路等条件开行，往来于中国与欧洲及"一带一路"合作伙伴的集装箱国际铁路联运班列。目前，中欧班列铺划有西、中、东 3 条通道：西部通道由我国中西部经阿拉山口（霍尔果斯）出境，中部通道由我国华北地区经二连浩特出境，东部通道由我国东南部沿海地区经满洲里（绥芬河）出境。

① 主要线路班列开行情况。

- 中欧班列（重庆—杜伊斯堡）。从重庆团结村站始发，由新疆阿拉山口口岸出境，途经哈萨克斯坦、俄罗斯、白俄罗斯、波兰至德国杜伊斯堡站，全程约 11 000 千米，运行时间约 15 天。

- 中欧班列（成都—罗兹）。从成都城厢站始发，由新疆阿拉山口口岸出境，途经哈萨克斯坦、俄罗斯、白俄罗斯至波兰罗兹站，全程 9 965 千米，运行时间约 14 天。

- 中欧班列（郑州—汉堡）。从郑州圃田站始发，由新疆阿拉山口/内蒙古自治区二连浩特口岸出境，途经哈萨克斯坦/蒙古国、俄罗斯、白俄罗斯、波兰至德国汉堡站，全程 10 245 千米，运行时间约 15 天。
- 中欧班列（苏州—华沙）。从苏州始发，由满洲里口岸出境，途经俄罗斯、白俄罗斯至波兰华沙站，全程 11 200 千米，运行时间约 15 天。
- 中欧班列（武汉—汉堡/帕尔杜比采）。从武汉吴家山站始发，由新疆阿拉山口出境，途经哈萨克斯坦、俄罗斯、白俄罗斯到达波兰、捷克、斯洛伐克等国家的相关城市，全程约 10 700 千米，运行时间约 15 天。
- 中欧班列（义乌—马德里）。从义乌铁路西站到西班牙马德里，通过新疆阿拉山口口岸出境，途经哈萨克斯坦、俄罗斯、白俄罗斯、波兰、德国、法国、西班牙，全程 13 052 千米，运行时间约 21 天，是目前我国历史上行程最长、途经城市和国家最多、境外铁路换轨次数最多的班列。
- 中欧班列（长沙—汉堡）。从长沙霞凝货场始发，由满洲里口岸出境，途经俄罗斯、白俄罗斯、波兰至德国汉堡站，全程 12 521 千米，运行时间约 16 天。
- 中欧班列（广州—卡卢加）。从广州大朗站始发，由满洲里出境，至俄罗斯卡卢加州沃尔西诺站，全程 11 398 千米，运行时间约 12 天。
- 中欧班列（合肥—汉堡）。从合肥北站始发，由新疆阿拉山口口岸出境，途经哈萨克斯坦、俄罗斯、白俄罗斯、波兰至德国汉堡，全程 10 647 千米，运行时间约 15 天。

② 中欧班列的资费标准。

中欧班列详细资费标准请参考中欧铁运物流有限公司官方网站。中欧班列运输到波兰及其他不同目的地的费用可参见中欧班列运输网。

③ 中欧班列的优点。

- 直达班列，相对于国际联运省去了换装的时间，更加安全便捷。
- 全程使用标准海运集装箱，箱源优先保障。
- 运输时间短，经济便捷。
- 政府扶持力度大。

④ 中欧班列的缺点。

- 地方无序竞争激烈。
- 班列回程货源不足。
- 班列运营成本偏高。
- 地方财政负担较重。

（3）Russian Air。

Russian Air 即中俄航空专线，是通过国内快速集货、航空干线直飞，在俄罗斯通过俄罗斯邮政或当地落地配进行快速配送的物流专线的合称。

Ruston 俗称俄速通，是由黑龙江俄速通国际物流有限公司提供的中俄航空小包专线服务，是针对跨境电商客户物流需求的小包航空专线，渠道稳定、时效性强，并提供全程物流跟踪服务。

① Ruston 的资费标准、重量和体积限制。

Ruston 的资费标准为 85 元每千克加 8 元挂号费,重量和体积限制参照中邮小包的重量和体积限制。

② Ruston 的参考时效。

- 正常情况:15～25 个工作日到达俄罗斯目的地。
- 特殊情况:30 个工作日内到达俄罗斯目的地。

③ Ruston 的优点。

- 经济实惠。Ruston 以 g 为单位精确计费,无起重费,替卖家将运费降到最低。
- 可邮寄范围广。Ruston 是联合俄罗斯邮政推出的服务产品,其境外递送环节全权由俄罗斯邮政承接,递送范围覆盖俄罗斯全境。
- 运送时效快。Ruston 开通了哈尔滨—叶卡捷琳堡中俄航空专线货运包机,大大提高了配送效率。
- 全程可追踪。48 小时内上网,货物全程可视化追踪。

8.2.4 海外仓和保税仓的运营

1. 海外仓的运营

海外仓是指建立在境外的仓储设施。

(1)海外仓的种类。

① 自营海外仓。

自营海外仓是指由出口跨境电商企业建设并运营的海外仓库,仅为本企业销售的商品提供仓储、配送等物流服务的物流模式,即整个跨境电商物流体系是由出口跨境电商企业自己控制的。

② 第三方公共服务海外仓。

第三方公共服务海外仓是指由第三方物流企业建设并运营的海外仓库,可以为众多的出口跨境电商企业提供清关、入库质检、接收订单、订单分拣、多渠道发货、后续运输等物流服务的物流模式,即整个跨境电商物流体系是由第三方物流企业控制的。

(2)海外仓的优缺点。

优点:用传统外贸方式走货到仓,可以降低物流成本;相当于销售发生在本土,可提供灵活可靠的退换货方案,增强了境外用户的购买信心;发货周期缩短,发货速度加快,可降低跨境电商物流缺陷交易率;可以帮助跨境电商企业拓展销售品类,突破"大而重"的发展瓶颈。

缺点:不是所有产品都适合使用海外仓的,选择海外仓物流渠道的产品应是库存周转快的热销单品,否则容易压货;海外仓对跨境电商企业在供应链管理、库存管控、动销管理等方面提出了更高的要求。

(3)海外仓的运营要点。

① 租用还是合作建设。

跨境电商企业与第三方公共服务海外仓的合作方式有两种:一种是租用,另一种是合作建设。租用方式存在操作费用、物流费用、仓储费用,而合作建设则只产生物流费用。

② 产品选择。

海外仓在降低成本方面具有独特的优势。标准化、库存单位（SKU）不多、较重且方便跨境电商企业进行管理的产品，通过海运批量运到海外仓，可以大大降低物流成本。然而，有些产品需要进行研究，把握好库存和销售周期，才能更好地使用海外仓。

③ 市场调研。

借助第三方公共服务海外仓，跨境电商企业需要备好货后联系海外仓的运营方，运营方会帮助跨境电商企业把货物送到海外仓上架，这样跨境电商企业就可以进行销售了。在第一批产品到海外仓后可以先行销售，一段时间后跨境电商企业分析某个产品的 SKU 情况、销售情况及走势，再根据分析结果补货。

④ 发货。

海外仓的订单生成后，跨境电商企业可以通过 Excel 或应用程序接口（Application Programming Interface，API）的方式通知第三方发货。有一定信息技术实力的跨境电商企业应使用 API 的方式，这样可以保证数据的实时性。跨境电商企业也可以考虑使用平台开发的系统。

⑤ 补货。

第三方公共服务海外仓会把实时的库存信息共享给跨境电商企业，如果货物卖得很好，跨境电商企业就需要提前准备往海外仓发货。一般情况下需要设定一个库存预警值，如当库存低于 10 个之后，就需要通知跨境电商企业准备补货。

⑥ 滞销品处理。

使用海外仓时，要集中销售资源，一旦销售资源分散，海外仓的产品就容易滞销。此外，如果产品在海外仓长期存放，会导致成本增加。跨境电商企业需要制定合适的销售策略，提高销售速度，促进当地市场销量增长。同时，跨境电商企业也要注意产品的生命周期，把握好库存量。

⑦ 清关认证。

跨境电商企业需要对海外仓的发货进行监控，中小跨境电商企业还要重视物流方式的选择。例如，借用海外仓批量发货时，走海运属于大宗货物清关方式，清关检查严格，会要求跨境电商企业提供相关证明，如欧盟 CE 认证等；借助第三方公共服务海外仓的物流输送会涉及多个合作方，在周转的过程中，跨境电商企业可委托第三方服务公司做好监管，以保证产品安全送达。

2. 保税仓的运营

保税仓是经由海关批准设立的专门存放保税货物的仓库。跨境电商企业预先将商品送至保税仓，通过跨境电商平台实现商品的销售后，商品直接从保税区发出。一般情况下，消费者能够在下单后 3 天之内收到货物，其物流速度在众多跨境电商物流模式中首屈一指。

（1）保税仓的特点。

保税仓显著的特点是仓储前置，用位移换时间，然后通过选择经济的运输方式降低干线运输成本。同时，这种物流模式可以有效利用保税区的各类政策、综合优势与优惠措施，尤其在物流、通关、商检、收付汇、退税等方面提供便利，从而简化跨境电商的业务操作，实现促进跨境电商交易的目的。通过这种新型的"保税备货模式"，消费者只需承担商品价格和境内物流费用，其他风险都由跨境电商企业承担，消费者的购物风险被最大限度地降低了；而且企业可以大订单集货，降低商品价格，提高消费者满意度，避免传统模式下的种种不利因素。当然，保税仓也具有缺点，如商品的品类单一，多品种的商品容易造成库存积压，等等。

（2）保税仓的运营设计。

图 8-2 所示为保税仓储管理业务设计，包括电商供应链管理系统、仓库管理系统、智能化物流系统集成等模块。保税仓储管理系统的重点在和关税管理系统的对接，包括备案系统、申报管理、报关管理和税单查询管理。

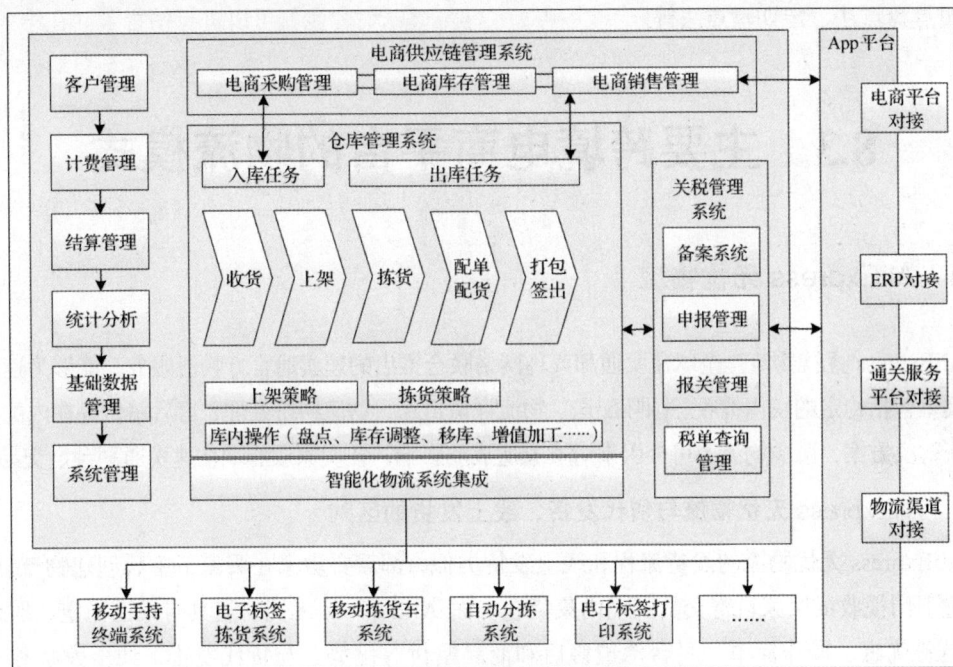

图 8-2　保税仓储管理业务设计

① 整体业务流程。

保税仓整体业务流程如图 8-3 所示。

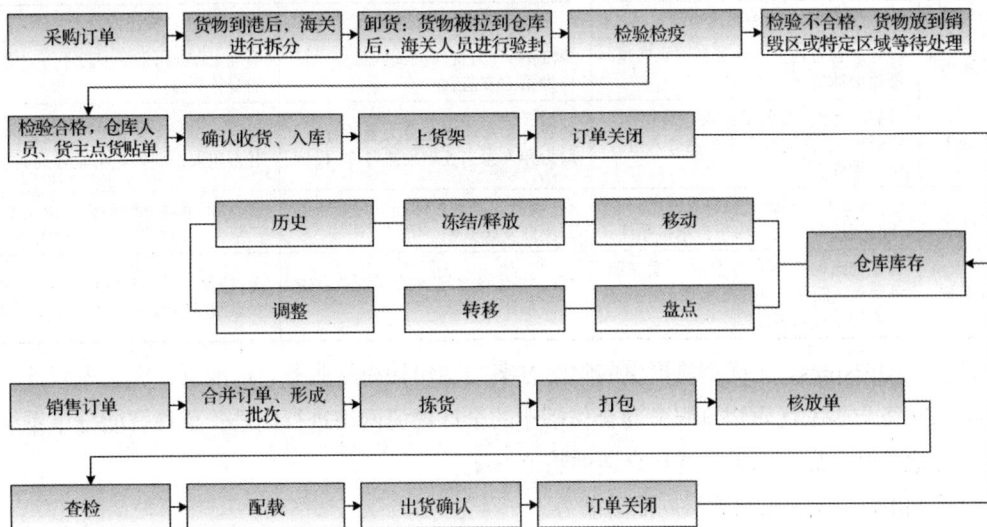

图 8-3　保税仓整体业务流程

② 基础管理。

在保税仓内做基础实体（仓库、库房、库位等）管理的时候需要注意一点，即要有操作日志，便于管理人员了解整个仓库内实体数据的处理历史。

③ 盘点流程。

在保税仓中进行盘点主要的目的就是便于海关监管，同时也要查清实际库存数量；此外，还需确定企业资产的损益、发现商品管理中存在的问题。盘点的方法有永续盘点法、循环盘点法、重点盘点法、定期盘点法等。

8.3 主要跨境电商平台的物流模式

8.3.1 AliExpress 无忧物流

AliExpress 无忧物流是全球速卖通和菜鸟网络联合推出的速卖通官方物流服务，能够为速卖通卖家提供包括稳定的境内揽收、国际配送、物流详情追踪、物流纠纷处理、售后赔付等在内的一站式物流解决方案，减少物流不可控因素对卖家造成的影响，让卖家放心地在速卖通平台上交易。

1. AliExpress 无忧物流与货代发货、线上发货的区别

AliExpress 无忧物流的发货流程和线上发货类似，都需要卖家在买家下单后创建物流订单，再通过上门揽收或买家自寄交货到境内集货仓。而 AliExpress 无忧物流具有渠道稳定、时效性强、运费优惠、操作简单、平台承担售后和商品赔付等优势，与货代发货、线上发货相比，AliExpress 无忧物流能够大大减少物流给卖家造成的困扰。

AliExpress 无忧物流与线上发货、货代发货的对比如表 8-4 所示。

表 8-4　AliExpress 无忧物流与线上发货、货代发货的对比

对比项	AliExpress 无忧物流	线上发货	货代发货
物流服务	稳定：官方物流，由菜鸟网络搭建，覆盖全球优质物流网络	稳定：第三方优质物流商合作平台作为第三方监管	不确定：货代市场参差不齐，提供的服务不可控
人力成本	节省：一旦产生物流纠纷，卖家不需要付出人力成本，而由平台介入进行全流程处理	耗费：卖家需要花费大量的时间、财力和人力来处理物流咨询、投诉	耗费：卖家需要花费大量的时间、财力和人力来处理物流咨询、投诉
资金成本	低：如果物流问题导致订单超出限时达时间还未妥投，由平台承担赔款	高：物流问题导致的损失可在线向物流商发起索赔	低：物流问题导致的损失由卖家自己承担，向物流申请索赔困难
卖家保护	有：物流问题导致的 DSR（卖家服务评级）低分、仲裁提起率、卖家责任率均不计入考核	有：物流问题导致的纠纷、DSR 低分不计入考核	无：物流问题导致的纠纷将会影响卖家服务等级的考核

目前，AliExpress 无忧物流提供的物流方案类型包括简易服务、标准服务和优先服务，都通过菜鸟网络与多家优质物流服务商合作搭建的全球物流网络进行配送，菜鸟智能分单系统会根据目的地、商品品类和重量选择合适的物流方案。

（1）AliExpress 无忧物流——简易服务。

AliExpress 无忧物流——简易服务（AliExpress Saver Shipping），是专门针对速卖通卖家运

送至俄罗斯、乌克兰的重量小于 2kg 的包裹，以及运送至西班牙的重量小于 0.5kg 的包裹，且订单成交金额不超过 5 美元的小包货物推出的简易挂号类物流服务。

（2）AliExpress 无忧物流——标准服务。

AliExpress 无忧物流——标准服务（AliExpress Standard Shipping），是速卖通平台推出的标准类物流服务。

（3）AliExpress 无忧物流——优先服务。

AliExpress 无忧物流——优先服务（AliExpress Premium Shipping），是速卖通平台推出的快速类物流服务。

2. AliExpress 无忧物流的发货流程

卖家使用 AliExpress 无忧物流进行发货的流程非常简单，如图 8-4 所示。

图 8-4　AliExpress 无忧物流的发货流程

8.3.2　FBA

亚马逊物流（Fulfillment by Amazon，FBA）是指亚马逊提供的仓储及代发货业务。2007年，亚马逊引入 FBA，即亚马逊将自身平台开放给第三方卖家，将其库存纳入亚马逊全球的物流网络，为其提供拣货、包装及终端配送的服务，亚马逊物流则收取服务费用。

1. FBA 的优缺点

（1）FBA 的优点。

- 能够提高 listing 排名，提高用户的信任度，帮助卖家成为特色卖家，进而提高销售额。
- 物流经验丰富，仓储遍布全球，管理职能化。
- 仓库大多靠近机场，配送速度快。
- 拥有亚马逊客服，能够帮助卖家减轻客服压力。
- 由 FBA 引起的中差评，如果符合亚马逊的相关政策，则可以移除，这有助于改善卖家的账户表现。
- 单价超过 300 美元的商品可免运费。

（2）FBA 的缺点。

- 费用通常偏高。
- 灵活性差，其他第三方海外仓可以由中文客服处理一些问题，而 FBA 只允许用英文与用户沟通，且邮件回复通常不太及时。
- FBA 仓库不为卖家的头程发货提供清关服务。
- 如果前期工作没有做好，标签扫描出现问题就会对货物入库造成影响，甚至无法入库。
- 使用美国站点的 FBA，退货只支持美国地区。

2. FBA 的服务流程

FBA 是由亚马逊提供的包括仓储、拣货打包、派送、收款、客服与退货处理的一条龙物流服务。FBA 的服务流程如图 8-5 所示。

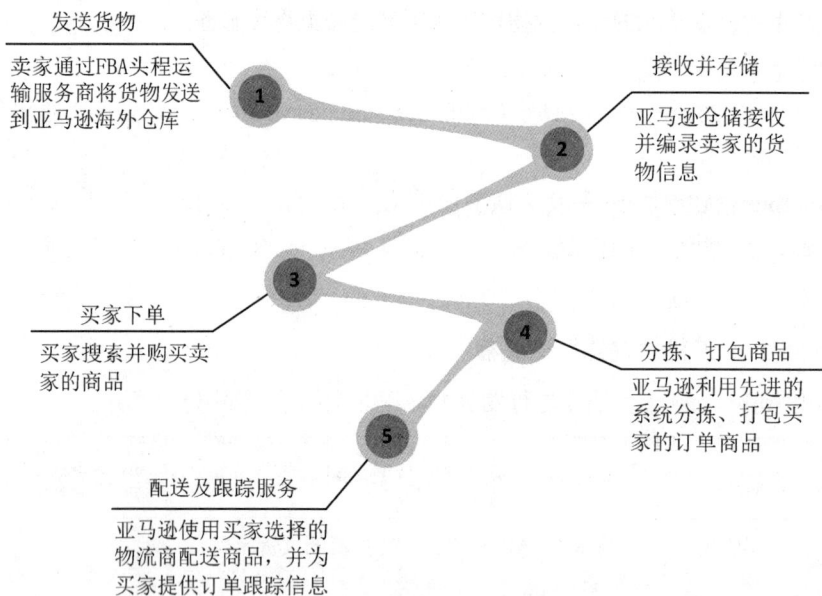

发送货物
卖家通过FBA头程运输服务商将货物发送到亚马逊海外仓库

接收并存储
亚马逊仓储接收并编录卖家的货物信息

买家下单
买家搜索并购买卖家的商品

分拣、打包商品
亚马逊利用先进的系统分拣、打包买家的订单商品

配送及跟踪服务
亚马逊使用买家选择的物流商配送商品，并为买家提供订单跟踪信息

图 8-5　FBA 的服务流程

一般来说，卖家选择 FBA 除节省人工费和运费之外，还能提高 listing 排名，提高获得黄金购物车（Buy Box）的概率，从而提高销量；另外，如果交易过程中出现 FBA 引起的中差评，亚马逊也会做出相应的处理。

FBA 也存在一些问题。

（1）清关问题。

FBA 不提供清关协助，因此如果选择了 FBA，目的地的清关问题容易令卖家头疼。亚马逊并不是"进口商"（Importer of Record），而只是"最终收货人"（Ultimate Consignee），所以其不会协助卖家的货物清关。但是，清关是 FBA 头程中相当重要的一环，如果处理不好，货物将面临被目的地海关强制退回发货地的尴尬局面，且退运费用高，大大增加了额外成本。

卖家可以挑选专业的清关公司或在 FBA 头程中将清关工作交由有经验的货代公司负责。运营多站点的卖家在选择与货代公司合作时，可以结合覆盖的线路范围和清关能力考量货代公司。若货代公司支持多个站点的 FBA 头程，且清关能力强，卖家就可以省去许多麻烦，也能规避风险。

（2）头程物流渠道选择。

亚马逊头程运输方式目前主要有 3 种，分别是海运、空运和快递。当然，不同的方式适合不同特点的卖家，卖家要根据成本及自身经营的情况来选择合适的物流公司。

3. FBA 费用

FBA 涉及的相关费用如下。

（1）订单配送费。

FBA 订单配送费取决于商品包装后的重量和尺寸。

（2）库存仓储费。

FBA库存仓储费分为月度库存仓储费和长期库存仓储费。库存仓储费因商品尺寸和月份而异。

（3）移除订单费。

移除订单费按移除的每件商品收取。

（4）退货处理费。

退货处理费是指某个指定的商品的总配送费用。该费用适用于在亚马逊上出售的，属于亚马逊为其提供免费退货配送的选定分类（服装、钟表、珠宝首饰、鞋靴、手提包、太阳镜和箱包类商品），并且实际被退回亚马逊某个运营中心的商品。在单个订单中向买家配送了多件商品时，单件商品要支付的退货处理费可能要高于总配送费用。

（5）计划外预处理服务费。

如果运送到亚马逊的商品没有经过妥善预处理或贴标，卖家就需要在亚马逊运营中心实施计划外预处理服务，如进行贴标或塑料袋包装，这些服务都需要收取一定的费用。

8.3.3　SpeedPAK

SpeedPAK物流管理方案是eBay联合其物流战略合作伙伴橙联科技股份有限公司共同打造的以eBay平台为基础，为我国eBay跨境出口电商卖家量身定制的直邮物流解决方案。SpeedPAK整合了目前市场上各项优质的境内揽收、国际空运及境外"最后一公里"派送资源，提供了高效的门到门国际派送服务。

1. SpeedPAK 的物流方案类型

（1）SpeedPAK标准型服务。

SpeedPAK标准型服务（Standard Shipping）已实现北美、欧洲、大洋洲的多方位覆盖，可到达的目的地包括美国、英国、德国、法国、意大利、西班牙、奥地利、比利时、瑞士、捷克、丹麦、匈牙利、爱尔兰、荷兰、波兰、葡萄牙、俄罗斯、瑞典、澳大利亚和加拿大。SpeedPAK标准型服务包括门到门全程追踪服务，物流时效为8~12个工作日。

（2）SpeedPAK经济型服务。

SpeedPAK经济型服务（Economy Shipping）覆盖英国、德国、法国、意大利、西班牙、葡萄牙、摩洛哥、爱尔兰、荷兰等49个国家。SpeedPAK经济型服务包括门到目的地入境半程追踪的服务，物流时效为10~15个工作日。

（3）SpeedPAK经济轻小件。

SpeedPAK已推出英国路向的经济轻小件（SpeedPAK Lite）服务。英国轻小件只接受重量小于750g，厚度小于2.5cm，且体积限制在35.3cm×12cm×2.5cm之内的包裹，在无压缩、无按压的状态下，英国路向经济产品包裹的价格会调整为轻小件价格。SpeedPAK经济轻小件的物流时效为10~15个工作日。

2. SpeedPAK 的特点

（1）平台保护。

SpeedPAK与eBay平台对接，推出的物流服务高度契合eBay的平台政策，因此享受相应的平台保护政策。

（2）合规。

SpeedPAK 物流管理方案采取完全合法、合规的物流渠道进行货物运输，这就需要在境内分拣中心对包裹进行安全扫描，并且拦截和退回违反进出口地海关规定或不符合航空运输安全规定的商品。这个合规操作流程虽然会导致小部分包裹被退回，但是确保了 SpeedPAK 在海关等各个渠道获得良好的信用记录，保障了绝大多数合规包裹的通关效率较高及查验率较低。

（3）稳定。

SpeedPAK 使用大数据系统对物流服务质量进行实时监控，建立了有效的预警机制，可以保障全年服务时效稳定。

8.3.4　Wish Express

Wish Express（WE）是 Wish 为了更好地满足平台用户对配送时效的要求而发起的急速达项目，需要卖家提前将产品运到目的地国家的海外仓，当卖家收到订单时，产品从海外仓直接配送至目的地国家的用户手中，从而实现快速配送。Wish Express 项目俗称"海外仓产品项目"，对于 Wish Express 项目中的产品，卖家要承诺在规定的时效之内交付给用户。

1. Wish 海外仓介绍

Wish Express 是向单个国家配送单个产品的解决方案，是 Wish 平台推出的旨在支持平台商户开展海外仓业务的一种配送模式，是以用户体验为中心的标准化物流服务产品，承诺 5 个工作日妥投，可实现全程物流追踪。

FBW（Fulfillment by Wish）是 Wish 平台提供的升级版海外仓仓储及物流服务，由 Wish 来履行订单。FBW 也是 Wish Express 海外仓项目中的一部分，因此所有的 FBW 产品均享受 Wish Express 海外仓政策。

FBW 和 Wish Express 作为 Wish 的重点项目，正在获得 Wish 平台越来越多的政策和流量倾斜。两者的不同之处在于，Wish Express 侧重于用户端，卖家可以选择 Wish Express 来妥投所选购的产品；FBW 是侧重于卖家端的海外仓服务工具。

FBW 的运作流程如图 8-6 所示。

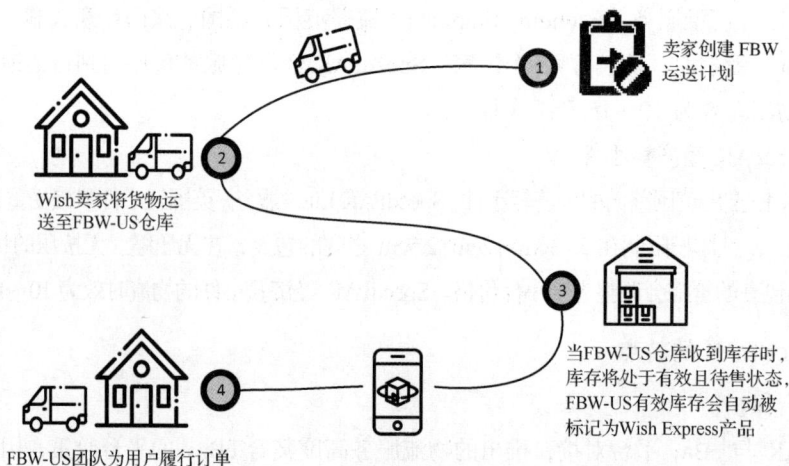

① 卖家创建 FBW 运送计划

② Wish卖家将货物运送至FBW-US仓库

③ 当FBW-US仓库收到库存时，库存将处于有效且待售状态，FBW-US有效库存会自动被标记为Wish Express产品

④ FBW-US团队为用户履行订单

图 8-6　FBW 的运作流程

2. 加入 Wish Express 项目的优点

（1）加入 Wish Express 项目，产品平均会获得 3 倍多的流量，同时会有一些差异化的流量入口，如 App WE Tab、Search WE Tab、详情页产品推荐栏等。

（2）产品会带有 Wish Express 徽章标志，此标志将告知用户能快速收到产品，从而极大地提高转化率。

（3）加入 Wish Express 项目的卖家将获得 Wish 退货项目的资格，其产品可以退至设定的海外仓，从而降低退款率。

（4）加入 Wish Express 项目，产品将会快速到达用户手中，从而提升用户对产品的整体评分并能很快获得评价，能够缩短产品成长周期和回款周期。

（5）平台会针对 Wish Express 项目提供更多的产品支持，如营销、客服权限等。

本章小结

通过本章的学习，读者对跨境电商物流有了较为全面的认识，掌握了跨境电商物流的概念、跨境电商物流的功能等；知悉了跨境电商物流模式和仓储模式；了解了各大电商平台的物流方式。

课后习题

一、名词解释

跨境电商物流　　万国邮政联盟　　国际专线物流　　海外仓　　保税仓

二、选择题

1. 跨境电商物流的功能有（　　　）。

　　A. 运输配送　　　　B. 仓储管理　　　C. 生产控制　　　　D. 附加功能

2. 我国跨境物流的发展现状为（　　　）。

　　A. 物流专业化水平不高　　　　　　B. 与电商需求吻合度较低

　　C. 物流基础设施不完善　　　　　　D. 政府政策支持不足

3. 跨境电商物流模式有（　　　）。

　　A. 邮政物流　　　　B. FBA 物流　　　C. 国际专线物流　　D. 国际商业快递

4. （　　　）不是国际快递业务的特点。

　　A. 业务流程更加复杂，影响因素多　　B. 交付速度比传统的航空货运业慢

　　C. 过程更加安全可靠　　　　　　　　D. 统一信息网络，即时信息反馈

5. 国际专线物流是针对特定国家或地区推出的跨境专用物流线路，（　　　）都基本固定。

　　A. 物流起始点　　　B. 运输工具　　　C. 运输路线　　　　D. 运输时间

6. 海外仓是指建立在海外的（　　　）。

　　A. 物流公司　　　　B. 仓储设施　　　C. 配送中心　　　　D. 物流中心

7. 海外仓的优点有（　　　）。

　　A. 降低物流成本　　　　　　　　B. 加快物流时效

　　C. 退换货方案灵活可靠　　　　　D. 帮助卖家拓展销售品类

8. 保税区显著的特征是（　　　）。

　　A. 有效利用保税区的各类政策、综合优势与优惠措施

　　B. 消费者只需承担商品价格和国内物流费用，其他风险都由卖家承担

　　C. 仓储前置，用位移换时间，然后通过选择经济的运输方式降低干线运输成本

　　D. 用传统外贸方式走货到仓，可以降低物流成本

9. AliExpress 无忧物流的优点有（　　　）。

　　A. 时效性强　　　　　　　　　　B. 平台承担售后和商品赔付具

　　C. 运费优惠　　　　　　　　　　D. 渠道稳定

10. Amazon 的 FBA 提供（　　　）服务。

　　A. 仓储　　　　　　B. 拣货打包　　　　C. 派送　　　　　D. 客服与退货处理

三、简答题

1. 描述跨境电商物流活动过程。

2. 简述跨境电商物流模式，并分析不同模式的优缺点。

3. 简要阐述四大国际快递公司快递业务的优缺点。

4. 海外建仓会面临哪些机遇和挑战，如何运营海外仓？

5. 简述 AliExpress 无忧物流。

6. 简述 Amazon 的 FBA。